JN127079

文化力による地域の価値創出

—地域ベースのイノベーション理論と展開

田代 洋久 =著

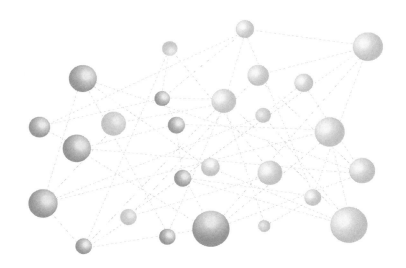

水曜社

はじめに

(1) 本書のねらいと問題意識

わが国が人口減少社会に突入してからすでに10年を超え、少子高齢化と地域格差が相まって地域の存続の危機が高まっている。一方、グローバル化を背景とした国際競争が激化するなか、経済成長の停滞が続いている。東京一極集中の弊害は、以前より政策課題として指摘されてきたにもかかわらず、一向に収束する様子はうかがえない。

こうしたなか、国は「地方創生」の実現に向けた取り組みを加速させているが、目標とされる「しごとの創生」「ひとの創生」「まちの創生」の実現は容易ではなく、第一期（2014～2019年）の成果は、雇用指標の改善など限定的なものに過ぎず、多くの課題は第二期に持ち越しとなった[1]。人口減少や少子高齢化といった顕在化している問題だけでなく、地域経済の衰退、地域の特性や誇りの毀損、自然環境や町並み景観の喪失など、地域は経済・社会・環境の三重の危機に直面しているといってよいだろう。

一方、これまで地域レベルの政策を担ってきた地方自治体は、地域経済の停滞による慢性的な税収不足、人員の削減、硬直した行財政構造、縦割りの弊害などによって、財政的にも制度的にも危機的状況にある。公的領域の市場化や民間委託、指定管理者制度の導入など効率的なサービス供給への期待もあるが、事業採算性や効率性を重視する論理は、市民が求める公共サービスとの乖離や地域間格差をいっそう拡大させる懸念がある。

民間企業の多くはグローバルレベルの競争にさらされ、事業機会と集積の利益を求めて東京圏に集中する。地方に踏みとどまる民間企業は、会社の存続と従業員の雇用が優先課題となるなか、一部の企業を除けば地域社会の課題に対処する余力をもたない。

また、NPO法人等の非営利組織に期待する向きもあるが、担い手の確保や資金調達力等のマネジメント基盤が脆弱（ぜいじゃく）なため、問題解決能力や事業の継続性等で課題も多い。ここに、2020年より始まった新型コロナウイルスによるパンデミックの衝撃が加わる。

このように、地域の諸課題の解決に向けて、従来の問題解決の枠組みが十分に機能しないなか、持続可能な地域社会の形成[2]に向けた地域社会システムの再編成が喫緊の課題となっている。これまで、地域社会の活性化に向けて、

自然、歴史、文化等の地域資源を活用しながら、地域企業や小規模事業者による地域ビジネスや地域住民によるまちづくり活動として展開されてきた。近年、これらの活動が高度化し、分野間の統合、多様な主体の参画、競争的要素を取り入れた地域学習によって革新的な取り組みも見られるようになっている。

多くの場合、まちづくり活動は地域資源の再編を通した地域課題の解決や地域の魅力づくりからスタートするが、近年は、地域の文化的資源の活用や文化創造に注目が集まるとともに、外国人観光客など交流人口の増加に向けた観光振興が地方創生＝地域活性化の切り札として期待が高まっている。地域をテーマとしたアートプロジェクトをめぐる文化観光のほか、アートやデザインを積極的に商品開発に組み込んだ高付加価値な商品開発もなされている。しかし、地域をベースとした内発的なまちづくり活動は、人口減少と高齢化によって担い手の確保や継承などの新たな課題に直面し、関係人口や移住による定住人口の拡大を視野に入れている。また観光振興は新型コロナウイルスの影響で慎重な展開が求められているだけでなく、外国人観光客などの一時的な急増によって地域社会に多大な負荷をもたらすオーバーツーリズムへの対応も考慮しなければならない。

今後、地域に求められるのは、地域の持続的発展に向けて、どういった地域資源をどのように再編し、地域外の資源の導入を図りながら、どういった地域の価値をどのように創出するのか——すなわち、マクロレベルの地域政策とミクロレベルの地域マネジメントを融合した地域戦略の視座であろう。具体的には、人口流出を防ぎ雇用を創出する経済政策、必要となる地域資源の確保と再編集、希少性・独自性の獲得、ビジネスモデルの設計、実践的な担い手と中核組織・連携組織・行政を有機的に結合する地域マネジメント、コミュニティレベルと市町村レベルの対話、地域内の合意形成、地域外との連携などの地域課題群を、どのような政策モデルあるいは政策パッケージとして提供するのかが問われている。

こうした問題を総合的に捉えるには、行政学、経済学、経営学などのオーセンティックで細分化された学問領域の知見だけでは不十分で、これらを実践的に融合するとともに、アートやデザインなどの文化領域の知見を加えた総合的、学際的視点による戦略的アプローチが求められよう。これが第一の視角である。

地域活性化に活用される地域資源は多彩であるが、本書では文化性のある

地域資源（地域性と連動する文化的資源や地域に埋め込まれた文化的要素）、地域ベースのアートプロジェクト等による文化創造と政策活用に注目する。文化は、いわゆる芸術文化に限定されることなく、景観や建築物、食など地域性と結合する要素を広く含むほか、地域をモチーフとしたアニメ、漫画などのコンテンツも含まれる。文化に注目する理由は、文化の政策活用に関する議論はこれから本格化すると見込まれることに加え、地域間競争や都市間競争のなかで、他地域と差別化が可能な模倣困難性を考えた際、文化と地域を結合することで新しい文化創造領域を開くとともに、多くのステークホルダーを結束させる潜在的なパワーを有すると考えるためである。とりわけ地域ベースのアートプロジェクトは文化まちづくりとの関連が深く、政策分析も試みられている。これが第二の視角である。

　本書は、かかる問題意識に立脚し、これまで筆者が取り組んできた地域の価値創出に向けたイノベーションに関する研究や地域政策研究をベースとしながら、近年の文化まちづくり政策の研究成果を統合させたものである。事例研究の中には、環境変化に対応して価値創出に向けて挑み続けている地域の10年間を超える長期間にわたる動的過程の事例分析も含まれる。こうしたまちづくりの動的な変化を表現するため、新たにポジショニングマップによる分析を試み、できるかぎりまちづくりの実相やダイナミズムを伝えられるよう配慮した。

（2）本書の構成

　本書のテーマは、地域の持続（自立的存続）に向けた地域レベルの公共政策課題の解決に有効なしくみ（メカニズム）を、多角的な視点から検討することであるが、以下に主要な構成について述べておこう。

　第1章は、「変容する地域社会と政策」として、人口減少や少子高齢化などの人口構造の変化と地域格差の拡大の状況を提示した後、人口を増加させる政策の基本フレームを整理する。次いで、地域社会が大きく変容するに至った背景を、1990年代より本格化する社会システム改革を起点としつつ、公民連携による課題解決、地域開発からまちづくりへの発展過程、地域課題の解決に向けたビジネス手法の活用、都市再生から今日の地方創生政策に至るまでの流れを、主として政策の枠組みの変化に注目しながら読み解いていく。

　バブル経済崩壊後、長期にわたる経済の停滞は地域の存続基盤を揺るがし、公共政策は大きな変革を余儀なくされた。ニューパブリックマネジメント

（NPM＝New Public Management）と称される公共部門への市場メカニズムの導入、地方分権を契機とするガバメント改革とパートナーシップによる公共システムの再編成、経済性と社会性を併せ持つ社会的企業の台頭、民間企業の社会戦略、地域の存続をかけた自立型地域社会の構築＝地方創生へと展開される。

　なお、第1章は主に都市政策や地域政策を学ぶ学生向けに、政策展開のストーリー性に配慮しながら書き下ろしたものである。そのため、専門家の諸氏にとっては物足りなく感じるかもしれないことをお断りしておきたい。

　第2章は、「地域ソーシャル・イノベーション──新しい地域発展モデルの探索」として、地域の内発性を基軸として地域の価値創出を目指す地域発展モデルを探索する。第1節では、地域資源の活用の高度化を主眼に、まちづくりの進化について言及する。統合化、事業化、パートナーシップ、文化的資源や創作活動など文化性への注目、地方自治体の地域政策と連動しながら地域外との関係性の強化を目指す今日的特徴を指摘した。第2節は、地域ベースのイノベーションが求められる背景、イノベーションがこれまでどのように論じられてきたのか、「地域」と関連が深いソーシャル・イノベーションの主要な論考を整理している。

　第3節は、プロトタイプの地域発展モデルである「地域ソーシャル・イノベーションモデル」を提示している。「地域ソーシャル・イノベーション」は、地域経済活性化を目的とした産業政策分野での地域イノベーションや、NPOやボランタリーセクター等の市民ベースの「ソーシャル・イノベーション」とは異なるもので、メタ地域レベルにおける地域の価値創出をイノベーションとして捉え、その動的プロセスをシステムモデルとして提起したものである。地域の内発性に軸足を置きつつも地域外との関係を指向し、経済性と社会性のバランスを求める今日の地域発展の考え方を統合的に捉えている。地域ソーシャル・イノベーションの基本概念、イノベーションを創出する構造と形成要因、イノベーションの形成プロセスの順に検討を加えていく。

　第3章は、「地域の持続的発展に挑む」として、地域の持続的発展に関する論考を行っている。第1節は、地域の価値創出とまちづくりについて触れた後、第2節では地域資源を結合することによる地域の価値創出に関する資源ベースのアプローチを軸に理論的な検討を行っている。

　地域の価値創出に挑むまちづくり分野の状況について、町並み景観と創作活動、観光まちづくり、アートプロジェクトを事例にした文化芸術による価

値創出に関する論考を第3節から第5節にかけて行っている。いずれも地域の魅力づくりの目的を地域アイデンティティの創出と来訪者による交流人口の増加に定めており、今日の地方創生政策の中核をなすものである。

　こうしたまちづくりは、地域内の主体が中心となって知恵を結集し、模索を繰り返しながら進めてきたものであるが、時間の経過とともに外部環境は変化していく。そのためまちづくりの立ち位置（位相）も柔軟に変化させていく必要があろう。そこで、第6節では、持続的社会の形成に向けたまちづくりのポジショニングの検討に資するため、社会性と経済性、閉鎖性（地域内）と開放性（地域外）の2軸によって規定される四つのゾーンによるポジショニングマップを設定した。それぞれのゾーンの意味を検討するとともに、次章以降で展開する事例をポジショニングマップによって分析し、まちづくりの位相変化の把握を試みる。

　第4章から第8章は、地域課題に対峙するまちづくり事例によって地域ベースのイノベーション理論モデルの適合状況をはじめ、地域の魅力づくり、地域の価値創出の創出過程とまちづくりの課題を検討している。

　第4章では地域の潜在能力を引き出す地産地消運動に挑む秋田県三種町のJA秋田やまもとの事例を取り上げ、地域ソーシャル・イノベーション構造モデルによる分析を行った。また、同事例の長期的な経過を観察し、創出されたイノベーションの枠組みを持続的に維持する難しさも指摘した。最後に、ポジショニングマップによる分析により当事例の事業展開の方向性を整理している。

　第5章は、岡山県真庭市勝山地区における町並みと調和する創作活動とまちづくりについてである。当地区では東京からUターンした染織家に地域住民がのれんの制作を依頼したことをきっかけに、行政とタイアップしながら町なかに拡張していくことで美しい町並みの形成に成功し、その後、多くの来訪者を招く勝山のお雛まつりと文化まちづくりの展開へとまちづくり活動が拡大していく。しかし、まちづくりの担い手の高齢化等の問題が顕在化し、地域外の人のサポートを得ながら新しいステージへとステップアップしていく様相を描いている。特に、こうした取り組みの地区内での普及拡散状況について、住民意識調査とイノベーションの形成プロセスモデルを活用しながら分析を試みた。また、ポジショニングマップを使って、まちづくりの動的過程の把握を行った。

　第6章は、文化創造と食と農によるまちづくりを推進する大分県臼杵市の

事例を扱っている。臼杵市では大友宗麟時代から残存する二王座歴史の道と町並み景観、さらに先進的な有機農業、豊かな食文化の二つを基軸としたまちづくりを行っている。町並み景観と調和する商店街の整備、公民協働によって創造した「うすき竹宵」「うすき雛めぐり」の文化イベント、循環型社会に資する有機農業を土づくり、「ほんまもん野菜」の生産、食ブランドの構築によって食文化創造都市に挑む政策を紹介している。臼杵市のまちづくりの本質は「ほんもの志向」にあり、行政、事業者、市民が連携して取り組む活動は、公民協働のあるべき姿を示している。

第7章は、温泉地別府を拠点とする地域ベースのアートプロジェクトの展開である。

地域政策と連携しながら推進されるアートプロジェクトは、地域資源の発掘と再編集を可能にし、地域活性化のための豊かなヒントを提供する。こうしたアートプロジェクトの外部性に注目して、大分県をはじめ近隣自治体にも連鎖的な波及が進んでいる。当地区で展開されたアートプロジェクトの文化的価値、地域の魅力創出、地域経済の活性化、地域社会の活性化、教育分野や福祉分野への貢献といった多元的な政策効果は、文化芸術基本法の理念を先取りしたものである。

第8章は、広域型大規模アートプロジェクトである「瀬戸内国際芸術祭」の地域活性化について、主たる開催地の直島と最大規模の離島である小豆島を比較しながら、まちづくり政策効果について論じたものである。直島は民間企業が文化戦略として総合的な展開を図っている。直島は、瀬戸内国際芸術祭による世界レベルでの知名度向上と観光客の拡大を背景として、宿泊業・飲食サービス業を中心とした事業所や昼間人口が増加している。一方、小豆島はアーティストなどとの交流による地域社会の活性化を総合的な地域政策として展開しようとするもので、直島とは地域活性化のアプローチがコントラストをなしていることを示した。

第9章は、第7章、第8章を統括し、文化まちづくり政策による地域の価値創出について、アートプロジェクトの政策効果に軸足を置きながら論考を行っている。持続可能な地域創造において、文化性に注目する理由は、文化的資源や創作活動を結合させることで地域をデザインする自由度が高く、地域の実情や能力に応じた展開が可能だからである。第1節では、創造性を活かした都市再生、文化芸術基本法などの法制度や自治体の文化政策について整理している。第2節は、地域ベースのアートプロジェクトの政策活用に関する

論考を行い、第7章、第8章のアートプロジェクト事例の政策目的と期待する政策効果を整理した。第3節は、観光、人口、地域経済の三つの視点から、公的統計調査結果を用いて政策効果の検証を行った。第4節では、アートプロジェクトによって地域ベースのイノベーションが創出されたかどうかの検証を行い、アートプロジェクトによる地域活性化の現段階での到達点を探った。第5節は、今後の政策課題として広域型文化まちづくり政策を提案した。大規模アートプロジェクトの経験により、アートプロジェクトの分散開催や文化資本の蓄積を通して文化創造集積地域を構築し、各地域をめぐるカルチャーツーリズムを通して、連鎖的な活性化効果が生まれる可能性を指摘した。第6節では、アートプロジェクの課題と文化まちづくり政策の今後の方向性について言及している。

　終章は、まとめの章として、第4章から第8章までのまちづくり事例を、ポジショニングマップ分析により総括し、本書の全体像を振り返っている。

〈注及び参考文献〉
1　「まち・ひと・しごと創生基本方針2019について」（閣議決定）2019年6月21日を要約整理した。
2　本書において「持続可能な地域社会」とは、1987年に刊行された環境と開発に関する世界委員会の報告書『我々の共通の未来』における世代間の公平性を担保する「持続可能な発展」の定義を踏まえるが、環境分野に限らず、地域の経済的、社会的、文化的な側面も含めた包括的・総合的な持続可能性を含めるものとする。また、「地域」には多様な概念が存在し、論者によって定義が異なるが、本書における地域とは、行政区域等の特定の境界や区画で区切られた領域だけを指すのではなく、地域資源、生活文化、行動様式を共有し、お互いの信頼や連携が図れる空間範囲も含めて捉えるものとする。

＊本文中の敬称は省略した。　＊クレジットのない写真は筆者による撮影。

第1章

変容する地域社会と政策

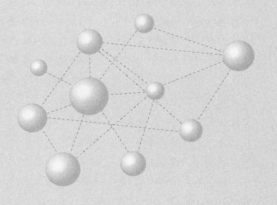

第1節　人口減少社会の衝撃と地域格差の拡大

　地域の持続性を脅かす政策課題はさまざまな切り口が考えられるが、人口減少、少子高齢化といった人口構造の変化がその一つであることは疑う余地がない。人口は国勢調査ベースで2008年の1億2,808万人をピークに減少に転じ、2020年には1億2,614万人まで減少した。少子化は依然として反転した状況になく、国立社会保障・人口問題研究所が2017年に公表した出生中位推計によれば、2065年には8,808万人まで減少すると見込まれている。

　一方、厚生労働省の国民生活基礎調査をもとにした世帯数及び平均世帯人員は、1953年の1,718万世帯から2019年の5,178万5,000世帯まで増加している。この間、平均世帯人員は、5.0から2.39まで低下した。また、同調査に基づき65歳以上の高齢者がいる世帯構造の推移を見ると、三世帯同居が縮小し、夫婦のみの世帯あるいは単独世帯が増加していることがわかる。

　1980年代後半に人口減少が問題となった際、これまでわが国は狭隘な土地に人口が集中していたので、人口減少が起こったところで大したことはないと楽観視する向きもあった。ところが、現在はそのようなことを主張する論者はいない。わが国の持続性を脅かす根本的な問題であるとの認識が浸透したためである。嚆矢となったのは、2014年に開催された日本創成会議の人口問題検討分科会の議論で、座長を務めた増田による「地方消滅論」[1]は、各方面に多大な衝撃を与えた（増田, 2014）。

　増田の地方消滅論のポイントは、①各地域の今後の人口を具体的な数字で示した点、②「地方消滅」というショッキングなタイトルを付与した点、③地方だけではなく、東京周辺も危ないことを提起した点である。これに対する反発、反論も多く出され、論争が繰り広げられた。例えば、農山村地域の持続的再生に造詣が深い小田切（2014）は、「農山村は消滅しない」との反論を行っている[2]。人口推計に依拠する議論が地域社会に「あきらめ」を醸し出し、ラベリング効果によって積極的な政策展開を放棄することになれば地域社会に悪影響を及ぼすことを懸念したものであろう。

　では、人口が減少すると具体的にどのような問題が生じるのか確認しておこう。

　人口が減少すると地域の活力が削がれるだけでなく、需要の減少に伴って経済活動が停滞し、多くのサービスが縮小に向かう。また、公共交通、医療、

教育などの社会サービス、民間企業や事業者が提供する生活関連サービス供給の質の低下を招く。生産年齢人口が減少すると、労働力が減少するだけでなく生産性の低下も招く。かくして産業経済活動が停滞すると、税収が伸びず、国及び地方自治体の財政が逼迫（ひっぱく）し、社会基盤整備などの公共事業への投資が縮小するとともに、公共サービスの質の低下をもたらす。さらには、家屋やオフィスビル、公共空間が過剰となり、空き地、空き家問題が深刻化するといった負の連鎖が起きるのである。

　一方、高齢者の単独世帯の増加も重大な問題を引き起こす。藤田（2011）は、十分な収入や蓄えがなく頼れる人がいない場合、孤独死や貧困、生活破綻を引き起こすリスクが高くなると指摘している[3]。増加する高齢者を誰が支え、どのように生きがいを創出するのか、社会保障制度、働き方、生涯学習、地域コミュニティが連関する深刻な社会課題となっている。

　土地や空間の活用も人口減少と歩調を合わせて縮退傾向が見られる。経済成長に伴う都市の無秩序な拡大から一転しての都市の縮退は、均等縮退ではなく疎密を伴う不均質性が特徴であり、空間活用の非効率を招く。空き地、空き家によって都市空間がスポンジ状になるほか、道路、水道などの社会基盤の維持管理費用が重くのしかかっている。こうした状況を踏まえ、コンパクトシティ政策として地方自治体では立地適正化計画が推進されているが、開発抑制手法の限界もあって政策効果は限定的である。

　このように、人口構造の変化は財政面でも大きなリスクを抱えることになる。しかも、こうした現象は、地域格差を伴っている。人口の地域格差は、東京一極集中問題あるいは首都圏一極集中問題として知られるとおり、東京をはじめとする大都市への人口集中が加速する一方、条件不利な地域では、人口減少、高齢化が加速し、限界集落、限界都市などと呼ばれるとおり、地域社会の維持そのものが困難となる。

　地方都市の人口集中は、近畿地方における大阪市、東海地方における名古屋市、九州地方の福岡市が顕著であろう。こうした移動の状況を高度経済成長以降（1955年以降）の人口統計で見ると、大きく3回の波となって大都市への移動が起こっていることが観察される。その要因として、大企業の本社機能をはじめとする産業経済機能、政府機関、情報通信機関、マスメディア、研究教育機関、医療機関、文化施設など社会経済の基盤となるあらゆる機能が集中するほか、これに付随して巨大な人口を支えるサービス業（非基盤産業）も発達する。こうした重層的な集積によって、多くの消費機会と就業機

会を提供することは、「集積の経済」「都市化の経済」として広く知られている
ところである。

　市場メカニズムでは効率性を重視するため、集積が起こることで成長が期
待される地域ではますます投資が加速し、いっそうの集積が進む。例えば、
東京都は2000年代初頭の都市再生事業によって社会経済基盤は十分整備され
たにもかかわらず、東京オリンピックなどの大規模イベントに乗じて追加的
基盤整備がなされ、社会基盤の更新と産業集積が相乗的に加速している。も
ちろん、老朽化した施設や社会基盤は、安全性を確保するために適切に更新
される必要があるが、首都圏への大規模投資を行えば、集中が加速すること
は明らかである。政府機関やメディアが地方創生を掲げる一方、東京＝首都
圏への集中的投資を容認している状況で、中央から地方へと人口を反転させ
る政策の実現は容易ではない。

　確かに、国際競争力を回復させ、国レベルで経済を成長軌道に乗せる名目
で東京圏に有能な人材を集積させることはイノベーションの創出の観点から
は是認されるであろうが、地方圏の人材が東京圏に吸引されるメカニズムを
放置し、地方圏が衰退してしまうと、国内の人口バランスが著しく崩れ、首
都圏に吸引する人口のリソースそのものが枯渇してしまい、結果として東京
圏も成り立たなくなるため、東京圏と地方圏は適度な人口バランスが保たれ
ている必要があるといえる。

　社会を支える経済に目を転じると、バブル経済崩壊以降、停滞が続いてい
る。国内総生産（GDP）（名目）の推移を見ると、「失われた20年」とも言われ
たとおり1990年以降横ばい状態が続いている。リーマンショック以降はゆる
やかな回復基調にあるものの、主要先進国の1980年以降のGDP成長率と比
較すると、デジタル経済が牽引するアメリカや中国とは著しい開きがある。
2020年以降、遅まきながらデジタル社会に向けた政策動員が図られるように
なったが、成長産業分野の深刻な競争力不足の状況が続いている。経済の停
滞は、人口と同様に地域格差を伴っている。内閣府経済社会総合研究所が公
開している都道府県別GDP（名目）を見ても東京都が突出しており、経済面
でも東京一極集中が進んでいることがわかる。

第2節　人口を増加させる政策とは何か

　人口の動きは自然増減、社会増減に分解されるが、出生数から死亡数を減じることで得られる自然増減は、少子化対策により緩和される。これに対して社会増減は、転入数から転出数を減じることで得られ、大学などへの入学や就職を契機に住居地を移動する場合が多い。そのため、多くの地方自治体では、地域の実情を勘案しながら自然増、社会増に向けた二方面の人口増加政策が行われている。

　ここで社会増減を考えると、住民票の移動を伴う長期にわたる住居地の移動は就業機会が必要となるが、どの地域でも十分な就業機会を提供できるわけではない。また、これまでとは生活環境が異なる地域にうまく溶け込めるかも定かではない。そこで、一定期間、当該地域に訪れてもらい、そこで就業や生活ができるのかを試してみる政策（お試し居住政策）を必要とする。

　地域に滞在する期間あるいは関わりの深さに応じて、旅行やイベントへの参加など一時的な滞在である交流人口、長期にわたって居住する定住人口に分けられる。定住人口といっても、10年以上にわたって当該地域に居住する場合もあれば、大学入学や長期出張、転勤に伴う期間が限定された住居地の変更も存在する。近年は、交流人口と定住人口の中間概念として、地域外の人がその地域への関心や関係を深めるとともに、繰り返しその地域を訪れ交流を深める「関係人口」という概念も注目されている。

　関係人口政策は、交流人口政策が限定された期間内における一過性の活性化効果にとどまるのに対し、関係の継続性に焦点をあてる。典型的な政策パターンは、交流人口増加を定住人口増加へのファーストステップと位置づけ、その地域に対する持続的な関心をもたせた後、子育てをはじめとする住みよい環境や新しい就業機会を創出することによって、移住に踏み切り、定住人口の増加につなげようとするものである[4]。

　このように、交流人口、関係人口、定住人口と人口を増加させる方法は多様であるが、前提として地域の魅力や価値を向上させ、関心を向けさせる必要がある。関係人口の考え方は、地域の魅力や価値を向上させる過程で、地域外の人に何らかの形で参画してもらい、地域住民にも自らの地域に住む意義と自信を回復させることで地域の存続に向けた成長スパイラルに復帰させようというものである。これは、まちづくりの外部化を図ることにもつなが

る。いずれにしても、何らかの方法で「人口を増加させる」ことが、人口減少社会における地域政策のキーワードであろう。

　社会環境変化がもたらす地域政策課題を整理すると、人口減少は、労働人口の減、消費の減、税収減をもたらすだけでなく、地域経済の格差と人口の偏在化、人口獲得競争の激化により地域格差を拡大させる。そのほか、住宅の過剰供給を勘案すると、空き地、空き家問題の拡大が見込まれる。高齢化の進展は、社会保障関係費の増加を加速し、高齢単身世帯の増加によって社会的リスクが拡大する。

　地域経済の状況を見ると、グローバル化はインバウンドによる観光需要、消費需要の拡大が期待できるものの、企業の海外進出に伴って産業空洞化が加速した場合、雇用機会の減少に伴う人口流出、関連事業所への波及効果、法人事業税や固定資産税などの税収減といった問題が生ずる。さらに、競争の激化は中心市街地や商店街の衰退が加速する懸念がある。

　地方財政の逼迫により、少子高齢化に対応した行政サービスが不安定化するだけでなく、老朽化した社会インフラや公共施設の更新が困難になるなどの政策課題が深刻化する。さらに、地域コミュニティの脆弱化、つながりの希薄化は、日常的な地域課題への対応が困難になるだけでなく、防災、防犯、高齢者の見守り、障がい者への支援、子育て支援、地域内コミュニケーションによる安心の確保といった地域の社会的機能が損なわれてしまうことになる。それに伴って、行政コストがさらに増大する悪循環に陥る。

　また、2020年1月より全世界を席巻している新型コロナウイルスへの対応、低炭素社会、カーボンニュートラルに向けたグリーン社会への対応、Society5.0やDXなど毎年、新用語が続出するデジタル社会への対応が加わる。とりわけ、新型コロナウイルス及びその変異株の出現は「人が集まること」を嫌う。すると、これまで市場経済システムのなかで、前提としていた集積の経済、規模の経済の理念が崩れ、大都市の成長メカニズムを否定することとなるが、持続可能な地域社会の形成に向けて、こうした新たな政策課題にもいかに対処するかが問われている。

　次節以降、こうした政策課題が引き起こされた背景を概観し、地域社会がどのように変容してきたかをデッサンすることとしたい。

第3節　今日の政策課題はいかにしてもたらされたのか

　わが国の社会システムは1980年代以降、現在まで継続して実施されている行財政改革によって大きな変貌を遂げ、地域社会の姿は大きく変容するに至っている。そこで、この時期にどういった社会状況があり、どのように今日の公共政策課題と結びついているのかを素描してみよう。

　わが国の経済発展に大きく寄与した高度経済成長期は、成長を前提とした右肩上がりの時代であった。この時期の公共経営は、毎年人口が増加し、経済が拡大することを前提とした「満足化原則（住民ニーズの充足）」に基づいて行われており、成長を前提とした制度や政策が形成されるため、財政や組織の肥大化が必然であった。既得権益をそのままにして増加分の配分がなされると、そのメンバーの地位は脅かされることがないため「満足」するが、経営感覚は欠如する。これは増分主義（インクリメンタリズム）と呼ばれ（宮脇, 2012）[5]、長く日本社会の組織マネジメントの根幹をなす考え方となる。

　しかし、その転換は第4次中東戦争を契機とする国際情勢の変化（＝石油危機）によってもたらされる。当時、福祉国家政策のもと、重い社会保障負担にあえぐイギリスにおいてマーガレット・サッチャー政権が実施した革新的な行政改革は、大きな変革の波となってまたたく間に全世界を席巻し、ケインズ主義に基づく社会民主主義的な「大きな政府」から新自由主義に基づく「小さな政府」への転換を余儀なくされることとなった。サッチャー首相は、中央政府の権限を強化しつつ民間企業の経営手法の活用や民営化と市場原理の活用によるNPM（New Public Management）と呼ばれる実験的でドラスティックな行政改革を断行した。

　改革は多岐にわたるが、わが国に大きな影響を与えたものとして、地方自治体の歳出の抑制、行政サービスの民営化・民間委託、競争入札の義務付け、市場原理の導入等が知られる（鹿嶋田・村井, 1995）。サッチャー首相によるドラスティックな改革は、低コスト社会の実現、低成長高インフレの克服による国内経済の活性化、失業率の低下といった成果をもたらしたが、過度の競争社会を招いたこと、社会的排除を引き起こしたこと、社会的排除の世代間連鎖による「機会の不平等」の発生といった批判がある（藤森, 2007）。

　日本では、石油危機を契機に景気が後退し、高度経済成長は終焉する。こうした状況下、景気対策、需要創出に向けた公共投資の拡大に伴う財源確保

に向けて、1980年代に入ると第二次臨時行政調査会、第一次臨時行政改革審議会などの機関が相次いで組織化され、増税なき財政改革、つまり中央及び地方政府のスリム化を柱とした行政改革が断行されていく。中曾根首相による3公社（日本国有鉄道、日本電電公社、日本専売公社）の民営化が象徴的な取り組みであろう。

　一方、80年代前半には日本から米国への輸出の急増によって米国は財政赤字と貿易赤字という「双子の赤字」を抱えた。貿易不均衡の解消に向けて1985年には円高ドル安に誘導する「プラザ合意」以降、日本では輸出を抑制し、内需型の経済活動への転換を進めるため、民間事業者による施設整備、リゾート開発、地域産業の高度化に向けた開発型事業を、行政と民間企業が共同出資する第三セクター等により実施していく。

　1980年代後半に入ると、バブル経済の発生により空前の好景気に日本中が沸いた。そのため、本格的な行政改革の展開はバブル経済崩壊後の1990年代に持ち越すこととなった。

　バブル経済崩壊後、金融機関や第三セクターは次々と経営危機に陥るが、その影響は長期に及ぶ。バブル経済崩壊後の経済再生は容易ではなく、以降、人口、経済の両面から縮小に向かう右肩下がりの時代を迎えることとなった。ここでは公共経営の考え方も大きく変貌し、毎年度、予算が減少することを前提とした事務事業の運営を行う必要が生じた。限られた財源という資源をいかに有効に活用し、効率的な運営を図るかが重要となるため、これまで野放図であった既得権益は縮小を余儀なくされ、適正化を図る「経営」の概念の導入が必要となる。これは減分主義（デクリメンタリズム）と呼ばれ（宮脇, 2012）、今日まで続いている。

　減分主義の下では投資に対する考え方も従来とは異なる。すなわち、増分主義の時代には、成長が前提であったため、大量生産を支える環境（社会資本）整備を図ることが公共投資の主目的であった。しかし、減分主義下においては、限られた資源（人・モノ・金）の有効活用と絞り込みが必要となるため、どういった要素に対して資本を投下するかの検討が不可欠となる。諸富（2018）が指摘するように、従来の物質的価値に代えて、知識、情報、感性などの非物質的価値が重視されるようになってくると、地域の発展を支える要素としても従来の社会資本に加え、人的資本、社会関係資本、自然資本、文化資本を視野に入れる必要があるだろう[6]。

第4節　社会システム改革

　1990年代は二つの大きな社会システムの改革があった。一つは地方分権改革で、もう一つは行財政改革である。この二つの改革は独立して存在するのではなく、いずれも行政コストを下げる点で共通しており、車の両輪の関係と理解される。

　地方分権改革は、国と地方の関係を「対等・協力」にする趣旨から、役割分担の明確化、関与ルールの設定、機関委任事務の廃止などの抜本的な制度改革を行うもので、1999年7月に地方分権一括法が成立し（施行は2001年4月）、地方自治体の自己決定権と自己責任が問われることとなった。市町村合併は、そもそも地方分権の受け皿として考えられたもので、行政能力の向上とともに、地方行政の簡素化、合理化を求める契機とするものであった。財源は、三位一体改革として2004年度から2006年度の間に国庫補助負担金の廃止・縮減、地方交付税の削減、税源移譲が実施されたが、税源移譲は極めて不十分な内容であったため、その後地方財政は大幅に悪化していく。

　行財政改革に関して、1997年の旧自治省による地方行革指針では、地方自治体に対し、行革大綱の策定・見直し、事務事業、組織機構の簡素化・合理化、定員・給与の適正化、行政の情報化を求める内容となっていた。その後、1999年の地方分権改革と歩調を合わせて行財政改革が本格化する。中央省庁の再編、郵政民営化、公務員定数の削減などを嚆矢として、1999年のPFI法、同年独立行政法人通則法、2003年指定管理者制度、地方独立行政法人法、2006年市場化テスト法と矢継ぎ早に新しい制度が導入される。

　これらの制度はNPMと呼ばれる。NPMは、市場メカニズムの活用、顧客指向、成果・結果指向、分権化指向などの観点からの政府の役割の見直しとそれに伴う新しい行政モデルへの転換を図る行政改革手法である（吉田，2003）。NPMは、行政改革手法として民営化、規制緩和、市場メカニズムを推し進めたサッチャー政権以降、メージャー政権の「Next Steps」、ブレア政権の「第三の道」と主としてイギリスで開発、発展を見せたが、アメリカ、カナダ、ニュージーランド（アングロサクソン諸国）、ドイツ、フランス、オランダ（大陸系諸国）、スウェーデン、デンマーク、ノルウェー（北欧諸国）など国際的な拡がりを見せるに至った。

　本手法が短期間に全世界に浸透した理由として、吉田（2003）が、「政府部

門の効率化・活性化を図る手段としての市場メカニズムの幅広い活用」と指摘しているとおり、2度の石油危機を経た経済不況に伴う財政危機を背景に、大きな政府による福祉国家政策が財政を肥大化させ、「政府の失敗」を引き起こしたことから、市場メカニズムにその活路を見出そうとしたと解釈される。吉田（2003）はNPMの特徴として、①市場メカニズムの活用、②顧客指向、③成果・結果指向、④分権化指向の4点を挙げており、これらは基本的には英国モデルをそのまま受け入れた内容となっている[7]。

　一方、地方自治体における行財政改革の状況を見ると、①国（総務省）主導の方針・指針の通知のもとに実施されたこと、②徹底した経費・人員の削減、事務事業の見直し、組織・機構の統廃合、外部委託、地方公営企業・第三セクターの見直しによる簡素化・合理化が行われたこと、③NPMの潮流に対応して、指定管理者制度、PFI、独立行政法人、情報公開、行政評価制度等の新たな行革手法の導入が進められたことが挙げられる。

　しかし、一律削減型、総量規制型の減量経営手法を強要するだけでは社会は萎縮し、社会的ニーズ、市民ニーズに的確に対応することはできないため、減量化に併せて社会全体の公共システムを改革させる必要があった。こうした課題に対して注目されたのがガバナンス改革である。これまで公共領域は行政の独占といえる状態であったが、ステークホルダーとなる市民（民間非営利組織）や企業も参画させ、公共領域の一翼を担ってもらうという革新的なアプローチである。従来より市民の政治過程への参加手法としては、選挙などの制度が用意されていたが、企画立案をはじめ実施過程での主体としての参画概念が含まれている。ガバナンス改革では失われた行政の信頼回復を図るだけでなく、新しい価値創出への期待も込められている。

　では、こうした概念はどのようにして創出されたのであろうか。次節において、ガバナンスとパートナーシップ＝公民協働による課題解決の枠組みを見ていくこととしよう。

第5節　公民協働による課題解決
──ガバナンスとパートナーシップ

　ガバメントとガバナンスは、辞書的にはどちらも「統治」とされるのでわかりにくいが、縦方向、横方向で比較するとわかりやすい。従来、統治といえば、上意下達、トップダウンなどと表現されるように、トップマネジメン

トの方針を具体的に組織内に浸透させることを意味し、いかに効率的、効果的にトップの方針を実現するかが課題となるが、「ガバメント」は関係性を縦方向で捉える文脈で使用される。これに対し、「ガバナンス」は横方向で捉えるもので、ある政策に関係するアクターを、政策立案過程や合意形成過程に参画させることで、主体的な行動を促したり円滑な実施を図ることをねらいとする。

藤井（2009）は、ローカル・ガバナンスにかかる論考の中で、「ガバナンス」を「ガバメント」と対比した概念として論じられることが多く、政府を中心とする縦の関係だけではなく、政府以外の諸アクターも積極的に「公共性」を担う主体として認め、アクター間の相互の関係やネットワークを重視する概念であると説明している。

図表1-1に、ガバメント概念とガバナンス概念の相違点を対比して示した。

	ガバメント概念	ガバナンス概念
統治活動	権力、権威による統治	協働、連携による統治
国と地方の関係	中央集権	地方分権
支配原理	ヒエラルキー（垂直）	ネットワーク（水平）
社会課題解決の主体	政府（中央・地方）	多元的主体
市民セクター	関与は限定的	積極的に関与
住　　民	依存的	自律的・自立的
企　　業	市場領域に限定 利潤の最大化	社会戦略（CSV） 社会的責任（CSR）
調整コスト	小	大

図表1-1 ガバメント概念とガバナンス概念の比較　　　　　　　　　　　　　筆者作成

ではガバナンスがどのように進展してきたかを簡単にレビューしておこう。

地方自治体の仕事の多くは公共性が高いため、従来、民間事業者が重視する市場原理では遂行しにくい領域とされ、税金で賄われることを前提にした制度設計がなされていたが、地方自治体が市民に提供している財やサービスは、完全に民営化が可能な領域、民間事業者が扱うのが適切でない領域、行政と民間事業者の協働で実施できる領域に分解される。そこで行政コストの削減とサービスの質向上を目指して、民間事業者の参画を念頭に行政サービスの複合化・多元化が検討されることとなった。これが、「公民協働」と呼ばれるもので、公共政策の担い手を分散させることで行政コストの肥大化を押

さえるというガバナンスの第一の視点である。

　公民協働の相手方は民間事業者だけでなく、地域住民あるいは地域住民が組織化した非営利組織も含まれる。この点に着目して、公民協働の概念には地方分権改革の機運と相まって、責任ある市民社会の形成を目指し、住民自治の担い手育成を図る意味もある。

　これがガバナンスの第二の視点である。公共政策やその実現過程に住民参加を進めていくことで、生活空間や生活者のニーズを反映させていくことに加え、自立型の社会形成の礎となる住民自治を進展させること、ボランタリーな意識に富んだ協働型の社会を構築することでつながりや絆の回復を図っていこうというのである。

　1995年に、都市型災害である阪神・淡路大震災が発生し、その復興過程においてボランタリーセクター、市民セクターの活躍を目の当たりにしたことも、民間非営利組織への期待が高まり、第二の視点の意義が強調されることになった一因である。こうしてガバナンスの相手方として、都市開発や公共施設の建設、運営、維持管理等にかかるコスト低減を重視する立場からは民間事業者との契約による協働が念頭におかれ、福祉分野を中心に埋もれた市民ニーズを発掘し、市民自らが解決主体となった市民社会の形成を目指す立場からは、民間非営利組織との協働の意義が強調されることとなった。

　例えば、新川（2008）は、市民参加が公民協働のパートナーシップへと変遷していく過程の言及のなかで、まちづくり分野における市民参加は、当初、道路・公園の整備や公共施設の建設などのハード事業が中心であったが、1980年代以降、地域生活に必要なサービスの創造や運営などのソフト事業にシフトしたこと、1990年代以降は市民や市民活動組織、事業者がまちづくりの主要な担い手として活躍されることが期待され、2000年以降になると、市民と行政のパートナーシップ（協働）の考え方が定着するようになったと指摘している。

　このような行政、企業、市民の協働関係を巧みに説明するものとして、スウェーデンの政治経済学者であるペストフの三角形が知られる[8]（図表1-2）。

　この図では主体として、国家、市場、コミュニティの三つがあり、それぞれ点線の領域で切り分けられ、三角形の真ん中に位置するのが、アソシエーション、つまりボランタリーな非営利組織としている。行政、企業、市民の関係を表現するのに適していることから、この図はさまざまな論者によって部分修正を加えられながら受容されている。なお、この図は、ソーシャル・

ガバナンスとして、課題解決に向けたセクター間の連携＝パートナーシップ関係を説明するのにも適している。ソーシャル・ガバナンス論においては、行政セクターは、経済成長の鈍化による税収減、住民の価値観の多様化、硬直化した行財政構造によって、財政的にも制度的にも対応力を喪失しつつある（政府の失敗）という課題を有し、企業セクターは、公的領域における効率的なサービス供給の期待があるものの、事業採算性や効率性を重視する経済優先の論理は、地域格差の拡大をいっそう深刻化させる懸念（市場の失敗）が指摘される。そこで、サードセクターとして、NPO法人等の民間非営利組織の役割に期待するという論理であるが、日本においては公的セクターと特質が類似している公益法人を除けば、NPO法人などの民間非営利組織の歴史は浅く、組織構造やマネジメント基盤は脆弱であり、事業の継続性、安定性等に課題がある。このように、各セクター単独では一長一短があるため、公共政策課題の性格に応じて複数のセクターとの連携（パートナーシップ）が期待される。

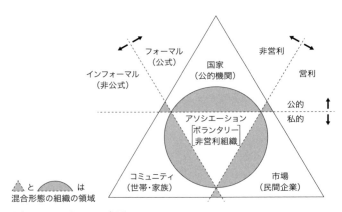

図表1-2 ペストフの三角形　　　　　　　　出所：Victor Pestoff（1992）をもとに筆者作成

　ところで、公共政策においてパートナーシップという場合、立場によってさまざまな意味解釈がなされている。そこで、パートナーシップ＝協働の意義について概観しておこう。
　日本で協働の概念がまだ未確立であった黎明期に、協働の概念を提唱した行政学者の荒木昭次郎（1996）は、「協働」の意味を探求するとともに、公民協働観がどのように生成し、発展してきたかを考察している。S.Arnsteinの

「市民参加の階梯（A Ladder of Citizen Participation）」に見られたような市民参加の段階論にとどまるのではなく、市民と行政との相互作用の深化と広まりを背景に、住民が政策過程に主体的に関わるしくみとして、参加論の発展形態としての「協働」の概念を捉えている。

　荒木（2012）は、さらに「協働とは、異なる複数の主体が互いに共有可能な目標を設定し、その目標を達成していくために各主体が対等な立場に立って自主・自立的に相互交流し合い、単一主体で取り組むよりも、より効率的に、そして相乗効果的に目標を達成していくことができる手段」と指摘しており [9]、「協働は目的ではなく目標達成の手段である」ことを強調している。米国の社会科学者ヴィンセント・オストロムの協働理論（Vincent Ostrom, 1977）によると、「ある財やサービスを生産する過程において、正規生産者だけで生産するよりも、その過程に消費者生産者を関わらせた方が生産性は向上する」というヴィクター・フクスによる生産性向上理論に着想を得たもので、行政サービスの生産過程でも、住民（消費者生産者）と行政（正規の生産者）との協働による自治が合理的と考えた。オストロムはこれを「Co-production」と表現している。

　協働に関する類似概念がいくつかあるので整理しておきたい。

　まず、Partnership（パートナーシップ）であるが、友好的な協力関係（大辞林第三版）、「主体間が対等という主体間の関係を示す」（江藤, 2000）とあるように、対等性に重きが置かれる概念である。Collaboration（コラボレーション）は、共同で行う作業や制作、特に、複数企業による共同開発や共同研究（大辞林第三版）、「対抗している主体間の協力」（江藤, 2000）とあるように、立場の違う者同士で何らかの共同作業を行うことに主眼が置かれる概念である。これに対し、Co-Production（コ・プロダクション）は、公共サービスの協働生産であることに加え、「主体間の協力だけでなく、生産や結果を含み込んだ概念」（江藤, 2000）とあるように、単に共同で作業を行うだけではなく、具体的なアウトプットを意識した概念といえよう。このように、協働の到達点としては、Co-Productionを目指すのが望ましいが、まずは、Partnershipからスタートして、Collaboration、Co-Productionへと段階的にステップアップしていく形が一般的であろう。

　日本において協働の概念は、阪神・淡路大震災の復興過程において広く認識されたが、コミュニティ政策やまちづくり政策分野を中心に展開してきたこともあり、「協働」という用語を使用する際、市民を相手方とした協働（市

民協働）が暗黙の前提となっている。しかし、「公民協働」となると、民間企業も協働の相手方と解される場合も多く、混乱が見られる。契約により関係を構築する民間企業も含めたパートナーシップ＝協働とする方が、統一的、体系化した理解がしやすい。民間企業は、市場の論理だけで行動しているわけでなく、企業市民、フィランソロピー、企業の社会貢献（CSR）に基づく公益活動を行うことに加え、本業と連関させながら社会的活動を行う場合（CSV）もあるからである。

これらの多元性を有するパートナーシップは、PPP（Public Private Partnership）と表現される。東洋大学PPP研究センター（2010）では、PPPのことを、「公共サービスの提供や地域経済の再生など何らかの政策目的をもつ事業を実施するにあたって、官（地方自治体、国、公的機関）と民（民間企業／NPO・非営利団体等）が目的決定、施設建設・所有、事業運営、資金調達など役割を分担して行うこと」と定義している。この定義では市民社会の構築といった地域創造型の概念は入らないが、新川（2008）は、行動原理の異なるセクター間のパートナーシップこそが、政府の失敗、市場の失敗、市民の限界を乗り越える重要な中核的要素であり、各セクターが協議の場をもって、資源・能力を確認し、役割分担をしながら活動を組織化し、課題解決をしていく構図を提示し、これを地方自治体中心から地域社会が本来的にもっている地域的公共性への公共性概念の再構築＝ローカル・ガバナンスとして捉えており（新川，2008, pp.44-45, 50-51）、地域創造型の理念を付加している[10]。

本書では、「協働」という用語の多義性を踏まえ、特段の場合を除いて「パートナーシップ」という用語を用いることとし、Partnership（狭義）からCo-Productionまでの複合的な意味を含めるとしたい。そのうえで、パートナーシップの対象領域を考えると、大きく「効率的な公共施設の整備・運営管理」と「新しい社会サービスの創造と提供」に大別されよう。前者はPPP（Public-Private Partnership）として展開されている領域で、民間委託、PFI、指定管理者制度などの多彩な手法によって、低コストで高い成果を目指す行政課題への対応が主目的となる。これに対して、後者は、協働事業を通した新しい社会サービスの創造を目指すもので、主に地域コミュニティ領域の課題への対応を通した市民力のエンパワーメントが目的となろう。このように、ガバナンスとパートナーシップは表裏一体の概念であるが、横方向の水平的連携によって、新しい価値の創出の実現を期待して展開されている。

第6節　地域開発からまちづくりへ
——外来型開発／内発的発展

　社会システム改革として実施された国や地方自治体の行財政改革は、地域社会に大きな影響を与えた。行政府が定めた枠組みに則った管理指向型の地域経営方式では、財源の問題に加えて住民の多様なニーズにうまく対応できなくなったことを踏まえ、地域課題の設定と解決に向けた主体的な取り組みを促すことにより地域の存続＝自立型地域社会の構築が求められるようになった。こうした文脈から地域を仮想の経営組織と見立てた地域マネジメントの機運が起こるが、折しも地域課題に対して住民自らが主体的に取り組む「まちづくり」が勃興していた時期と重なる。これは地方自治の本旨でもある住民自治とも関連するため、新しい地域開発手法であるまちづくりに期待が寄せられることになるのである。「地域開発」が「まちづくり」へと変化してきた経緯は次のとおりである。

　高度経済成長期には、成長主導産業による「成長の極」によって地域経済成長の核を形成し、雇用・需要の創出、税収の増大、公共投資の実施を行うことにより地域全体を活性化させる拠点開発方式による地域開発が重用された。具体的なプランとして、国土総合開発法に基づいて1962年より開始された全国総合開発計画を皮切りに、新産業都市やテクノポリス構想など拠点開発方式による地域開発が実施される。こうした政策が選択された理由は、戦後復興から高度経済成長にかかる時期においては少ない資源を有効に活用し、集中的な資源投下を行うことで経済成長を浮揚させることが政策課題だったからである。

　かかる開発方式は、外来型開発モデルともいわれ、製造業（工場）の誘致等によって雇用・需要の創出を図り、税収が拡大することで地域活性化を図ろうとするもので、現在に至るまで地域開発の基本形となっている。確かに、外来型開発モデルは、地域の社会基盤整備をはじめ雇用の確保、域内需要の創出に貢献を果たしたと考えられるが、地域内の事業者を連結させる産業連関による経済波及効果は限定的であること、環境汚染物質の排出規制が緩く、地域環境問題（公害問題）の発生により地域住民の甚大な健康被害を招いたこと、経済目的に特化し、地域の社会的、文化的な文脈が軽視されたことにより景観破壊を引き起こすなどの問題が顕在化した。

そこで、外来型地域開発による弊害が顕著になってきた1970年以降、地域の自律的発展に向けた内発型の実践活動が注目される。こうした活動は、公害反対の市民運動と結合し、内発的発展（endogenous development）として注目されることとなった。内発的発展の理論的系譜は、玉野井の「地域主義」(1979)、鶴見・川田による「内発的発展論」(1989)、宮本の「内発的発展論」(1989・2007) が知られる。このうち、宮本は、地域の企業・労働組合・協同組合・NPO・住民組織等の団体や個人が、自発的に環境保全、資源の合理的利用、文化に根ざした経済発展をしながら、地方自治体が住民福祉を向上させる地域開発を内発的発展と呼び（宮本 (2007), pp.316-317）、中央政府等からの助成を排し、地域内市場・産業連関を求めるなど、地域内のアクターが結集しての地域内産業の連関による経済波及効果を重視する姿勢が特徴的である。

　このように、近代化＝工業化による経済成長を伴った外発的な地域開発に対峙する形で、地域の生活者やコミュニティを重視する内発型発展を模索する流れが生まれたが、その象徴的活動が生活防衛のための公害反対運動であったといえよう。公害反対運動の対象であった環境汚染が、公害対策基本法の制定やオイルショックの発生による産業活動の沈静化を受けて、これまで行ってきた抵抗、反対、拒否といったネガティブな運動からポジティブな運動へと転換を図る必要が求められるようになってきた。こうして、「まちづくり」と呼ばれる活動が生まれる。地域ベースの特産品開発運動として開始された大分県の一村一品運動は、当時の平松守彦知事が先導したものであるが、内発的発展論に基づくまちづくりの嚆矢としても知られている。

　1980年代後半に入ると、地域福祉、まちづくり、環境保全、文化活動、スポーツ・レクリエーション活動、コミュニティ活動などの幅広い分野に地域住民の主体的活動が見られるようになった。こうした動きを見て、社会的・共益的利益の追求を民主的かつ合理的に達成していくのではないかとの期待感が生まれる。さらに、地域住民を政策アクターとして主体的に政策過程に関われるしくみと方法の模索が始まり、これが協働の議論と結合していく。

　このように、コミュニティあるいはローカルレベルの地域における自発的かつ総合的な地域システムの再構築を目指す「まちづくり」は、地域主義あるいは内発的発展論で提起された理念を具体的に実践する方法論として位置づけられる。1990年代初期は、行政府に対してもっぱら要求・要望を行う住民運動から、公共的な利益実現のために、自らが担い手となって役割を果た

していく「まちづくり」への転換期と整理できる。

　さて、まちづくりの展開分野は、コミュニティレベルで地域住民を中心に生活関連領域の改善に取り組む活動から、民間事業者を中心に事業として実施する不動産開発や都市開発レベルまで幅が広い。そのため、まちづくりは明確な定義はされておらず、いろいろな論者によってまちづくりの概念が提起されている。例えば、横浜市の企画調整局長であった田村明（1999）は、「まちづくりとは、よい「まち」を「つくって」いくことで、ハードの施設だけでなく、生活全体のソフトも含む。」としている。また、まちづくりの性格として、「つくる」とは、ハードの施設だけではなく、生活全体のソフトを含んでいる。」として、生活者の視点の重視を指摘するとともに（田村（1999），p.28）、まちづくりの性格として、①市民主導性、②ハードとソフトの総合性、③個性と主体性、④人間尊重、⑤しくみづくり、⑥人づくり、⑦良質なストック、⑧市民目線、⑨グローバルな視点、⑩実践性を挙げている。これらの項目は内発的発展論の構成要素と類似しており、「まちづくり」と「内発的発展論」の近接性を端的に示している。

　石原（2010）は、コミュニティ再生にかかるまちづくりを論じるなかで、「単なる懐古趣味ではなく、未来に向かって「いま」をつくりかえていこうとする運動」としているが、町並み保存、景観形成、防犯、防災、地域福祉、生活環境、教育、文化創造といったコミュニティレベルにおけるまちづくり活動が次第にローカルレベルに拡大していくなかで、専門家や民間事業者も参画してきたと捉えることができる。

　このように、まちづくりはコミュニティあるいはローカルレベルにおける地域発展に向けて、地域資源を活用し、地域住民の参画を得ながら行う地域の自発的、主体的な取り組みであるとともに、公共政策を市民目線あるいは事業者目線で捉え、かつての内発的発展論が抱えていた公害対策運動における市民対行政の対立軸を超克し、ボトムアップ的なアプローチを維持しながらより幅の広い公共政策課題における課題解決に包括的に取り組み、地域の価値を創出するといった、いわば内発的発展論の進化プロセスとも位置づけられよう[11]。

　しかし、地域発展（Local Development）のあり方として、内発的発展は万能ではない。大規模な資本投下を前提としていないので、経済効果が限定的であり、雇用吸収力も高くない。加えて、地域内の資源の活用に主眼が置かれるため、内向き志向となり規模の経済が図れず、競争力を高めるインセン

ティブが弱い問題がある。こうした問題に対処するため、「ネオ内発的発展論」あるいは「交流型内発発展論」として地域外と連結し、外部資源の活用や交流によるエネルギーの獲得の意義が指摘されている（小田切, 2013, 2018）[12]。また、地域の総合的な発展に向けて、外来型開発を否定的に捉えるのではなく、内発的発展との両立を目指した方向性もあるだろう。図表1-3に外来型開発と内発的発展を対比的に示した。

	外来型開発	内発的発展
牽引者	国	地域
アプローチ方法	トップダウン	ボトムアップ
資　源	資本、土地、労働力	地域資源
規　模	大規模集中型	小規模分散型
発展形式	地域開発	まちづくり
典型産業	製造業、分工場	地域基盤の中小企業
価値観	収益力、効率性	連携、パートナーシップ
雇用吸収力	大	小
課　題	地域内産業連関	規模・競争力・拡張性

図表1-3 地域発展の2類型　　　　　　　　　　　　　　　　　　筆者作成

第7節　地域課題の解決に向けたビジネス手法の活用

（1）社会的経済の台頭とその特質

　ローカルレベルの地域課題を考えると、地域経済の活性化と地域社会の活性化を併せて考える必要がある。生活領域に近くなればなるほど、政策課題は経済と社会に分離することが困難だからである。例えば、商店街は、物品やサービスの提供を行う経済機能と、近隣の地域住民の交流の場としての社会機能を併せ持ったハイブリッド組織と捉えることができる。社会的活動を行う非営利のボランタリーな組織は活動を継続するために、マンパワーの確保と財源の手当てが不可欠であるし、民間事業者は自社の成長と社会的信頼の確保に向けて事業機会を探索するなかで、社会領域での展開可能性を模索する。

　こうした状況を踏まえ、経済性と社会性を包含する混在した領域が拡大してきた。具体的には営利セクターでは、社会的課題に取り組む企業、地域中小企業、小規模事業者、非営利セクターでは、非営利組織が行うコミュニ

ティ・ビジネス、ソーシャル・ビジネス、行政と企業のハイブリッドな組織形態としての第三セクターなどがある。ここでは非営利組織が行う経済活動（事業活動）の発展に注目する。

　社会的経済を推進する政策は、行財政改革を推進する欧米で試みられたが、欧州と米国ではアプローチに本質的な違いがある。市場メカニズムを限定的に捉え、非営利組織や協同組合など社会的経済の組織形態にこだわる欧州と、市場メカニズムを全面的に採用するなかで組織形態にこだわらず広く営利企業の参入も認める米国といった構図である。

　日本での社会的経済に関する議論は主体別に行われている。社会的経済を担う協同組合は、経済規模は大きいが、事業活動の対象は組合員に限るなど限定した領域しか活動が認められておらず、主として協同組合論の枠組みで議論されている。市民社会論の立場からは、コミュニティベースで活動する非営利組織を対象としたコミュニティ・ビジネス、ソーシャル・ビジネス、社会的事業、市民事業に関する議論が多い。一方、市場経済サイドからは、営利企業の社会貢献、企業の社会戦略、民間企業を含めたネットワーク型事業連携、社会起業家（Social Entrepreneur）などの議論がなされている。

　コミュニティエリアなど比較的狭い地域範囲で、ビジネス手法によって地域課題を解決しようという動きが起こった要因として、第一に、制度的対応としての行政の限界が挙げられる。コミュニティレベルの地域課題としては、増大する高齢者への支援、核家族化に伴って家庭内だけでは対処できない子育て支援、公園や緑地などのコミュニティ空間の整備、生活環境の整備、防犯、防災、景観形成などがある。しかし、いったん制度化すると制度の枠内での対応に限定されるため、状況に応じた柔軟な対応が困難となることに加え、慢性的な財政難と人員不足に見舞われるなか、地方行政によるサービス提供は不十分となる。

　第二に、共助としてのコミュニティの限界がある。社会生活スタイルが変化し、地域内のつながりの希薄化が加速していくなかで、コミュニティ活動を活性化しようとしても、担い手の確保、資金の不足、ニーズの多様化、ノウハウの欠如などの問題があり、地域課題にうまく対処できない。

　第三に、経済的対応の多元化として、民間企業からのサービス提供と非営利組織によるサービス提供がある。前者は社会事業として提供され、近年急速に拡大しているが、一般に調整コストが多大なため、事業の採算ラインに乗せるのは難しく、貧困問題など経済的対応にそもそもなじまない領域があ

る。後者は非営利組織の事業として比較的安価で提供されるが、質の確保と安定的なサービス供給に難がある。

　地域課題にビジネス手法を活用するメリットとデメリットを整理すると、メリットとしては、①ニーズに対応した多彩なサービスの提供が図れること、②経営（マネジメント）の視点が導入できること、③責任感、事業性、効率性が向上すること、④自主財源の確保が図れれば活動の自由度が獲得できること、⑤事業の安定性、継続性が高まることが挙げられるのに対し、デメリットとして、①社会性と事業性は一般にトレードオフの関係にあり、ビジネスモデルの構築が困難であること、②収益の追求によって、担い手のミッション喪失の危機（行政の下請け化等）が生じる可能性があること、③社会的課題のすべてをビジネスで解決できないこと（貧困、格差等）、④サービス提供者間での競争が起こると事業が不安定化することが挙げられる。

　社会的経済は、非営利組織が市場経済システムを活用して事業を展開することで特徴づけられるが[13]、社会的経済を担う組織である社会的企業が台頭するに至った経緯について整理しておこう。

　塚本（2008）[14] は、英国では、1979年に誕生したサッチャー政権以降、社会サービスの民営化、市場化が進み、非営利組織の補助金への依存度の低下、委託契約、取引による収益事業収入割合の増加が見られるようになったこと、米国では、1981年のレーガン政権以降、双子の赤字の解消に向けて、連邦政府の規模と機能の縮小、民間部門への政府サービスの外部化の推進、財政縮小による福祉サービス等の事業費削減、補助金獲得をめぐるNPO間の競争激化、収益事業へのシフトが見られたことが背景にあると整理している。

　両国とも、公共部門の縮小に伴って公益活動を行う非営利組織の逼迫を招くが、1997年に首相の座についたトニー・ブレアは、労働党の党綱領を変更して自由市場経済を強める「第三の道」政策を掲げる一方で、企業や市民・コミュニティの積極的な参画によるパートナーシップ政策とともに、失業、低熟練、低所得等による社会的排除の克服を重視する政策を実施し、地域コミュニティを活用して社会的排除の問題の解決を目指した。こうしたなか、EUの政策目標である「社会的排除との闘い」において、社会的企業の職業訓練、就業支援等の機能に注目し、社会的企業に対して、金融や中間支援など各種支援策が展開されたとする（以上、塚本（2008）を要約）。

　英国通商産業局は、英国の社会的企業を「社会的企業とは、社会的目的を優先するビジネスで、株主や所有者のための利潤最大化というニーズに動機

づけられるのではなく、むしろその剰余は主としてそのビジネスやコミュニティの目的のために再投資される」と定義しており（英国通商産業局2002:14）、多様な組織形態をもっている[15]。ただし、英国のコミュニティ・ビジネスは日本とは異なり、「コミュニティ・ビジネスは、地域コミュニティによって設立され、所有され、コントロールされる商業組織であり、地域住民のために、究極的には自立的な仕事を作り出し、地域発展の中心になることを目指している。」との定義がなされ、強い地理的限定を有して、地域の市場やサービスに焦点を置く社会的企業に対して用いられる（生協総合研究所, 2005）。

　そもそも、英国のコミュニティ・ビジネスの起源は、1980年代の英国スコットランド地方のコミュニティ協同組合にある。コミュニティ協同組合は、1970年代の経済の衰退によって、失業者の増大、人口減少によるコミュニティの崩壊に直面したスコットランド地方において、コミュニティ的目的、社会的目的、経済的目的を混合する多機能的協同組合を生み出したことに端を発する[16]。

　細内（1999）は、1979年に発足したサッチャー政権は小さな政府を目指して財政再建・経済改革に積極的に取り組んだが、過疎の農山村では、仕事がないのと同時に、郵便局や地域の商店等地域コミュニティに必要な基本的サービスが不足する事態に陥っていた。そこで行政は、地域住民を会員とし、地域コミュニティに必要なサービスを供給すると同時に雇用を創出する「コミュニティ協同組合」を立ち上げたとしており[17]、地域の持続のために地域コミュニティがやむなく起こした組織であることがわかる。

　その後、英国では2004年にCIC（コミュニティ利益会社＝Community Interest Company）という社会的企業の法人格が創設された。2021年3月末現在の登録団体数は2万3,887団体となっており、イングランドを中心として広く英国内で展開している。経済産業省ソーシャルビジネス研究会報告書（2008）によると、CICの特徴は、①社会的企業のための法人格であること、②コミュニティ利益テストとして、活動の公益性をRegulator（Regulatorは社会的企業等に造詣が深い者等が政府から独立した存在として政府から任命される）が判断をすること、③アセットロックとして、株式の発行など資金調達が容易であるが、資産分配や配当について一定の制約が課されていること、④活動内容、役員給与や配当、資産移転等を記したCIC活動レポートを毎年、報告・公表する必要があることとなっている[18]。

　これに対し、米国の社会的企業では非営利組織が行う事業の市場化の推進

が特徴として挙げられる。商業化による事業収入の獲得が死活問題になったことが背景にある。第二は、営利と非営利の混合的組織という点である。G.J.Dees（1998）は、社会的企業はフィランソロピー活動と営利的な活動の中間にある混合的な企業とした。第三は、ソーシャル・ベンチャー（社会起業家）への注目である。ソーシャル・ベンチャーの育成支援には、ケロッグ財団、アショカ、ロックフェラー財団等の助成財団が大きな役割を担っており、社会的起業立ち上げ支援や人材育成に関して助成金を提供している。

　塚本（2008）は、米国における社会的企業研究は、実践的ニーズと結合し、より企業家精神などの企業家的側面に焦点があてられていることを指摘したうえで、特徴として、①非営利組織と市場との関係についての新たな視点、②営利と非営利という二分法を相対化する視点、③非営利組織や社会的企業とイノベーションとを結びつける視点を挙げている（塚本, 2008, pp.25-29）。

(2) 日本の社会的企業の状況

　わが国における社会的企業は、協同組合の社会的活動と地域コミュニティで行うコミュニティ・ビジネス、地域にとらわれない社会的課題に挑むソーシャル・ビジネスを軸として展開されてきた。社会的企業は、既存の社会制度で抜け落ちる社会的課題の解決を図るために行う事業組織とその活動を指す総称として使用されている。

　しかし、そもそも社会的企業というSocial Enterpriseの訳語は、社会性をもった民間企業のことを指すのか、事業活動を行う非営利組織のことを指すのかが理解しにくく、何をもって「社会的」とみなすのかも判然としない。また、社会的企業といった場合、事業組織のことを指すのか事業活動のことを指すのかも混乱している。

　行政政策ベースでは、こうした緻密な議論を経ずに実践面から展開され、担い手が地域住民の場合は市民活動支援の枠組みとして、事業者の場合は産業政策として取り扱うなど縦割り構造の中で位置づけられている。学術研究面でも非営利組織や協同組合を主体とする社会的経済系（欧州型）の議論と、営利企業も含めた社会的事業系（米国型）の議論が混在している。ただし、営利企業を含めた社会的企業像には反発もある。例えば、藤井（2013）は、ビジネススクール、経営学、シンクタンク研究者らによる企業サイド・アプローチに対して、「何らかの意味で社会的な付加価値を有する新しいマーケットの創出という側面があり、（中略）何らかの社会的目的が当該組織によって奉じ

られてさえいれば、それが社会的企業の「社会性」と捉えられている」と批判的に論じている（藤井, 2013, pp.39-40, pp.56-78）。

図表1-4に日本の社会的企業の特徴を整理した。

地域範囲	コミュニティー市町村－広域市町村
地域特性	大都市（中心地、郊外地）－地方都市－中山間地域
対象課題	社会的課題、地域課題（コミュニティレベル、市町村レベル）
組織形態	非営利組織－協同組合－第三セクター地域企業
事業規模	小規模（マイクロビジネス）－中規模－大規模
サービスの対象者	地域内（対住民）－地域外（対来訪者）
事業分野	福祉（高齢者支援、障がい者支援、子育て支援、交流促進 等）社会的包摂（貧困等）、教育、環境、文化、景観、まちづくり
変革性	小－大（ソーシャル・イノベーション）
事業名称	コミュニティ・ビジネス、ソーシャル・ビジネス、地域ビジネスまちづくり事業、市民事業

図表1-4 社会的企業の事業領域　　　　　　　　　　　　　　　　　筆者作成

　地域範囲は、コミュニティレベルから広域市町村レベルまで広く、どのような特性をもった地域でも展開が可能である。対象とする課題は、社会制度を視野に入れた一般化が可能な社会的課題から地域コミュニティ特有の課題まである。組織形態は、非営利組織、協同組合、第三セクター、地域企業まで幅があるが、米国のように大企業の活動を社会的企業に含めることには異論があるものの、企業の社会貢献（CSR）は関連領域に含まれる。事業規模は、コミュニティ領域では規模が小さくなり、スケールメリットが出ないため収益性が低くなるので、非営利組織が活動の中心となる。サービスの対象者は、地域内の住民から地域外からの来訪者まで幅があり、事業分野は福祉領域を中心とした生活関連領域と理解される。

　社会的企業の議論では後述するように「変革性」が議論の対象となるが、サービス供給の不足に対応するため既存の事業モデルを転用したものから、新たなしくみを創出した変革性の高いものまで幅広い。変革性が高いビジネスモデルは、社会性のある課題に対する革新的な取り組みという意味で、「ソーシャル・イノベーション」と評される場合がある。事業名称は、コミュニティ・ビジネス、ソーシャル・ビジネス、地域ビジネス、まちづくり事業、市民事業などと呼ばれている。

①コミュニティ・ビジネス

コミュニティ・ビジネスは、字句的にはコミュニティにおけるビジネス（in community）、コミュニティのためのビジネス（for community）、コミュニティによるビジネス（by community）が考えられる。日本のコミュニティ・ビジネスは、概ねコミュニティにおける（in community）、コミュニティのための（for community）、地域住民による（by local resident）ビジネスの意で使われているが、コミュニティの地域範囲があいまいなこともあり、中学校区を基準としながらもある程度の空間的広がりをもった取り組みとして扱われる場合が多いようである。コミュニティ・ビジネス発祥の地である英国では、コミュニティによる所有（by community）が重視され、広い地域範囲における地域再生に向けた事業活動を行っているのとは様相が異なる。

コミュニティ・ビジネスは、広く地域課題を対象としており、細内（1999）によると、福祉、環境、情報、観光・交流、食品加工、まちづくり、商店街の活性化、伝統工芸を例示している（細内, 1999, p.152）[19]。コミュニティ・ビジネスの典型例は、地域に居住する住民から構成されるボランティア団体やNPO法人が、高齢者・障がい者向けサービス、子育て支援、地域住民の交流など福祉分野を中心とした地域コミュニティの課題に対する有償のサービスを行うもので、狭い空間範囲におけるマイクロビジネスが中心である。そのため、政策目的として地域住民の生きがい創出やコミュニティの形成といった要素が強調されている。

②ソーシャル・ビジネス

ソーシャル・ビジネスは社会的課題の解決を目的としたビジネスであるが、地域範囲の限定はなく、現行の社会制度で十分カバーできない社会的ニーズへの対応や（保健・医療・福祉、子育て支援、就労支援・貧困問題等）、国際的な社会的課題（地球環境問題、フェアトレード等）、地域活性化・まちづくりなど、何らかの社会性をもったビジネスの総体として理解できる。経済産業省の「ソーシャル・ビジネス」の定義によると[20]、「社会的課題を解決するために、ビジネスの手法を用いて取り組むものであり、社会性、事業性、革新性を満たす主体のこと」としている。担い手は、株式会社、NPO法人、中間法人など非常に幅が広く、利益の配分や所有形態に関する制約はない（図表1-5）。

社会性、事業性、革新性の定義は以下のとおりである。

〈社会性〉

現在解決が求められる社会的課題に取り組むことを事業活動のミッション

とすること。

　解決すべき社会的課題の内容により、活動範囲に地域性が生じる場合もあるが、地域性の有無はソーシャル・ビジネスの基準には含めない。

　〈事業性〉

　上記のミッションをビジネスの形に表し、継続的に事業活動を進めていくこと。

　〈革新性〉

　新しい社会的商品・サービスや、それを提供するためのしくみを開発したり、活用したりすること。また、その活動が社会に広がることを通して、新しい社会的価値を創出すること。

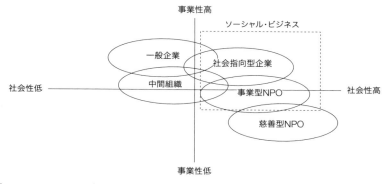

図表1-5 ソーシャル・ビジネスの領域

出典：経済産業省「ソーシャルビジネス研究会報告書」（2008年4月）

　経済産業省の定義は、概念的には理解できるものの要件があいまいである。特に、「革新性」は難解である。前段は、単に事業活動に資する財・サービスの開発のことを指すのであろうし、後段の新しい社会的価値の創出は、事業活動の結果、社会的インパクトとして生み出されるものであろうから、要件とするのは無理があるのではないかと思われる。目標、期待成果、事業評価が混在した過渡期的な概念といわざるを得ないが、社会性と事業性を併せ持った事業活動の必要性は認められるので、さらなる議論が必要であろう。

　③地域ビジネス

　経済産業省が定義するソーシャル・ビジネスは、非常に幅が広く、社会的課題と地域課題が峻別されていないことに加え、担い手も非営利組織から民

間企業まで含めたもので、いわば「何でもあり」の状態となってしまう。そこで、ソーシャル・ビジネスを、コミュニティ範囲を超えて一般化された社会的課題に対処するビジネスに限定するとともに、コミュニティレベルの課題解決を目的とするビジネスをコミュニティ・ビジネスとし、さらに、コミュニティレベルを超えた空間範囲（市町村レベル）を活動領域として、観光目的に訪れる来訪者など地域外の人を対象としたサービスも含めたビジネスを地域ビジネスとすると、地域活性化を目的とする中小企業や小規模事業者の活動がこの範疇（はんちゅう）に入るので、社会性をもった三つのビジネスが統合的に整理できる（図表1-6）。

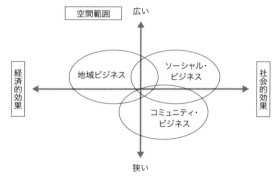

図表1-6 社会性をもった三つのビジネス　　　　　　　　　　筆者作成

　地域ビジネスの特徴として、第一に、コミュニティ範囲を超えた地域活性化や地域社会の課題も視野に入れたビジネスであること（経済性、社会性）、第二に、まちづくり活動と一体あるいは連動していること（地域の価値創出）、第三に、地域資源を活用していること（自然資源、歴史資源、文化資源等）、第四に、地域内の多様な主体の連携体制（パートナーシップ）が挙げられる。中小企業や小規模事業者の事業活動が中心だが、非営利組織の活動も含まれ、地域の特性や地域資源の状況によって、さまざまなバリエーションを取っている。

　地域ビジネスには、地域資源を活かした特産品開発（農商工連携、六次産業化）、地域文化や歴史などを探訪するテーマ型のニューツーリズム（観光まちづくり）、歴史的建造物の保存・修景と関連文化事業（歴史まちづくり）、アートプロジェクトによる地域活性化（文化まちづくり）などの地方創生に向けた

一連のまちづくり事業が含まれる。

　前述のとおり、コミュニティの範囲を超える内発性を軸としたビジネスを総合的に捉えることができることに加え、担い手も、地域企業（中小企業、小規模事業者）、協同組合、非営利組織まで幅の広い主体が対象となるので、雇用の創出をはじめとする地域経済の活性化効果が期待される。

(3) 民間営利企業の社会戦略（CSRとCSV）

　地域の人口構造や社会的ニーズの変化に伴い、地域課題により深くコミットすることで本業に役立たせようとするほか、企業の社会的責任（CSR）等の取り組みによって会社のイメージアップや社会的信頼を確保しようとする動きが2000年代に盛んに論じられた。企業の社会的責任に関して、例えば経済同友会（2003）[21]では、①グローバル化の中で企業の活動領域が広がり、企業が社会に与える影響が格段に大きくなったこと、②市民の意識変化と多くの情報と専門知識の獲得したNPO等の市民組織が興隆していること、③米国型の投資家への過度のリターン重視は企業の持続可能性に問題が生じかねないこと、④個人の価値観が、新しい働き方やライフスタイルを求めて変化してきていることを挙げている。

　そもそも、企業と社会の関わりは、近江商人の「三方よし」の概念をはじめ[22]、明治、大正期に活躍した社会事業家である渋沢栄一や大原孫三郎など古くから論じられている。現代社会における企業と社会の関係の出発点は、企業行動あるいは企業内の社員の行動の規範となる「企業倫理」と、企業の行動は利益のみによって図れるものではないとする「企業市民」の概念が知られていた。ここに企業の社会貢献活動を示す「フィランソロピー」や企業の文化支援を意味する「メセナ」の概念が輸入され、企業の社会的責任（CSR）という概念に統合される。

　一般に日本企業が目的とするのは一義的には「企業の持続的発展」であるので、企業の社会的責任は企業イメージの向上を図る諸活動と解され、企業収益を実現した後の活動のみを指すものとされることが多かった。しかし、グローバル化が浸透し、社会性に対する認識が深まるにつれて、本業を通じて持続可能な社会の実現に貢献し、従業員が幸せに働く環境を整備するとともに、社会と共生することで企業の存在価値を見出していく必要があるなど、CSR経営をはじめとする企業の社会的責任論は興隆を極めた[23]。しかし、リーマンショックを経て、経済成長の停滞の影響が深刻化するにつれて、本業と

の関連において社会領域と接点を模索する動きが次第に大きくなっていく。M.PorterによるCSV（Creating Shared Value＝共通価値の創造）は、こうした動きを的確に捉えて概念化したものである。

　CSVは、経済的価値を創造しながら社会的ニーズに対応することで社会的価値も創造するという考え方で、寄付やフィランソロピー（社会貢献）を通して自社のイメージを向上させる従来のインプット型CSR活動を転換し、事業活動を通して社会問題の解決に取り組むことで地域社会とWin-Winの関係を構築するアウトプット型とすべきであるとする。つまり、本業の強化を条件とした企業の社会戦略として位置づけられるものである[24]。

　地域課題を対象とする企業戦略に基づく活動には反発する声もあるが、CSVの概念の登場によって、地域ビジネスとして展開する地域に所在する中小企業や小規模事業の活動と、地域に所在しないものの社会領域の問題に継続的にアプローチをする民間企業の活動を接続することができるのである。

第8節　都市再生と地方創生政策

　バブル経済崩壊以降、人口流出や地域経済格差などによって現出した都市や地域の衰退に対して有効な処方箋を打ち出すことが歴代内閣の主要政策課題であった。こうした状況を踏まえ、本節では国がどのような政策手段を講じてきたのか、2000年以降の政策の変遷のあらましを整理する。

　2001年4月に発足した小泉内閣は、シンガポールや上海など東アジアの新興都市との都市間競争に直面するなかで、東京都中心部を中心とした都市再生事業に着手し、規制緩和による都市空間への再投資と市場化を通した需要創出をもとにした経済の活性化に取り組むこととなった。小泉内閣の都市再生の特徴は、効率性と民間事業者を軸とした構造改革を断行した点にある。具体的には都市再生特別措置法（2002年制定）に基づいて都市再生緊急整備地域及び特定都市再生緊急整備地域を指定し、①法制上の支援措置、②財政支援、③金融支援、④税制支援のパッケージによって行うもので、とりわけ法制上の支援措置は、都市再生特別地区を設定しての用途地域規制、容積率制限の緩和、道路上空利用の規制緩和、事業者からの都市計画提案制度などが用意された。

　大都市部を中心に、これまで積み上げてきた規制の緩和を主とする都市再生政策は、都市計画の専門家などから批判を浴びつつも、大都市から地方都

市へと拡張していく。目的も、地域経済の活性化から、地域社会の活性化へと拡張し、地方分権改革において地方への財源移譲が不十分だった経緯を踏まえ、地方政府が比較的自由にまちづくりに使える財源として「まちづくり交付金」制度が創設された。

　まちづくり交付金は、①地方の自主性、裁量性を最大限に尊重、②手続きの簡素化による使い勝手の向上、③目標、指標の明確化といった特徴がある使い勝手の良い制度として地方自治体から好評を博した。第一次安倍内閣を経て、2017年9月に発足した福田内閣では生活者を視野に入れた総合的な地域活性化（地域再生）に軸足を移すこととなった。

　2009年9月に民主党政権が誕生すると、鳩山内閣は「新しい公共」を看板政策に掲げた。「新しい公共」とは、支え合いと活気のある社会をつくるための当事者たちの協働の場であるとし、国民、市民団体や地域組織、企業、その他の事業体、政府等が、一定のルールとそれぞれの役割をもって当事者として参加し、協働するものであるとしている（「新しい公共」宣言　2010年6月4日）。自発的、主体的な市民活動やNPO等による活動の支援を前面に押し出した政策であったが、支援スキームが非営利組織の能力や社会的ニーズとうまく合致しておらず、バラマキであるなどの批判を受けた。民主党政権下では、2011年6月に先駆的な取り組みを行う実現可能性の高い地域に国と地域の政策資源を集中させる総合特区制度の創設も行った。

　2012年12月に発足した安倍内閣は2020年9月までの長期政権であったが、この間、多彩な政策が展開された。代表的なものとして、経済政策（アベノミクス）、地域政策・人口政策（地方創生）、社会経済政策（一億総活躍社会）、労働経済政策（働き方改革）がある。このうち地方創生政策は、人口減少による地方消滅の危機感をもとに、①しごとの創生（雇用政策、地域創造）、②ひとの創生（移住政策、雇用政策、少子化対策）、③まちの創生（産業政策、観光政策、地域創造）を掲げ、①東京一極集中の是正、②若い世代の子育て支援、③雇用の創出、④地域活性化を目的とした包括的な地域政策であったが、2014年度から5年間の検証結果では、人口減少、少子高齢化はとどまらず、東京一極集中は解消されず、地域経済は一部で持ち直すものの地域格差は存続すると評価しており、輝かしい政策効果があったとは言えない[25]。

　2019年には第2期まち・ひと・しごと創生総合戦略が策定された。第1期の積み残しの課題として、東京一極集中の是正と地方とのつながりの強化を掲げたが、2020年1月より始まった新型コロナウイルスの世界的流行を受け

て、2020年12月には早くも第2期総合戦略の改定が行われている。

　新型コロナウイルスの世界的流行を踏まえ、2021年6月にはまち・ひと・しごと創生基本方針2021が策定された。同方針では地方創生の三つの視点として、①ヒューマン（地方への人の流れの創出、人材支援）、②デジタル（地方創生に資するDXの推進）、③グリーン（地方が牽引する脱炭素社会の実現）を掲げている。

　東京一極集中の是正に向けて主要な政策を展開しているのは、総務省の地方への移住定住政策と国土交通省が推進する国土政策であるが、いずれの省庁も定住とまではいかなくとも地域となんらかの関わり合いをもつ「関係人口」という概念を重視している。関係人口の政策目的として、移住定住に向けた中間段階と位置づけるだけでなく、地域づくりとの関わりを通した地域の内発的発展への寄与を模索している[26]。

　このように、「地方創生」は、地方の総合的な再生、活性化に向けた国主導の政策であるが、次の点が課題として指摘できる。

　第一に、地方創生はあくまで競争的な地域再生であるためうまく適応できない自治体が必ず出るが、そうした自治体への配慮は十分に施されていない。第二に、国の補助金を通してある程度の地域活性化は図れるとしても、それは補助金が施されている期間を前提にしたものである。国によるバックアップが一区切りした段階で、出生率の上昇や生産や消費の恒常的な回復が図れるかどうかは疑問である。第三に、地方創生政策は、官邸主導のトップダウン型で計画立案がされ、地方創生成功事例から抽出された政策パッケージの選択型となっているいるため、地方の主体性や実情に応じた独自の政策展開は限界があろう。第四に、現在の大都市一極集中は、集積のメリットを追求した政策の帰結であって、逆説的にはこれまでの政策の成果ともいえるものである。この構造を変えずに人口や経済の流れが抜本的に還流するとは思われず、仮にそうなった場合、今度は東京の地位低下を嘆く声が大きくなるなど堂々巡りの状態に陥る。

　競争的手法は、確かによりよい社会の実現に向けて創意工夫を促す側面はあるが、東京一極集中は、都市における集積のメリットと密接不可分の関係にある構造的問題であるため、競争的手法により地方自治体を競わせるだけでは根本的な問題解決にはつながらず、地域格差はますます拡大してしまう。地方創生の実現に向けて、東京一極集中はどの程度まで許容されるのか、どの程度まで競争的手法を活用するのか、実現可能な目標をどう設定するのか、

こうした問いに、まち・ひと・しごと総合戦略も基本方針も十分応えてくれない。今一度、原点に立ち返った、リアリティのある議論を望みたい。

〈注および参考文献〉
1　増田寛也編著（2014）『地方消滅——東京一極集中が招く人口急減』中公新書。
2　小田切徳美（2014）『農山村は消滅しない』岩波新書。
3　藤田孝典（2011）『下流老人』朝日新書。
4　総務省では「関係人口」とは、移住した「定住人口」でもなく、観光に来た「交流人口」でもない、地域や地域の人々と多様に関わる人々のことと定義し、「地方圏は、人口減少・高齢化により、地域づくりの担い手不足という課題に直面していますが、地域によっては若者を中心に、変化を生み出す人材が地域に入り始めており、「関係人口」と呼ばれる地域外の人材が地域づくりの担い手となることが期待されています。」と説明している。またホームページの図を見ると、定住人口の増加につなげることを最終目標としていることが示唆されている（総務省ホームページ：「地域力の創造・地方の再生——関係人口」https://www.soumu.go.jp/main_sosiki/jichi_gyousei/c-gyousei/kankeijinkou.html)。
5　宮脇淳（2012）『図解 財政の仕組みVer.2』（東洋経済新報社）がわかりやすい。
6　諸富徹（2018）『人口減少時代の都市——成熟型のまちづくりへ』中央公論新社。
7　吉田民雄（2003）『都市政府のマネジメント』中央経済社。
8　Pestoff, Victor A,（1992）"Cooperqative Social Services – an Altermative to Privatization", Journal of Consumer Policy,v, 15, pp.21-45.
9　荒木昭次郎（2012）『協働型自治行政の理念と実際』敬文堂、p.268.
10　この他、パートナーシップ政策に関する論考として白石（2008）がある。白石は、英国のパートナーシップ政策を探索するなかで、パートナーシップの主体として市民組織であるNPOを中心に捉えるとともに、地域社会における民主主義のあり方や市民社会セクターの成立など公共性の再構築の議論を展開している。
11　佐藤（2011）は、「まちづくり」が全国的に普及・拡散したことを受け、「1980年代以降の経済のグローバル化が進行する中で（内発的なまちづくりは）力を失ったかに見えたが、1990年以降の地球環境問題を契機に再び潮流となり、スローフード、地産地消、地域の伝統・歴史・文化の再評価といった流れを生んでいる。」と指摘しており（佐藤、2011、p.10）、まちづくりが内発的発展の進化形であることに言及している。
12　小田切（2013）は、地域のサポート人材の確保に関する論考の中で、英国のニューカッスル大学・農村経済センター等の研究成果として「どの地方でも外来的な力と内発的な力は存在しており、地方レベルでは地方と外部が相互に関係し合わなくてはならない。重要なポイントは、こうした広範囲に及ぶプロセス、資源、行動を自分たちのためにハンドリングできるような地方自らが能力をいかにして高めていくかである。これを「ネオ内発的発展論」と称している。」との言説を紹介している（一部省略）。
13　民間企業が社会領域に参入する社会戦略との違いに注意が必要である。
14　塚本一郎（2008）『ソーシャル・エンタープライズ』丸善。
15　具体的には、コミュニティ・ビジネス、CIC（コミュニティ利益会社）、協同組合、媒介的労働市場会社、ソーシャルファーム、開発トラスト、従業者所有会社、有限責任会社、クレジットユニオン等がある。
16　イギリスのコミュニティ協同組合については、中川雄一郎（2005）『社会的企業とコミュニティの再生』（大月書店）を参照されたい。
17　『2004年度版中小企業白書』、細内（1999）『コミュニティ・ビジネス』pp.77-78による。
18　経済産業省（2008）「ソーシャルビジネス研究会報告書」p.21.
19　細内信孝(1999)『コミュニティ・ビジネス』p.152,中央大学出版部。
20　経済産業省「ソーシャルビジネス研究会報告書」（2008年4月）。
21　社団法人経済同友会（2003）『第15回企業白書「市場の進化」と社会的責任経営』。

22 「売り手よし、買い手よし、世間よし」「商いは自らの利益のみならず、買い手である顧客はもちろん、世の中にとっても良いものであるべきだ」という考え方である（出所：三方よし研究所）。

23 わが国の経済団体がこうした認識を示したものとして、例えば、経済同友会（2011）「グローバル時代のCSR――変化する社会の期待に応え、競争力を高める――」がある。

24 M.E.Porter, M.R.Kramer（2011）「共通価値の戦略」"Diamond Harvard Business Review" June 2011「CSRの呪縛から脱却し、「社会と共有できる価値」の創出を」日経ビジネスオンライン（2011年5月19日）。

25 「まち・ひと・しごと創生基本方針2019について」（閣議決定）2019年6月21日「第1期における地方創生の現状等」を要約。

26 国土交通省「ライフスタイルの多様化と関係人口に関する懇談会」最終とりまとめ（2021年3月30日）が参考になる。総務省は関係人口に関するポータルサイト（https://www.soumu.go.jp/kankeijinkou/about/index.html）を設けているほか、国土交通省が主催する「ライフスタイルの多様化と関係人口に関する懇談会」は、明治大学農学部の小田切徳美教授を座長として、2020年7月から2021年3月にかけて計6回開催された。

第2章

地域ソーシャル・イノベーション
——新しい地域発展モデルの探索

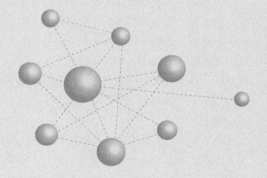

第1節　地域資源を活用したまちづくりの高度化

　1990年代初めよりまちづくり活動が実践されるが、次第にまちづくりに改良や工夫が図られていく。当節ではそれをまちづくりの高度化として捉え、以下に特徴を整理したい[1]。

　第一は、統合化である。持続可能な地域社会の構築に向けて、まちづくりの対象は拡大し、各分野のまちづくり活動を統合しながら、ローカルレベルの政策課題を包括的に捉えるようになってきている。これによって、経済、社会、環境を統合し、地域経済活性化と地域社会活性化を接続する地域社会経済システムの再構築を視野に入れることができる。近年、地球環境問題が、経済的課題、社会的課題と結合してSDGs（Sustainable Development Goals：持続可能な開発目標）として国際的な政策課題となっているが、各課題を単独の問題として捉えるのではなく、まさに「SDGs」という名称を掲げることで、分野横断型の統合化したアプローチを促したものと解釈できる。実際、欧州の持続可能な地域社会にかかる地域政策は、経済、社会、環境、空間、文化的持続可能性を追求するもので、包括的、統合的な政策によって実施されている。わが国においても、例えば少子化対策では、出産、子育て環境といった狭義の対策から、働き方や経済支援などさまざまな政策分野が結合することで総合的な効果の発揮を図る「統合化」傾向が見られている。

　第二は、事業化と組織化である。まちづくり活動は当初、内発的発展論を継承した「運動」としての側面が強かったが、活動の持続性が求められるなかで、ビジネス手法を導入せざるを得なくなった。こうして次第に、まちをベースとした経済活動を行う事業体としての色彩が強くなり、そこで行われる事業活動は地域をベースとした経済活動という意味で「地域ビジネス」と呼ぶことができるが、多くの主体とのパートナーシップを組み込むことで、地域経済の活性化や地域内経済循環へと効果の拡大が期待される。

　まちづくり活動と地域ビジネスが一体化しなくても、同期させることで同様の効果が出る。

　図表2-1は、まちづくりと地域ビジネスの相乗効果を模式的に示したものであるが、まちづくりと地域ビジネスを連動させ、社会性をまちづくり活動が担い、経済性を地域ビジネスが担うことで相乗効果を発揮できることを示している。

さらには、まちづくりの組織化を通して、地域マネジメントの一翼を担うことも期待される。金子（2009）が「コミュニティは『ある』ものであるとともに、問題解決の組織体ないし方法という役割を明確に持ちだした」と指摘するように（金子, 2009, pⅲ）、地域において、地域課題の課題解決に向けた組織的な動きが顕著になっている。一方、まちづくり組織の役割が拡大し組織化が進んだ結果、中小企業や小規模事業者と同様に、まちづくり活動の継続に向けた担い手の継承が課題となってくる。

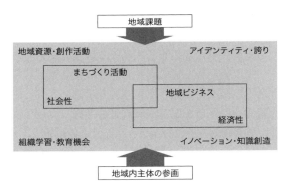

図表2-1 まちづくりと地域ビジネスの相乗効果　　　　　　　　筆者作成

　第三は、ローカル・ガバナンスとパートナーシップの進展である。まちづくり組織は一般に経営資源が限定的であることを踏まえると、まちづくり活動の水平方向への拡張によって政策効果と実効性を高める必要がある。この際、主体間を接続するローカル・ガバナンスの形成とCo-productionに向けた有効なパートナーシップ戦略が必要となろう。とりわけ、民間企業は、伝統的に市場領域のみを活動の場とみなし、公共領域の活動に無関心である場合が多いが、社会貢献活動としてのCSRだけでなく、本業との連関性を重視するCSVも広く認められていることから、今後も民間企業とのいっそうのパートナーシップの構築が求められてくる。

　欧州における経験を踏まえ、わが国においてもかかる視点のまちづくりは急速に普及し、多くの自治体では「協働」によるまちづくりの推進を標榜しているが、必ずしも成功事例ばかりではなく、協働プロセスにおける相互信頼の欠如の問題も指摘されている[2]。白石（2008）が指摘するとおり、パートナーシップそのものが目的化し、本来目標となるべき地域課題の解決に有効

とは言えない事例も散見されることに注意が必要であろう。荒木（2012）が指摘するように、パートナーシップは「手段」なのである。

第四は、地域資源活用の高度化による多元的な政策効果である。

人口減少、少子高齢化、地域経済の衰退という今日の地域社会にとっての政策的優先課題は、国が掲げる地方創生政策のローカルレベルでの実現ということになろう。すなわち、交流人口、関係人口、定住人口の獲得を通して、地域経済及び地域社会基盤の持続性を高めることと言っても過言ではない。そのためには、高度の地域マネジメント技術を駆使して、政策目標の達成に取り組む必要があろう。地域資源の再編集によって地域の魅力を高めるとともに、地域内に所在する多元的な主体の参画は、内発的発展論のスキームを援用したものであるが、単に知恵を結集させるにとどまらず各主体の活動を連結し、シナジー効果の発現を通した多元的な政策効果も期待されよう。ここで、地域資源活用の高度化に向けた具体的な手法として、①埋もれた資源の発掘と稀有な資源への注目を図る地域資源の発掘、②建築物×地域文化×創作活動といった地域資源の多元的な組み合わせと再編集、③アートプロジェクトなどによる地域資源の創造、④ストーリーの設定や本物志向やデザインを駆使した地域資源の高付加価値化、⑤地域資源の枯渇・消耗を防止するための地域資源の保全、維持管理などが考えられる。

地域資源を活用した地域活性化事例は非常に多い。自然環境に関するものとして、例えば、自然環境と地域資源の保全を目的に霧多布湿原（北海道浜中町）でトラスト運動を実施するNPO法人による環境保全活動がある。食に関するものとして、高い品質基準による地元の栗栽培農家の生産者ネットワークを構築し、高品質の栗菓子を製造する岐阜県中津川市の食品加工会社や余剰トマトを活用した岐阜県郡上市の農家の女性グループによる手作りのトマトケチャップの生産を行っている事例がある。このほか、町並み景観の保全と連動させて、一軒一軒の想いをデザイン化したのれんをまちぐるみで掲げる岡山県真庭市勝山町並み保存地区ののれんのまちづくり（第5章）、現地で生産されていた土管や焼酎瓶が積まれた風景をアレンジし、観光まちづくりに資する愛知県常滑市のやきもの散歩道などがある。

第五に、文化的資源や創作活動など文化性への注目である。

文化性のある地域資源は、地域資源活用の高度化と密接に関連するためである。特色ある自然景観や歴史性のある建造物などの文化的資源が存在すれば、適切な保存や修復を行うことでまちづくりへの活用が図られるが、すで

に滅失するなどして文化的資源に恵まれない地域も多い。こうした地域では創作活動による文化的資源の創造が有効な手段となる可能性がある。後藤（2001）は、文化芸術はそれを直接享受した人ばかりではなくコミュニティや社会全体に便益をもたらす正の外部効果があると指摘しており（後藤, 2001, p.4）、文化とまちづくりとの親和性を示唆している。

　実際、1990年代以降は文化がまちづくり要素として位置づけられるようになり、文化まちづくり事業、アーティスト・イン・レジデンス事業など創作活動と地域との接点が注目されるようになった。2000年以降になると、地域課題をテーマとした大規模なアートプロジェクトが出現し、①多様な主体間の協働、②制作過程への地域住民の参画、③地域課題に接近したテーマ設定等によって、建造物や周辺環境などの地域の空間や資源を単に活用するだけでなく、まちづくりとより密接に関連させる動きが活発化している。近年は、こうしたアートプロジェクトを地域活性化に活用する政策が各地で進められているが、安易な模倣によって創作活動の質の低下をもたらす懸念も指摘されている。

　芸術文化のもつ創造性に着目した都市再生は創造都市とも呼ばれ、多くの論考があるが（佐々木, 2001, Landry, 2000他）、歴史的建造物の再生というハード的な視点から創作活動を通した市民活動の活性化といったソフト的な視点まで、幅の広い可能性が指摘されている。小長谷（2005）は、アートによるまちづくりが衰退した都市のイメージを劇的に改善する作用に注目し、アートの効果を類型化して整理しているが（小長谷, 2005, p.226）、文化的資源の創造は、芸術文化の振興のみならず観光や都市再生と結合することで、まちづくり効果が生じる可能性があることを、多くの論者は指摘している。

　第六に、地域外との関係性の強化である。

　地域資源の発掘に際して、外部の人の視点の役割と意義を指摘したが、地域社会に見舞われる人口減少、少子高齢化の波は、まちづくりそのものの持続的発展も危うくする。その際に必要となるのは、外部の資源の導入で、マンパワーに注目したのが「関係人口」であり、資金面に注目したのが「ふるさと納税」などの制度であろう。関係人口論では政策的には交流人口と移住による定住人口の増加の過渡期の段階として理解されているが（総務省）、外部にいても広く当該地域のサポートを行う外部応援団としての役割がもっと強調されてもいいのではないか。また、ふるさと納税は支援対象が地方自治体であり、現実には返礼品の多寡による人気投票的な色彩が強く、現に、加

熱する返礼品競争をめぐって、総務省と地方自治体の係争事件にまで発展した[3]。

　このように、ふるさと納税制度は多くの問題点があるものの、数百億円程度の資金（寄付金）を獲得することも可能であることに加え、地域産業の振興機会でもある。寄付者は寄付対象地域を選択する過程で、多彩な地域の特産品を知ることができるなど絶好の自治体広報の機会ともなる。地方自治体に地方創生に向けた活動を促し、地域外からの資金獲得を可能にするふるさと納税制度は、地方自治体にとって重要度の高い施策として評価されよう。

　近年のまちづくりにおけるこうした潮流は、地域の固有性を重視し、地域の自律的発展を目指す点で内発的発展論の延長上にあると言えるが、地域外との関係拡大に軸足がおかれ、地域内部の資源の不足を地域外からの協力関係によって補う視点が特徴として挙げられる。

　また、情報通信・交通網の急速な発達といった技術革新は、地域から資源や人材の流出を招く可能性がある一方、地域外から流入した知識創造等を通して地域の価値を創出することで、地域活性化に向けた事業機会ともなるのである。

　持続可能な地域社会の形成を視野に入れたまちづくりの進化を整理すると、分野間の統合、まちづくり組織の組織化と事業化、地域住民や事業者等の多元的な主体の参画、文化的資源や創作活動の組み合わせをはじめとする地域資源活用の高度化、地域外との関係強化による人的資源や資金不足の補完といった視点が今後の地方創生、まちづくりの推進にとってのカギとなる。

第2節　地域ベースのイノベーション

（1）なぜ地域ベースのイノベーションが求められるのか

　近年の社会的課題や地域課題の解決に向けた政策の特徴は、地域間競争の高まりを踏まえ、効果的な政策の立案と実施に向けて、地域を組織体とみなしたマネジメントの視点を求めている点である。ここで、注目すべき概念が「イノベーション」である。

　イノベーションは、辞書的には「新機軸・革新」と解されるが[4]、これまで主として企業経営における技術革新や経営革新のあり方として論じられてきた。1990年以降になると、産業集積論の立場より国や地域の競争力の強化を目指した産業クラスターや地域イノベーションシステムに関する議論が活発に展開され、産業集積のメリットは、費用の最小化や効率性よりも知識創造

によるイノベーションの形成にあるといった議論がなされている。知識創造過程においては、組織学習や相互作用などのソフト要素が重要となることから、近年では、社会を基点とした事業や技術の革新、社会の制度やしくみの変革といった「社会性をもつ価値創出」を、イノベーションの視点から捉える議論がなされるようになっている。

　イノベーションは経営学で発達してきた概念であり、いかにしてイノベーションを生み出すかは長期にわたる蓄積があるため、この知見をまちづくりに適用することで、革新的なアイデアと地域の課題解決に資することができるのではないだろうか。

　具体的なイノベーションモデルの議論を始める前に、イノベーションの系譜と進化について簡単にレビューしておきたい。

(2) イノベーションの系譜と進化

　イノベーションの古典ともいえるJ.A.Schumpeterのイノベーション論は、1911年に発表された「経済発展の理論」の中で「新結合」として表現されている。Schumpeterはイノベーションの五つの類型[5]を示したうえで、経済活動において旧方式を変革して新方式を導入することとして捉え、知識の適用により絶えざる変化、革新をもたらすことを「創造的破壊」という言葉で表現した。

　P.F.Drucker（1985）は、イノベーションは、富を創造する能力を資源に与えるものであり、意識的かつ組織的に新しいものを生み出す機会となる変化を探すこととして、七つのイノベーションの機会[6]をあげている。また、イノベーションは技術に限らず、社会に与える影響力であるとして、新聞、保険、近代病院などを社会的イノベーションと捉えるとともに、多様な知識や技術を有する人たちを働かせる「知識としてのマネジメント」を、組織社会を生み出したイノベーションとして評価している。

　一方、地域産業の競争力強化の観点より、産業集積、地域イノベーションシステム、産業クラスターに関する議論がなされている。M.E.Porter（1998）は、企業が特定分野において競争優位を創造し、維持できる国の特性は何かという問いから出発して、国の競争優位に重要な地域の地理的集中に注目する。さらに、産業が競争優位を持続させるには、適切な環境のなかで活動することが必要だとして四つの要素からなるダイヤモンドモデルを構築し、競争によるイノベーションの刺激と地理的近接性による各要素間の相互作用の

促進を重視している。また、クラスターとは特定分野における関連企業等が地理的に集積し協力しつつ同時に競争している状態であるとし、クラスターの形成は取引費用の削減等の外部効果のほかにイノベーションの形成が有利になるなど競争力向上とイノベーション形成の関係について論じている[7]。

イノベーションの系譜を産業集積論の発展過程を中心に図示したのが図表2-2である。A.Marshallの産業集積論を端緒として、M.J.Piore & C.F.Sabelによる「柔軟な専門化」による永続的イノベーション、A.J.Scottの新産業空間、M.E.Porterの競争優位論・産業クラスターなど多角的な議論がなされてきている。当図より産業集積の目的が、規模の経済を追求するフォーディズム型から、熟年労働者のもつ技能・スキルを活用したクラフト的生産体制を敷く「柔軟な専門化」や知識創造の場としての集積機能へと進化していることがわかる。特に、知識創造の場の議論では、競争優位に資するイノベーションの形成の視点が重視され、空間的近接性、暗黙知の移転、組織学習、外部との情報交換、相互作用の活性化などのミリュー（Milieu＝環境・雰囲気）の

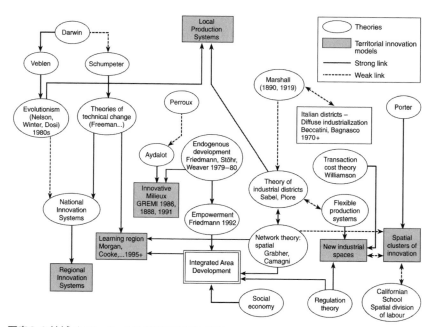

図表2-2 地域イノベーションの理論的系譜と変化

出典：Moulaert,F. and F.Sekia（2003）" Territorial Innovation Models : A Critical Survey " *Regional Studies*,Vol.37.3,p.295

醸成・進化が新たな知識創造、市場創造を果たすとされる（野中・竹内, 1996／友澤, 2000、戸田, 2003／山本, 2005／水野, 2005）。

このように、産業集積論で議論されるイノベーションは、生産システムにおける規模の経済から、知識創造、組織学習、相互作用などの関係性やソフト的な要素へと進化・変貌を遂げているが、同時に主体間の関係性の議論へと傾斜している。こうした考え方から、知識創造を重視するイノベーションは、地域ベースの政策課題に対しても適用できるのではないかとみなされ、イノベーションと地域課題との関係がクローズアップされることになった。

（3）ソーシャル・イノベーションのアプローチ

社会的課題や地域課題に対して、「ソーシャル・イノベーション」「社会イノベーション」などの論考が見られるが、論者によって意味するところは異なる。以下に、「ソーシャル・イノベーション」にかかる主要な論考を整理しておきたい。

イノベーションの議論が主として経済経営分野で行われてきた経緯もあり、「ソーシャル・イノベーション」も当初から経済理論の文脈のなかで議論されてきた。Schumpeterは、ソーシャル・イノベーションを、経済的効果を引き出すものとして技術イノベーションと同列に取り扱っているが、その後の議論では、主に企業組織での社会的性格を示すものとの認識がなされてきた。

藤澤（2010）は、ソーシャル・イノベーションの概念を論じるなかで、代表的な3人の論者の定義を紹介している。Mumford（2002）は、「公共的な目的に利する、人間関係の活動や組織化に関する新しいアイデアの創出と実践」のこととし、Mulgan（2007）は、「社会的ニーズの充足という目標に動機づけられ、社会性を第一の目的とする組織によって主に開発・普及された、革新的な活動及びサービス及び社会的目的を満たすために機能する新たなアイデア」とした。また、Phills Jr.et.al.（2008）は、「社会的ニーズ・課題への新規の解決策を創造し、実行するプロセスのこと」としている。藤澤は、これらの議論を総括して、①社会的課題の存在、②解決に向けた新しいアイデア、③実行プロセス、④組織やしくみをソーシャル・イノベーションの必須の要件として整理している。

ソーシャル・イノベーションの枠組みに関する議論として、大室（2009）は、ソーシャル・イノベーションの概念を四つのタイプに分類している（大室, 2009, p.26）。ここでは大室の分類と例示を参照しながら、ソーシャル・イ

ノベーションの分類カテゴリーの再整理を行いたい。

　第一のカテゴリーは、社会制度アプローチである。社会制度は一度制定されると容易には更新されず、往々にして現実の社会的課題と齟齬(そご)をきたすため、社会的課題に対応した制度改革のことを意味する。地域(都市)政策、地域(都市)マネジメントの新しいアプローチ、政策イノベーションもこれに含まれるであろう。Drucker(1985)は、「イノベーションとは、技術というよりも経済＋社会に関わる用語である。」と述べており、明治期の日本の発展を例示して社会制度のイノベーションの重要性を指摘している。

　第二のカテゴリーは、技術アプローチで、技術開発を通して社会システム変革を目指すものである。廣田(2004)は、コンビニエンスストア、宅配便、インターネット、携帯電話などの技術的発明を例示したうえで、ソーシャル・イノベーションとは、旧社会・経済システムにおける不便、不満が解消され、新社会・経済システムが生成されることとしている。特に近年のIoT技術の急激な発達は、社会システムの大変革(ソーシャル・イノベーション)をもたらし、デジタル経済が世界を席巻している。ビッグデータの政策活用にとどまらず、加速度的に進展するAI技術によって、Society5.0、DX社会の実現はすでに現実の社会プログラムとなっている。

　第三のカテゴリーは、経営学からのアプローチで、社会的課題の解決に資する新しい商品、サービスの開発と提供をソーシャル・イノベーションとみなすものである。ビジネスモデルのほか社会起業家やソーシャル・マーケットの創造に主たる関心があり、特定の地域範囲に限定するのではなく、広く社会的課題の解決に向けた取り組みを対象とする。谷本(2006)は、「社会起業家のもたらすソーシャル・イノベーションは、シュンペーターのいう『技術的』な変化というより、社会サービスの提供の新しい『しくみ』『社会関係や制度』の変化に注目する必要がある。」とし、社会起業家、社会的企業をはじめさまざまなステークホルダーの協働による取り組みに重点を置いている。

　現在のソーシャル・イノベーションに関する理解はほぼこの見解に準じたもので、協同組合やNPO、NGOといった非営利組織を中心としつつも営利企業の参画や協働を広く視野に入れており、地方自治体が推進する協働の枠組みと整合的であるため実践事例も多い。

　学術論文も多く、ソーシャル・イノベーションの創出過程と普及過程に関する包括的な検討を行った谷本・大室・大平・土肥・古村(2013)、ソーシャル・イノベーションを担う社会起業家の実証研究を行った高橋・木村・石黒

（2018）などがあるが、藤井（2013）はこうした一連のアプローチに対して、市場メカニズムやマーケティングのロジックが中心であり、組織学習のプロセスが欠落しているとして批判している（藤井, 2013, pp.69-70）。

　第四のカテゴリーは、地域アプローチで、地域開発、まちづくり、地域ブランディングといった地域経済社会の変革に注目するものである。F. Moulaert（2003・2005a・2005b）は、イノベーションの対象として地域の活動に注目して、総合的地域発展（IAD：Integrated Area Development）」という概念を提唱し、地域的市場経済の活性化だけではなく、他の分野の経済（公共経済、社会的経済、文化経済等）や地域生活（ガバナンス、文化的生活・自然的生活等）を強化すべきだとしている。加藤（2002・2004）は、都市ガバナンスを支えるパートナーシップがもたらすイノベーションを分析するなかで、アウトカムとして相乗効果、学習効果、信頼という財の創出効果を指摘している。さらに、社会的企業と社会イノベーションの関係について論考を進め、社会的企業の特徴を「社会技術を駆使したイノベーションの主体」と捉え、死蔵している資源を見出し、地域社会の活動を再編成・再編集することで、地域イノベーションの促進を企図するものとして位置づけるなど地域ベースの社会イノベーションの必要性を提起している。松岡（2018）は、環境分野の社会的課題を中心に、持続可能な地域社会と社会イノベーションに関する論考を行っている。「地域の持続性課題の解決のために新たな社会的しくみや組織を創出し、新たな社会的価値をもたらす革新」と定義しており、公共政策課題をソーシャル・イノベーションの対象としている点、知識創造によるイノベーションの場の形成と社会的受容性を重視している点で、筆者とほぼ同様の見解に立っている[8]（松岡, 2018, pp.1-29, pp.186-205）。

　野中・廣瀬・平田（2014）は、知識創造プロセスに焦点をあて、ソーシャル・イノベーションを「ある地域や組織において構築される人々の相互作用を、新たな価値観により革新していく動き」と定義したうえで、「社会のさまざまな問題や課題に対して、より善い社会の実現を目指し、人々が知識や知恵を出し合い、新たな方法で社会のしくみを刷新していくこと」と論じている。活動の内容・機能を重視する立場から企業の活動（社会的組織、社会貢献活動）も対象に含めている[9]。

　このように、ソーシャル・イノベーションのアプローチは広がりをもつが、各カテゴリーを切り離して考えるのではなく、相互の関連性に目を向けた総合的な理解が必要だろう。

地域が置かれている人口減少や地域経済の衰退の状況を踏まえると、社会性に配慮しつつも地域が持続するための基盤経済の再生や雇用の創出が重要となろう。こうした課題に向けては、これまで個別に論じられてきた地域マネジメント、まちづくり、パートナーシップ、地域ビジネス、地域ブランディングといった諸概念を統合する必要がある。

　地域活性化や地域再生と密接に関連する地域ベースのイノベーションを本書では「地域ソーシャル・イノベーション」と呼称したい。次節では、地域ソーシャル・イノベーションの概念をさらに詳しく見ていく。

第3節　地域ソーシャル・イノベーションモデルの設計

(1) イノベーションによる地域の価値創出

　地域ソーシャル・イノベーションとは、持続可能な地域社会の形成に向けて、マネジメント要素を取り入れながら進化し続けるまちづくりを、イノベーションの視角から捉えたものともいえる。これまでにも持続可能な地域社会の形成に関する論考は、内発的発展論、まちづくり論、ローカル・ガバナンス論など多角的な視角からアプローチされてきた。また、多くのまちづくりでは、自然、歴史、文化といった地域資源を活用して、行政をはじめ地域内のアクターや外部の専門家などの協力を得ながら実施されている。

　しかし、さまざまなアクターが参加した取り組みを行うというだけでは十分ではなく、地域内の社会の活性化を図るのか、地域外に対してアプローチを行い、交流や移出を通した地域経済の活性化を図るのか、あるいはその両方なのか、まちづくりの目的と目標を明確にする必要があるだろう。この目的と目標は固定的なものではなく、時間的推移とともに変化すると思料される。また、最終的にはどうすれば成果が上がるのかが知りたいところであるが、その答えを導出するのは容易ではない。国や地方自治体が提示した一般的な枠組みや成功事例を模倣してもうまくいく保証はない。地理的特性、地域内の人口構成、地域資源の状況、歴史的経過、政治過程といった地域特性が反映されていないからである。

　地域内の経営資源を使いながら、どのような資源を使って、誰に向けて、どのようなしくみをつくればうまくいくのか、事業推進上あるいは地域経営上の問いに対しては、先進事例の紹介や経験知の伝授にとどまるのではなく、実現に向けて一定の論理性を内包した動的メカニズムを明らかにする必要が

あるだろう。

　そこで、「地域課題の解決に向けて、地域固有の資源を活用することで地域内の合意を獲得するとともに、地域内外の多元的な主体の参画を得た地域の主体的、自律的、持続的な活動による、経済的、社会的な効果を併せ持った新しいしくみと価値の創出」を地域ソーシャル・イノベーションと捉え、独自に考案したイノベーションモデルを設定して、これまでの理論的蓄積と先進事例を照合しながら、イノベーションの内部構造、形成プロセス、地域の価値創出の動的メカニズムを検討していきたい。

　「地域課題」とは、対象となる地域の空間範囲において取り組むべき公益性のある課題を意味し、「地域資源」とは環境、文化、自然的・歴史的景観、地域の人材・結合力・信頼関係など地域に存在する有形・無形の資源の総体を指すが、「地域固有の資源」という場合、そのうち地域の固有性のあるものに注目するものである。ただし、当初から固有性が備わっていなくても、知識創造過程を経て地域資源の高度化を図ることで価値を高める場合も当然に含まれる。

　「社会」あるいは「社会的な効果」は、貧困、就業、福祉、教育、医療等といった狭義の社会政策分野を意味するのではなく、地域の持続の視点から地域社会に関係づけられた諸要素を含むものとし、コミュニティレベルにおける社会包摂的な「多様性」にとどまらず、地域外との関係のなかで相対化された「地域アイデンティティ」まで含めて考えている。

　「地域の価値」については、近年、経済地理学や地域経済学分野で活発な議論が行われている。例えば、除本（2020）は、「地域・場所・空間の「差異」「意味」が、人々のコミュニケーションを通じて、間主観的に構築され、知識や情動が共同生産され、その一部は貨幣的価値の獲得にも結びつく一連のプロセス」と定義している[10]。佐無田（2020）は、経験価値による意味づけを重視しつつ、地域の価値の源泉、地域の価値のバリューチェーン、地域の価値と真正性（オーセンティシティ）など地域の価値と経済システムとの関係を詳しく論じている[11]。

　一方、観光社会学では観光客が求める本質的価値について、真正性の追求と疑似イベント体験を対立軸とした議論がかねてより積み重ねられている（野村, 2014）。代表的な論考として、J.Urryの「観光のまなざし」、D.J.Boorstinの「疑似イベント論」、D.Maccannelの「演出された真正性」などがある。しかし、真正性の追求こそが地域の価値の本質であると断じてしまうと、文

化創造など新しく創作されたものは、そもそも真正性の評価がされずに排除されてしまう懸念がある。こうした知見から、地域の価値は、価値を生み出す源泉となる資源を活用する主体の視点、演出や編集の方法と密接なかかわりがあることを意味する。そこで、対立的な要素を含む多義性を前提としつつも、どのような地域の価値を創出すべきかをめぐる意味解釈は、資源の活用の段階における政策レベルでの議論に委ねることとしたい。

　本書では、地域活性化に向けた地域政策への実践的活用の視点を重視し、地域の価値とは「経済的、社会的、文化的な視角において、他地域との差別化が可能な地域の魅力、競争力、有用性をもたらす要素」と包括的に捉える。

　そのため、地域の価値には、地域経済や産業の活性化に直接貢献する経済的価値だけでなく、地域内アクター間のコミュニケーションや協力関係の強化を通した地域の潜在力、ソーシャル・キャピタルの醸成といった定量的測定が容易ではなく可視化できない社会的な価値、地域資源を再編集した地域の魅力の向上、交流人口や関係人口の拡大による観光消費の促進や定住促進、公共施設マネジメントの革新、地域性と結合した文化的イベントの開催、六次産業化など垂直統合による農産物加工品の付加価値向上といった実用に資する経済性と社会性を含む社会経済的価値も含まれる。

　また、地域資源を地域の価値を構成する主要な要素の一つとして位置づける。つまり、産業面での利用に資する地域資源は貨幣によって交換可能な経済的価値の構成要素であり、信頼や規範など地域住民の生活や暮らしやすさに関連する資源は社会的価値の、自然や歴史など地域の固有性に関連する資源は文化的価値の構成要素と考えられる。したがって同一の資源であっても文脈によって複数の価値が重複することがあり得る。

　価値の創出の方法としては、競争メカニズムを駆使した地域資源の多元的な新結合、地域学習を通した知識創造のほか、地域課題に応じて異分野の知見を融合することで、オリジナリティのある総合的で革新的な価値が創出されるであろう。

　経済性と社会性を併せ持った社会システムの有効性を示し、効果的な政策形成と実践的活動を促す新しい地域発展モデルの創出を考えた際、まちづくり分野は異分野の融合が比較的よく観察されているということ、地域の価値の創出の具体的な成果が表出しやすい（測定しやすい）と考えたため、地域ベースのイノベーションの対象とした。

　まちづくりも広い概念であるが、ここでは不動産開発や市街地再開発、脱

炭素型電源開発、公共交通といったハード事業分野ではなく、食、農、自然環境を活かした地産地消をはじめとする資源循環型のまちづくりや、観光、歴史、文化といった地域資源を活用して交流人口、関係人口、定住人口の増加に取り組むまちづくりを想定しており、その限りにおいて、ハード事業とソフト事業の組み合わせも含めている。

　イノベーションは測定が困難なため、キャッチフレーズ的な意味で使われる場合が多く、成功事例と紹介されていても実質的な効果がほとんど認められない事例も散見する。また、地域課題にチャレンジした独創的な取り組みであっても、継続性がなく、具体的な政策効果が伴わない取り組みは、単なる社会実験であって、イノベーションとは言えないとの認識に立っている。地域ベースのイノベーションでは、地域内のある程度の合意形成としつつ、新しい取り組みである新規性、具体的な地域活性化に資する効果性、一過性ではなくある程度の期間にわたる継続性が求められるだろう。

（2）地域ソーシャル・イノベーションの基本概念

　地域ソーシャル・イノベーションの基本概念について、定義、空間範囲、主体組織、多様性と結束性について論じるとともに、知識創造、社会関係資本、地域資源の活用などの議論を統合し、イノベーションの形成という動的な過程へと転換させる三つの基本的視点を提示する。

①空間範囲

　地域ソーシャル・イノベーションは、地域範囲を Grobal（国際レベル）、National（国レベル）、Reagion（広域市町村〜都道府県域レベル）、Local（市町村域レベル）、Community（コミュニティレベル）に区分した場合、中学校区ほどのコミュニティ領域から市町村域を想定したローカル領域までの空間的範囲から広域市町村域を想定したリージョン領域まで（図表2-3）、どの空間範囲でもイノベーションを創造することは可能であると考えるが、どういった政策分野でどういった活動を行うかによっておのずと展開領域は異なる。

　例えば、地域外から来訪者を招く観光まちづくりの場合、まちづくり活動の拠点となる場所（複数箇所ある場合もある）を中心としながらも、それと連関する地域内事業者の活動の拡がり範囲が対象空間となる。同様に文化まちづくりでは、文化施設や創作活動を行うフィールドが対象空間範囲となる。一般に、まちづくり事業の場合、空間範囲が狭すぎると活用できる地域資源に制約が生じ、空間範囲が広すぎると地域アイデンティティの拡散が起こり、

結束性（地域のまとまり）が得にくくなると考えられる。

　地方の小都市や農山村地域など人口が少なく、文化的なつながりが強い地域では結束力が強く、地域課題を共有しやすいが、大都市や地方都市の中心地は人口密度が高く、多様な価値観が共存しているため、地域の一体的な結束力は生まれにくい。そのため、大都市等の人口が密集地域での共有可能な地域課題は、コミュニティレベルの生活に密着する課題が中心とならざるを得ない。しかし、文化性が高い伝統的な祭りやイベントの場合は、地域範囲は広がる。

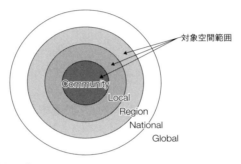

図表2-3 対象空間範囲のイメージ　　　　　　　　　　　　　　　　　　　筆者作成

②主体組織

　地域の社会的課題と経済的課題に取り組むのにふさわしい組織は、地域ベースの社会的企業が最適であろう。しかし、日本では社会的企業の法人格がないため、協同組合、第三セクター、NPO法人やまちづくり団体等の非営利組織、地域企業や小規模事業者のほか、行政も含めたさまざまな主体が参画する実行委員会が事業の推進母体となる場合が多い。

　コミュニティレベルのまちづくり活動の場合は、一般に地域内に所在する組織が担うことが多いが、マネジメントレベルが高くないことに加えて高齢化が進んでいるため、魅力ある事業企画や担い手の継承などまちづくり組織の維持とマネジメント力の強化が課題として考えられる。一方、地域企業や小規模事業者は一定のマネジメント能力を有しているため、地域ビジネスの成功事例が多くみられる。

　また、行政が管理する公共領域でも指定管理者制度などを駆使したイノベーティブな取り組みも多くみられるようになっている。例えば、公立図書館の

改革の成功事例として知られる佐賀県の武雄市図書館は、民間企業とのパートナーシップにより従来の図書館の常識を打ち破る革新的な公立図書館の運営を行っている。また、武雄市に隣接する伊万里市民図書館では、地域住民とのパートナーシップを駆使した市民による市民のための図書館運営を実践している。

　従来、行政組織はイノベーションから最も遠い存在とみなされることが多かったが、近年、地方自治体の中には、経営的発想をもつ首長や若手職員を中心に新しい制度設計や事業創造を行い、効果的な取り組みを行う事例も増えている。例えば、ふるさと納税の返礼品の考案や、まちづくり先進地の視察ビジネスなどがある。

　また、広域で事業展開を行う場合は、効率性、実効力、資源動員力などの総合的な能力を有する組織が担う必要がある。広域エリアで展開するアートプロジェクトでは、実行委員会組織が担う場合が多く、このほか2015年度に新たに創設された広域エリアにおける観光地づくりを行う組織である観光地域づくり法人（DMO）[12]が広域観光を実施する場合もある。

③地域の価値創出

　地域の価値創出に向けて、どのようにして地域内の主体を連携させ、地域課題の解決に資する新しいしくみを創出するかが問題となる。ここでは「多様性の埋め込みと知識創造」「地域資源の活用」について検討する。

・多様性の埋め込みと知識創造

　産業集積論ではイノベーションの創出に向けて、空間的近接性、暗黙知の移転、組織学習、外部との情報交換、相互作用の活性化等の創造環境（ミリュー）の醸成・進化が重要な役割を果たすとされる。これらの議論では、規模の経済を中心とした生産システムの効率性の追求から、イノベーションの源泉としての主体間の関係性や学習、知識創造といったソフト的な要素へと軸足が変化していることを指摘している。そこで、知識創造と地域ソーシャル・イノベーションとの関係について検討する。

　地域課題の解決を担う主体は、地域の主体性、自立性の観点から地域内の組織が担うことが望ましいが、既存の組織の多くはこれまでの枠組みにとらわれて新しい発想やイノベーションを忌避する固着状況（ロックイン）となっており、独力では既存の枠組み（多くの場合、既得権益と関連する）を打ち壊してまで新しいしくみを創出するのは困難であろう。

　藤田（2003）は、内生的な集積力とイノベーションの場は、財・経済主体

の多様性、個別主体レベルにおける規模の経済、輸送費の相互作用のもとで発生する多様で密な交易・コミュニケーションのネットワークによって、空間的な集積力が自己増殖的に生まれることにより自己組織化的に形成されるとしており、イノベーションの創出における多様性の意義を強調している（藤田, 2003, pp.216-221)。藤田の議論を踏まえると、ロックインの解除に向けた知識創造を創出するための環境条件として、「多様性」「相互作用」「コミュニケーションネットワークの形成」が求められる。

　これを地域ソーシャル・イノベーションに援用すると、イノベーションの促進を図るには、組織を硬直化させているロックインの解除が必要となるが、そのための方法論として、地域課題に関係する組織（ステークホルダー）が主体的に参画する場を設けることで、横断的・統合的なアプローチが可能となり、密なコミュニケーションによる相互作用を通して、内生的なイノベーションの場の形成が期待されると解釈される。

　つまり、マルチパートナーシップの形成が可能となる相互作用の場を設け、異分野の知識や経験を組み合わせ、再編成を図ることで、産業集積論や技術イノベーションでの議論と同様、独創的な解決策の提示や新たなしくみの創出といったイノベーションが創出される可能性が示唆される。

　なお、異分野の知識や経験とは、共有されている知識体系とは異なる体系の知識であったり、新奇なアイデアや発想も含まれ、異分野の専門家による体系化された知識だけではなく、これまでまちづくりの主体とはならなかった女性や高齢者、若者等のアイデアや発想、慣習からももたらされる。また、知識の源は地域内に限定される必要はなく、田村（1999）が「風」と表現した地域外の人や、「手」と表現した地域外の専門家がもたらすアイデアやノウハウも含まれる（田村, 1999, pp.65-67）。

　　・地域資源の活用

　地域ソーシャル・イノベーションは、まちづくりをイノベーション創出の観点から捉えたものであり、基本的には地域の内発性を重視することから、まちづくりにかかる多くの論考で指摘されているとおり、地域の自然、伝統、文化、技術、言語、風土といった地域住民が一体感を共有し得る地域固有の資源、とりわけ地域性と関連性が高い文化的資源の活用が効果的である。

　いち早く地域の衰退に見舞われた欧州では、持続可能な地域社会の形成に向けて、地域間格差の是正や社会統合を図る政策をパートナーシップと連動させながら進められたが、この過程においても地域資源の活用の多様な試み

がなされている。中島（2005）は英国の地域再生事例の報告において、地域の異なるセクターが協働する高度なパートナーシップと地域資源や地域文化と連動する住民団体の活動、地域内資源循環を促すローカリゼーションに加えて、自然資源、人的資源、人々及び社会の結合力・協力を促す信頼関係といった社会資源などの地域資源のもつ多義性に注目している。つまり、地域性と関連づけられた地域資源を活用することで、地域の受容性を増し、地域の一体的な取り組みが行える可能性を示唆している。

　地域資源の活用には多様な効果が考えられるが、観光まちづくりによる交流人口増加や地域資源を利用した特産品の開発などにより経済的効果を創出する「経済的効果」、まちづくりを通した地域の誇りやアイデンティティの回復による「社会的効果」、文化的資源の保存や地域の歴史、伝統、文化と結合した創造活動によって文化的資源の築盛を図る「文化的効果」などが考えられる。しかし、激化する地域間競争を踏まえると、地域資源の活用によって単一の効果を図るだけでは十分ではなく、①異なる分野の主体の参画を束ねる結束性、②マルチパートナーシップによって新規なアイデアや発想を創出する知識創造、③地域資源を通した地域内の人的・物的資源の循環の促進、④地域外からの人的、金銭的支援による関係人口の創出、⑤地域資源の枯渇・消耗を防ぎ、再投資を行うことで地域資源の持続的な活用を図る地域資源の保存、⑥地域資源の組み合わせや新結合により新しい地域の魅力創出、など総合的な地域の価値創出に向けた総合的な展開を図っていく必要がある。

（3）三つの基本要素

　地域ソーシャル・イノベーションの創出にはどのような要素が必要となるのであろうか。ここでは基本要素として、「結束的アプローチ」「多元的主体の参画」「地域ビジネスモデル」の三つを考えてみよう。

①結束的アプローチ

　「結束的アプローチ」とは、地域で活動する多彩なアクターを、地域住民になじみ深く一体感を感じるような地域資源を媒介させることによって協力関係を構築し、横断的・統合的な取り組みを可能にすることである。地域住民のつながりをもたせる（結束させる）要素とは、地域の自然、伝統、文化、技術、言語、風土など地域住民が一体感を共有し得る地域性と結合した文化性のある資源（文化的資源）が有効と考えられる。

　地域の固有性に根ざして地域アイデンティティを喚起する地域資源は、適

切な加工を施すことで地域間競争において比較優位となる可能性がある。各主体を束ねる資源であれば、主体間に活発なコミュニケーションが生まれ、協力・協調行動が自発的に促進されると考えられるからである。結束的アプローチを知識創造の視点から捉えると、これまで活用されずに埋蔵されてきた地域資源を掘り起こし、新たな意味を付加し、高度化し、再編成を行うことでもある。

②多元的主体の参画

「多元的主体の参画」とは、地域課題の解決に向けて、行政、非営利組織、協同組合、地域企業・小規模事業者、地域住民、学生などの属性や組織原理の異なる主体が、相互に協力関係を構築し、協調した行動を行うことである。多元的主体が参画して効果を発揮するには、主体間の利害の調整や相互の信頼・協力関係が必要で、社会関係資本がある程度蓄積されている必要がある。

多元的主体が参画する効用は、第一に、多元的主体が保有する知識を結集させることで新たな知識の創造がなされることである。地域課題の多くは調整が困難で、新しい発想や行動が行き詰まっている場合が多い。そこで、地域課題に関係する各分野の主体が集まり、外部の知識や斬新なアイデア、マンパワーの導入など異分野の知識・経験・人的パワーを組み合わせることで、新たな商品やサービスの開発などの独創的な解決策をアウトプットとして創出する。こうした取り組みは、経営資源の相互補完による地域力の強化という効用も伴う。近年は、交流人口と定住人口と中間的な概念として、地域外に居住しつつ、関心のある地域のまちづくりなどに関わる関係人口の概念が注目されており、大学生をはじめ20～30代層への期待が高まっている。インセンティブを与えるなど、積極的な関わりを促すしくみが必要だろう。

第二に、多元的主体の参画を通して創出されたイノベーションは、参画した主体を経由して各主体が影響力を及ぼすことができる関係者に、円滑かつ効果的に普及・伝搬を図る役割を果たすとともに、具体的な追加アクションを起こすことが期待される。SDGsやグリーンイノベーションといった地球環境対応分野ではこうした手法が多用されている。

第三に、地域のさまざまな属性をもった主体間の関係を構築することで、さらなる地域課題の解決に向けたガバナンス（ローカル・ガバナンス）の強化が期待されるが、組織原理が異なる主体間の持続的な協力関係を構築することは困難な場合が多い。そこで、主体間の連絡調整やコーディネートを担う組織が必要となる。多くの場合、中核となる人（キーマン）、あるいは比較的

少数のグループ[13]によって各主体を連結させ、所属している組織の認知・認証過程を経て組織的な活動へと発展していく。

　さらに、協議の場を設けて地域課題の共有化を果たせたとしても、組織原理が異なる多元的な主体がただちに協調行動を行うことは難しいと思われる。危機感の共有や地域資源を活用した結束的アプローチと連動することで、主体間の協力関係を構築する妨げとなる心理的ハードルを下げることが期待される。

③地域ビジネスモデル

　地域ビジネスモデルとは、「結束的アプローチ」と「多元的主体の参画」によって生み出された革新的、創造的なアイデアやプランを、事業の形で具体化させ、持続的、継続的に展開する枠組みをつくることである。地域ビジネスモデルは、観光まちづくりなど地域活性化を目的とする地域ビジネスが中心となるが、同時にコミュニティ領域での社会的効果を伴う場合もある。実施主体は、地域課題に取り組む地域ベースの主体が基本であるが、地域外とのネットワークによって、より効果的な展開を図る場合もある。人口減少や高齢化によって地域内の人的資源や財源に不足がある場合は、関係人口として地域外の応援者との積極的な関係構築によって人的協力や寄付などの形のサポートを得ることも可能である。

　担い手としては、地域企業や小規模事業者のほか、協同組合、民間非営利組織、地域住民などによる事業組織が想定される。

　以上に示した三つの基本要素は、相互に連関しながら相乗的な機能を発揮する「システム」となっている点にも留意する必要がある。なお、地域ビジネスモデルは事業活動を想定したものであるが、地域課題に対処する新たな制度を創設したり、新しい財源調達方法の考案、新技術の導入や既存制度を駆使した政策に関するイノベーションの場合は、「地域ビジネスモデル」に、「創造的政策アプローチ」を付加してもよいだろう。地方消滅論をはじめ地域の存亡に関する議論が近年盛んであることも受け、危機に直面する地域を中心にイノベーティブな政策が頻出している。この問題に関する論考は本書の範囲を超えるので別途検討を行いたい。

第4節　地域ソーシャル・イノベーションの構造と形成要因

(1) 産業クラスター論におけるイノベーションの形成要因

　イノベーションの構造に関しては、産業クラスターによるイノベーションの形成要因に関する研究が参考になる。M.E.Porter（1998）は、クラスター形成によるイノベーションの発現には、要素条件、需要条件、企業戦略及び競争環境、関連支援産業の四つの要素が必要であり、これらが相互に連関し合う一つのシステムを形成するとするダイヤモンドモデルを提示している（図表2-4）。当モデルでは、イノベーションの創出意欲を競合企業との競争から導出している視点と、地理的近接性による四つの要素の相互作用が秀逸である。

　当モデルでは、クラスターの形成によって取引費用の削減が図れるほか、市場機会に関する多彩な情報の流通によって新規事業などのイノベーションの形成も有利となるが、同時にクラスター内部の社会的な絆がクラスターの競争優位を支えるとして、競争と協力を両立させる社会的構造を重視している。

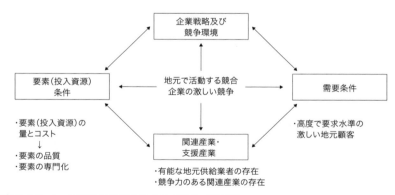

図表2-4 Porterの競争優位にかかるダイヤモンドモデル
出典：M.E.Porter（1998）（ポーター・竹内弘高訳,1999,『競争戦略論II』ダイヤモンド社）

　金井（2003）は、産業クラスターを構成する概念の検討のなかで、クラスターを構成する要件として、①相互に関連する企業や機関の地理的集積、②集積内でのシナジー効果、③集積内の協調関係と競争関係の存在を抽出して

いる。また、クラスターの形成を促す基礎的要因として、①地域独自の資源や需要の存在、②関連・支援産業の存在、③地域の革新的企業の存在をあげており、発展要因として、①学習が存在すること、②イノベーション競争、③プラットフォームとしての「場」の存在を指摘している。

(2) 構造モデルと形成メカニズム

　産業クラスターが、集積による知識の創造を通して生産性の向上やイノベーションの誘発を目的とするのに対して、地域ソーシャル・イノベーションでは、地域資源を活用しながら、多くの主体の参画と協力、知識創造による地域ビジネスモデルを創出して経済的・社会的効果をあげることを目的とする違いがあるが、主体間の近接や参画を通して知識創造を行う点で共通する部分も多く、イノベーションのメカニズムは近似すると考えられる。

　そこで、前節で示した三つの基本要素に産業クラスターの研究成果から示唆を得たイノベーションの形成要因を結合させることでプロトタイプの構造モデルを考案した（図表2-5）。地域ソーシャル・イノベーションの形成に向けて、経営システム工学の一般的知見より、インプットとしての地域課題の共有化、イノベーションの創造、アウトカムとしての経済的・社会的効果の創出の三つのステップが存在すると考えられる。イノベーションの形成には、三つの基本要素とその下部構造である形成要因を組み込んでいるが、基本要素と形成要因は相互に関連性をもち、システムとして駆動することで、相乗効果の発揮が期待される。

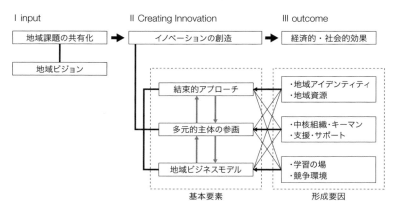

図表2-5 地域ソーシャル・イノベーション構造モデル　　　　　　　　　筆者作成

①地域課題の共有化

地域課題の解決のフレームは、通常、当該地方自治体によって総合計画や地域ビジョンなどの形で整理される。しかし、行政計画の多くは財源が担保されないので、フレームだけが提示される場合がほとんどであり、予算編成の際に予算の範囲で実施できる事業範囲や実施方法が決まる手順となっている。不足する予算は、自分たちで捻出せざるを得ないため、問題解決に携わる主体間で危機意識の共有化がなされている必要がある。これが地域課題の共有化段階である。取り組み着手時に同じレベルの課題認識がされていることは稀で、取り組みの進行に合わせて、次第に危機意識のレベルが揃ってくる場合が多い。

②イノベーションの創造

イノベーションの創造の内部構造として、三つの基本要素と、各々二つの形成要因を考えた。

・結束的アプローチ

「結束的アプローチ」は、地域性と関連する要素であるから、多様な主体を当該地域への愛着、誇りによって統合する「地域アイデンティティ」と、地域の自然、歴史、文化、町並み、景観、暮らし、信頼関係など地域社会の諸要素を包含する「地域資源」によって構成されるとした。多くの場合、地域資源は文化性をもつから「文化的資源」と置き換えてもよい。

地域アイデンティティと地域資源は地域住民や事業者に浸透していることから、主体間の結束性が高まることで効果的な解決方法や手段の創出が期待されるだけでなく、当該地域に好意を寄せる地域外からのサポートも期待される。

・多元的主体の参画

多様な主体が地域課題解決の場に参画することで地域社会のもつ多元的な価値が投影され、相乗効果や相互学習によって質の高い知識創造が期待されるとともに、主体間の信頼・協力関係の構築、円滑な事業の実施等の効果が期待される。また、多元的主体には女性や高齢者等も含めた地域課題に関連する団体・組織・機関・グループ等が含まれる。

多元的主体の参画は、パートナーシップの形成やネットワークなど主体間の信頼を基礎とする関係の構築が主要な要素であるが、形成要因として、さまざまな主体間を結合させるコアとなる「中核組織・キーマン」とそれを支える「支援・サポート」が必要となる。「中核組織・キーマン」は文字どおり

まちづくり活動の中核を担うため、地域内の事業者が集まった組織が想定されるが、事業者支援・サポートには、行政・公的組織や民間企業のほか、関係人口に含まれる地域外に居住する応援団などが想定される。総務省が実施している「地域おこし協力隊」や「ふるさと納税」は、こうした「支援・サポート」を制度化したものといえるだろう。

・地域ビジネスモデル

　地域課題は中長期にわたるものが多いため、まちづくり活動も持続性を担保する必要がある。一方、社会性と経済性は一般にトレードオフの関係にあり、両立させることが難しい。

　「地域ビジネスモデル」は、社会的に負荷をかけないよう最大限の配慮を図りながら、持続的に経済的効果を達成するために必要なしくみである。逆に社会的効果を高めることを主眼に置きつつ、経済的な要素を加味する場合もあるだろう。

　そこで、地域に所在する組織を中核として社会性と経済性を組み込んだビジネスモデルを考案し、実施することで、ハイブリッド型の価値を持続的に提供するしくみをつくることが望まれる。どこが中核組織になるかによって、社会性と経済性のどちらに軸足を置くかが決まるが、両者の適正なバランスをどうするか、事業として成立するのか、担い手は確保できるのか、そういった価値を誰に対して提供するのかといった地域マネジメント上の課題に対処しないとならないだろう。

　地域ビジネスモデルの形成要因には、ビジネス手法を活用して、新しいしくみを生み出すとともに持続的な活動を行うための「学習の場」と「競争環境」が必要となる。新しいしくみを創出するには、地域課題の洞察を行ったうえで、地域ビジネスモデルの設計、事業成果を検証し、さらなる改良を加える必要があるが、そのためには密接なコミュニケーションと相互作用によって新たな知識を創発する、創造的な「学習の場」が必要となる。

　社会性と経済性を兼ね備える地域ビジネスモデルは、たえず更新することで陳腐化を防ぐことができる。そのためには「競争環境」が必要となるが、公的機関をはじめ多くの地域団体は競争を好まないため、一度設定したビジネスモデルの更新ができない場合が多い。

③経済的・社会的効果

　地域ビジネスなどの取り組みを通して経済的効果、社会的効果をあげるには、収益や雇用に代表される経済性の視点だけでは不十分であり、多様性の

保持など社会性に配慮した社会共生的な視点が不可欠である。しかし、社会性だけを重視したボランタリーな取り組みだけだと継続が困難になり、地域の魅力や価値を高めるインセンティブが働かない。経済性重視に転換すると地域間競争を前提にするため地域社会に過剰な負荷がかかり、利益を受ける者とそうでない者との間でのコンフリクトを招いてしまう。また、担い手が確保できないと、まちづくり活動そのものが停滞してしまう。とりわけ人口減少、少子高齢化局面においてはまちづくりの担い手の確保は深刻な課題となる。適切な地域マネジメントを実施することで経済的効果と社会的効果のバランスが検討課題になるだろう。

このように、地域ソーシャル・イノベーションの創出は、三つの基本要素と六つの形成要因が有機的に連関することで社会システムとして駆動し、相乗的な効果が期待されると考えるとわかりやすい。

第5節　イノベーションの形成プロセス

地域内の多くの組織は、経済的組織（産業組織など）であろうと社会的組織（コミュニティ組織など）であろうと、コンフリクトを生む可能性がある新しい発想やイノベーションをできるだけ回避する傾向が強い。地域課題の解決に向けては、こうした障壁を超えて、既存の枠組みを再編し、イノベーションの創出に挑む必要がある。このように、地域をベースとしたイノベーションを創出するには、保守的な思考に陥りがちな地域社会との関係——いかにしてイノベーションの必要性と、提示するプログラム（新しいしくみと地域の価値創出に向けた取り組み）の妥当性を説得し、協力関係を構築するか——がポイントとなろう。

では、地域ベースのイノベーションの形成プロセスとはどのようなものであろうか。この問いに対して本節では、イノベーションの創出はどういった環境の下で起こるのか、イノベーションの普及過程とはどのようなものか、イノベーションが地域に受容されるにはどういった条件が求められるのかという三つの問いのもとに検討を進める。

なお、イノベーションの本質である知識創造については、経済地理学や産業集積論での研究蓄積を、イノベーションの普及に関しては、E.Rogers（2003）のイノベーション普及モデルを、イノベーションの受容に関しては、武石・青島・軽部（2008）によるイノベーションに向けた資源動員の正当化プロセ

スの議論を参照した。

(1) 知識創造の環境

　技術イノベーションにせよ、地域ベースのイノベーションにせよ、イノベーションというからには新たな知識の創造が共通の要素となろう。そこで、知識創造と場の関係について検討しておく。武石等がイノベーションの実現の条件の一つとして提示した知識創造のプロセスは、野中・竹内（1996）の暗黙知と形式知の変換によるSECIモデルが知られている。しかし、地域ソーシャル・イノベーションの実現は、組織内だけでなく地域に所在する各主体との相互作用や連携によって創出されるものであるから、むしろ産業集積論で議論される空間的近接性、暗黙知の移転、組織学習、外部との情報交換、相互作用の強化等のミリュー醸成といった視点がより適切である。

　藤田（2003）は「内生的な集積力とイノベーションの場は、財・経済主体の多様性、個別主体レベルにおける規模の経済、輸送費の相互作用のもとで発生する多様で密な交易・コミュニケーションのネットワークによって、空間的な集積力が自己増殖的に生まれることにより自己組織化的に形成される」と指摘し、イノベーションの創出に向けた環境条件として「多様性」の役割を指摘した。一方、経済地理学や産業集積論で論じられる空間的近接性による緊密なコミュニケーション、主体間の相互作用による相互学習や知識のスピルオーバー（山本, 2005）、ローカルミリューと学習地域論（友澤, 2000）、地域空間とイノベーション・システム・アプローチ（戸田, 2003）、イノベーションと近接性、多様性、結合性（水野, 2005）などの議論は、技術イノベーションや地域イノベーションシステムなど集積による産業分野の知識創造を前提としたものであるが、地域に内在する主体間の相互作用やコミュニケーションを重視する点で、地域ベースの知識創造と重複する部分が大きいと考えられている。そこで、イノベーションの本質である知識創造の創出に向けては、「多様性の保持」「主体間の相互作用」「コミュニケーションネットワーク」に代表される創造環境の設定が必要となるだろう。

(2) Rogersのイノベーション普及モデル

　Rogersのイノベーション普及モデルは、技術的イノベーションが、どのようなプロセスによって、社会システム内に普及・拡散するかを体系的・総合的に論じたものである。Rogersによると、普及とはイノベーションがあるコ

ミュニケーション・チャンネルを通じて、時間の経過の中で社会システムの成員の間に伝達される過程であると定義している（E.Rogers, 2003, p.14）。

露木（2011）は、社会イノベーションの普及過程の分析を試みるなかで、Rogersの「採用者カテゴリー」を検討している。普及過程を「アイデア創出期」「持続性確立期」「普及期」の3段階に区分した分析は、社会イノベーションの普及過程の可視化を試みたものとして興味深い。同様の視点での論考として、谷本・大室・大平・土肥・古村（2013）もある。

まちづくり分野では、Rogersモデルが想定する新しい財やサービスの普及とは異なるため同一の視点では論じられない部分もあるが、地域は社会システムの一つとみなせること、ある種のまちづくりでは、地域住民の参画状況が視覚的、客観的に認識が可能であること、Rogersの理論は普遍性を主張し、社会的課題も一部対象としていることから、技術的イノベーション特有の部分を除去することで地域ベースのイノベーションの普及プロセスを検討するに際し有益な知見を与えるのではないかと考えた。

・発展過程

Rogersは、イノベーション発展過程における六つの段階として、①課題やニーズの認識、②基礎研究と応用研究、③開発、④商業化、⑤普及と採用、⑥帰結を示している（E.Rogers, 2003, p.54）。②基礎研究と応用研究と④商業化は、技術イノベーションによる商品開発と事業展開を前提としたものであるが、①「課題やニーズの認識」、③「開発」、⑤「普及と採用」、⑥「帰結」の四つの段階は、地域ベースのイノベーションの形成プロセスを包括的に理解するのに役立つ。

・決定過程

イノベーションの決定過程とは、イノベーションに関する知識を獲得してから、イノベーションに対する態度を形成して、採用か拒絶の意思決定を行い、新しいアイデアを導入し、意思決定の妥当性を確認するまでの一連の過程を指し、①知識、②説得、③決定、④導入、⑤確認の五つの段階があるとする（E.Rogers, 2003, p.85）。イノベーションを決定する組織の性格によって当プロセスは異なる。地域ベースのイノベーションでは、多元的な主体が参画する組織内の議論を経て方針決定がされるが、トップダウンではなくガバナンス重視の組織では意思決定が遅くなるし、一度決定した判断を変更するのは容易ではない。

・採用速度

　Rogersは、イノベーションの採用速度に影響を及ぼす要因を検討した結果、イノベーション属性として、①相対的優位性、②両立可能性、③複雑性、④試行可能性、⑤観察可能性の五つを挙げ（E.Rogers, 2003, p.155）、知覚の状況によってイノベーションの採用速度が決まるとする。

　相対的優位性とは、新たに登場したイノベーションが、既存のアイデアよりも良いものであると知覚される度合いのことで、相対的に有意であれば採用速度は促進される。両立可能性とは、イノベーションが、既存の価値観、過去の体験、潜在的採用者の必要性と相反しないと知覚される度合いのことで、心理的負担がなければイノベーションの採用は促進される。複雑性は、イノベーションの理解や使用に相対的に困難であると知覚される度合いのことで、複雑性が高ければ地域住民などに普及を行う際の阻害要因となる。試行可能性は、小規模にせよイノベーションを経験し得る度合いのことで、経験、体験機会があると採用速度が促進される。観察可能性とは、イノベーションの結果が他の人たちの目に触れる度合いのことで、視覚的に観察が可能であると採用速度が促進されるのは、効果の認識が容易に行えるためと解釈される。

・普及経路

　イノベーションの普及経路に関して、Rogersは多角的な分析を行っている。まず、採用者を、革新性の程度の高い順に、①イノベーター（冒険的）、②初期採用者（尊敬の対象）、③初期多数派（慎重派）、④後期多数派（懐疑派）、⑤ラガード（因習的）の五つのカテゴリーに分類している（図表2-6）。分類の区分は、採用時点の平均値から標準偏差分ずつずらすことで五つの採用者カテゴリーに区分されている。このうち、イノベーションの普及と関連が深いのは「初期採用者」で、初期採用者の特徴は、他のカテゴリーと比べて多くの社会参加を行い、高い対人コミュニケーション能力やイノベーションに関する情報収集、リーダーシップといった特質によって、イノベーションの普及に貢献する。

　次に、普及ネットワークは、オピニオン・リーダーシップの存在、コミュニケーション構造における同類性と異類性、社会システム内部の成員が対人ネットワークにより結合している度合いを示す相互連結性に言及し、異類性のあるイノベーション過程では、オピニオンリーダーの存在が重要としている。イノベーションの創出には、多様性（異類性）が重要であるから、結局、

オピニオンリーダーが異類性のあるグループのチャネルをもつことで複数の普及ネットワークの経路を確保できると解釈できる。

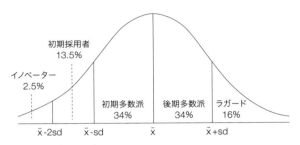

図表2-6 Rogersの採用者カテゴリー
出典：Rogers, Everett M.（2003）, Diffusion of innovations（5th ed.）, Free Press（ロジャーズ・三藤利雄訳（2007）『イノベーションの普及』p.229,翔泳社）

（3）イノベーションの受容・資源動員

　地域ベースのイノベーションが促進されるには、そのイノベーションを進めるべきか、立ち止まって考えるべきかという採択に関する問題と、急速に進めるべきか、ゆっくりと進めるべきかといった採用速度に関する問題など複数の検討課題がある。こうした課題に対して地域内での合意形成、受容が得られてこそ、円滑な推進を可能とする。武石・青島・軽部（2008）は、イノベーションとは「経済成果をもたらす革新」としたうえで、「技術革新によるイノベーションの実現過程には革新的なアイデアを作り出す『知識創造』と、関係主体を『資源動員』しながら経済成果に結び付けていく二つの条件がある」と指摘し、イノベーションの導入過程における組織の抵抗と普及、伝搬に関する論考を行っている（武石・青島・軽部, 2008, pp.22-39）[14]。

　「イノベーションの実現には様々な主体の動員が必要であるが、革新であるがゆえに周囲の逡巡や抵抗に遭いやすく、様々な主体の資源を動員しにくい」と問題提起したうえで、「イノベーションの実現過程とは、抵抗を受けやすい新規のアイデアに対する関心を集め、組織、社会の中で受容され、関連主体の協力を結集し、社会制度を動かしていくプロセスのこと」とするVan de Ven（1986）の言説を指摘している。さらに、技術革新企業の事例から資源動員の正当化の理由として、①新しい技術開発、②経営トップのリーダーシップ、③組織内外での支持者の獲得、④当時者の危機感の四つのパターンを抽出している。

イノベーションの導入に伴う組織の抵抗は、まちづくりでも認められる。資源動員の正当化はイノベーションの受容過程として表現されるが、まちづくりでは特定の組織における受容だけでなく、地域内の多様な主体の受容の問題として捉える視点が必要である。武石等の提示した資源動員の正当化パターンは、①地域資源活用の高度化、②地域リーダー（グループ）[15]によるリーダーシップ、③地域内外の支持者の獲得、④地域存続への危機感と置き換えることができるだろう。

〈注及び参考文献〉
1　本節の記述は、西村幸夫（2010）「まちづくりの枠組み」（石原武政・西村幸夫編『まちづくりを学ぶ——地域再生の見取り図』第2章, 有斐閣, pp.50-54を参考としつつ、独自の見解を加えたものである。
2　NPOと行政の協働に際し、コミュニケーション不全や意識のギャップに加え、成功事例が少なくメリットが少ないとの指摘もある（『日経グローカル』No.122, 2009年4月20日号）。
3　総務省では次第にヒートアップする返礼品競争に危機感をもち、「返礼割合30％」「地場産品基準」という基準を設けて通知を出し、各自治体に「良識ある対応」を促してきたが、一部の地方自治体が従わなかったため、2019年3月に地方税法を改正し、2019年6月1日より対象地方団体の指定制度を導入した。これに対して大阪府泉佐野市は、地方税法改正による新制度スタート以前の状況を理由とした不指定は認められないとして6月に国地方係争処理委員会に審査申し出をし、その後協議が整わず、2019年11月1日に大阪高裁に提訴する。2020年1月の高裁判決は泉佐野市は敗訴に終わったが、2020年6月の最高裁判決では泉佐野市の逆転勝訴となった。
4　広辞苑（第4版）：「イノベーションとは（新機軸・刷新・革新の意）生産技術の革新に限らず、新商品の導入、新市場または新資源の開拓、新しい経営組織の実施などを含めた概念で、Schumpeterが景気の長期波動の起動力をなすものとして用いた。わが国では技術革新という狭い意味に用いる。」
5　「新しい財貨の生産」「新しい生産方法の導入」「新しい販売先の開拓」「新しい仕入先の獲得」「新しい組織の実現（独占の形成やその打破）」の五つである。
6　第一が予期せぬ生起（予期せぬ成功、予期せぬ失敗、予期せぬ出来事）、第二がギャップの存在、第三がニーズの存在、第四が産業構造の変化、第五が人口構造の変化、第六が認識の変化、第七が新しい知識の出現としている。こうしてみると、現在のわが国はまさにイノベーションの機会に満ちているとも言える。
7　M.E. Porter（1998）の他、山本（2005）「ポーターの競争優位論と産業クラスター」（山本健兒, 2005,『産業集積の経済地理学』（法政大学出版局）によった。
8　松岡俊二「持続可能な地域社会のつくりかた」（松岡俊二編『社会イノベーションと地域の持続性』2018, 序章, 有斐閣）p.9.
9　野中郁次郎・廣瀬文乃・平田透（2014）『実践 ソーシャル・イノベーション』千倉書房, p.20, pp.47-48
10　除本理史（2020）「現代資本主義と『地域の価値』——水俣の地域再生を事例として」『地域経済学研究』第38号, 2020年3月, pp.1-16.
11　佐無田光（2020）「『地域の価値』の地域政策論試論」『地域経済学研究』第38号, 2020年3月, pp.43-59.
12　観光庁の定義によると、観光地域づくり法人（DMO）とは、「地域の『稼ぐ力』を引き出すとともに地域への誇りと愛着を醸成する『観光地経営』の視点に立った観光地域づくりの舵取り役として、多様な関係者と協同しながら、明確なコンセプトに基づいた観光地域づくりを実現するための戦略を策定するとともに、戦略を着実に実施するための調整機能を備えた法人」である。
13　鶴見（1989）は地域の小伝統のなかに、直面している困難な問題を解くかぎを発見し、旧いものを新しい環境に照らし合わせてつくりかえ、多様な発展の経路を切り拓くのは「キー・パースン」としての地域の小さな民であるとしている。

14 武石等は、この後、民間企業の技術イノベーションを中心に、イノベーションの理由にかかるさらに精緻化した検討を行っている（武石・青島・軽部, 2012）。
15 地域リーダーには、地域におけるガバナンス構造に応じて、首長、行政職員、住民まちづくり組織、これらが複合したネットワークにおけるオピニオンリーダーなど多様な形態が存在する。

第3章

地域の持続的発展に挑む

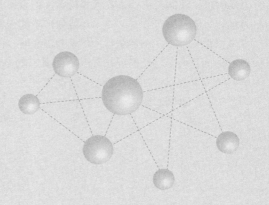

第1節　地域の価値創出とまちづくり

　多くの地方都市や中山間地域では人口減少・高齢化、基幹産業の衰退が深刻な状況にある。地域経済の疲弊、耕作放棄地の増大、里地里山等の荒廃に加え、地域住民がそこに住み続ける意味や誇りを見失いつつある「誇りの空洞化」等の社会的課題の存在が指摘されており（小田切, 2009, pp.3-7）、経済及び社会の二重の再生問題に直面しているといってよい。

　こうしたなか、地域活性化に向けて地域固有の資源の活用が注目され、多くの分野において実践活動が行われている。例えば、地域特産品の開発や歴史性のある建造物等を活用した観光まちづくりでは、歴史、文化、自然等の地域資源の活用が鍵となるが、特色ある資源に恵まれない地域では、地域間競争に耐えうる地域資源の確保は困難である。日常接する地域の諸資源を加工して地域の価値の向上につなげる視点をもちにくいことも一因である。

　また、文化的資源や創作活動を地域活性化に活用するアプローチも注目を集めている。

　例えば、新潟県越後妻有地域の「大地の芸術祭」は、中山間地域の地域課題を背景にハード事業とソフト事業を統合することで、地域社会の維持にとって不可欠な社会基盤整備が行われるとともに、アートプロジェクトによる地域イメージの向上、観光・交流の促進による経済的効果だけでなく、地域の誇りの回復等の社会的効果等の複合的な効果が得られている。また、香川県直島町は、民間企業による大規模な文化事業が行われているが、まちなかでの創作・展示を行うことで、地域住民と観光客との接点が地域活動の活性化や景観まちづくりを誘発し、相乗的なまちづくり効果が見られている。この地域ではこの手法を発展拡大させ、瀬戸内国際芸術祭として3年に一度、広域型アートプロジェクトとして展開されている。

　こうした事例を観察すると、創作活動を一過性のアートイベントと位置づけるのではなく、ハード事業を含めたまちづくりとの多元的な連関性をもたせていることがわかる。

　前章でも論じたとおり、地域の持続的発展を図るには、地域ベースのイノベーションを創出することにより、経済的、社会的な効果を併せ持った新しいしくみと地域の価値創出を図る必要があるだろう。地域の価値創出は多角的な視点から論じることが可能だが、本節では、文化的資源とまちづくりと

の多元的な連関をもたせる新結合を行うことが地域活性化に寄与するとの仮説のもとに、経営戦略論（経営資源論）とイノベーション論（新結合）を援用しながら、文化的資源ないしは文化的要素を他の資源等と結合させることにより創出される価値創出のメカニズムについて考えてみたい（田代, 2010・2012）。

第2節　地域資源の結合による価値創出のメカニズム

　地域産業を連関させることで地域の発展に寄与する考え方は、内発的発展論（宮本・横田・中村, 1990）や地域内再投資力論（岡田, 2005）等の理論的系譜と蓄積がある。しかし、かかるアプローチは地域内経済主体の連関を高めながら地域経済全体への波及効果を及ぼすための総合的な枠組みを示すもので、戦略的視点に基づく個別具体的な地域の価値創出メカニズムを検討する枠組みとしては十分ではない。

　米田（2003）は、地域資源の特徴として、①個別の資源として評価するのではなく、互いに関連しながら資源性を有する「地域資源の連関性」、②他地域との相対的な関係の中で資源性が評価される「地域資源の相対性」、③地域外から地域内への資源の動員あるいは地域内の資源の統合・整備による「地域資源の動員性」の3点を指摘している（米田, 2003, pp.44-46）。米田の指摘は、地域資源の特徴を示すだけでなく地域資源の活用の方向性を示唆するものである。そこで、米田が提起した地域資源の活用の方向性をもとに、経営戦略論（経営資源論）やイノベーション論（新結合）の議論を参照しながら地域の価値を高めるメカニズムについて検討する。

　自立的な地域社会の形成に向けて、産業分野を中心に地域資源の活用が注目されている。民間企業における財やサービスの供給は、需給関係や競争といった市場メカニズムに従うため付加価値を高める努力が絶えず行われるが、まちづくりにおいて地域資源を活用する場合、他地域の成功事例の模倣や総花的な議論にとどまる場合が多く、地域の特性や状況に応じて、どういった地域資源を（連関性）、どのようなものとして（相対性）、どのようにして（動員性）、行うのかといった戦略的な視点に乏しい。金井（2009）が、「従来の地域活性化の方法には戦略的視点が全く見られず画一化現象が見られてきた。」と批判したうえで、「経営戦略論における資源ベースのアプローチを適用して各地域の独自の資源を有効に活用した活性化戦略を策定することが肝要だ。」

と指摘しているとおり、地域資源の活用には地域戦略のマネジメントが必要となる。ただし、金井は地域活性化に対して、具体的にどのように資源ベースのアプローチを適用すべきかを論じていない。そこで資源ベースのアプローチに関する主要な論考を見てみよう（田代, 2014c）。

　資源ベースのアプローチは経営戦略論の一つであるが、従来の経営戦略論が「事業を容易に売買可能であるかのように考える事業ポートフォリオ戦略」（白石, 2005, p.194）が中心であったため、安易にリストラクチャリングを実行した結果、企業力を脆弱化させたのに対して、「企業業績の差異の源泉を企業内部の経営資源に求め、独自性の高い経営資源に注目し、市場からは簡単に調達できない固定的資源であるストック的要素を重視する」（青島・加藤, 2003, pp.28-30）ものである。また、青島・加藤（2003）は、経営資源であれば何でも重要と考えるのではなく、競争優位の観点から①簡単に模倣されないことと、②顧客に提供しようとする価値との一貫性の2点を挙げている（青島・加藤, 2003, pp.97-105）。

　Collis&Montgomery（1998）は、「価値ある資源を認識し（identify）、構築し（build）、配置する（deploy）ことは、企業戦略と事業戦略の両方において重要である。」と指摘した（Collis & Montgomery, 1998：邦訳2004, p.16, p.45）。さらに、Barney（2002）は、企業の内部資源が持続的競争優位を確保するための条件として、①V（価値の創出）、②R（希少性）、③I（模倣困難性）、④O（戦略遂行組織）からなる実践的なVRIOフレームワークを提案している。

　白石（2005）は、新たな戦略パラダイムというべき「デュアル・ストラテジー」では、「企業は保有する資源と能力を展開・保存するのみならず、（戦略遂行過程で）資源と能力を蓄積しておかなければならない。」とする（白石, 2005, pp.30-31）。つまり、蓄積された内部資源や能力を活用するだけでなく、高度化を伴う蓄積型の開発が求められていることを指摘している。このように、資源ベースのアプローチでは、企業の内部資源、組織の能力、独自性、高度化といった要素に注目しながら価値を創出する理論構成となっている。

　これらの論考は企業組織を想定したものであるが、経営資源を地域資源と読み替え、地域経営[1]において資源ベースのアプローチの知見を適用すると、次の点が抽出されるだろう。

　第一に、地域ビジョンとの整合性をとること。

　第二に、地域のもつ内在的な資源を活かし、組織の能力を高めるアプローチを行うこと。

第三に、希少性を意識し、他地域に模倣されにくいものであること。

　第四に、価値のある地域資源の発見と再構築を行うこと。

　第五に、地域資源の蓄積、高度化が必要であること。

　これらはまさしく地域の価値の創出を意味していると考えられる。

　とりわけ、従来の地域資源を地域活性化に活用する議論の多くは、地域資源の発掘、活用、保存が重点的に論じられ、地域資源の再構築、蓄積・高度化といった地域の価値向上のメカニズムやイノベーションの創出に向けた戦略的な議論は希薄であった。金井（2009）が指摘する経営戦略論における資源ベースのアプローチの地域活性化への適用には、こうした議論の必要性の指摘が含まれるものと解される。

　次に地域資源の再構築や高度化をどのようにして実現するかが問題となる。地域資源の高度化にはさまざまな手法があると考えられるが、ここでは新結合＝新しい組み合わせによる可能性に注目する。組み合わせによる価値向上に関する理論は、温故知新の理のとおり Schumpeter, J.A.（1926）のイノベーション論に立ち返るのがよいだろう。Schumpeter は、生産とは利用しうるいろいろな物や力を結合することであり、（生産物や生産方法や生産手段などの生産諸要素における）新結合が非連続的に現れたものがイノベーションであると定義している（Schumpeter：邦訳1977, p.182）。Schumpeter のイノベーションでは技術革新のみならずさまざまなレベルにおける組み合わせを示しているが、物理的な「単なる寄せ集め」では有効性は低いことは自明であり、各要素が「有機的に統合する」（白石, 2005, p.239）ことが必要である。

　つまり、地域資源間の有機的な結合を行うことによって、新しい有用性のある価値を創出あるいは向上させることができるのである。また、このようにしてなされる新結合は、位相の異なる資源間の結合でも有用だろう。米田の理論に立ち返ると、こうした新結合を伴う地域資源の「連関性」は、比較優位となる「相対性」をもつがゆえに、内外からの「動員性」を担保できると考えられる。

　以上を踏まえ、経営戦略論における資源ベースのアプローチに新結合にかかるイノベーション論の知見を組み合わせることで、地域資源の連関による地域の価値向上のメカニズムを提示すると、①地域ビジョンとの整合性、②模倣困難性とストック的価値の重視、③有機的な連関性による多元的新結合、④地域資源・組織能力の蓄積・高度化、⑤比較優位となる相対性と内外からの動員の確保の五つの要素に集約されるだろう（田代, 2010, pp.75-77）。

こうした要素を複合的に連鎖することで、企業経営と同様に地域ベースにおいても地域の価値創出、つまり地域ベースのイノベーションが創出されると考えられる。

　このような考え方に沿って、まちづくり分野では、地域に所在する地域資源の再編成を通した高度化傾向が見られている。例えば、地域で産出される農産物を食品工場等で加工し、商業者が販売する農商工連携[2]では、中小企業者と農林漁業者とが有機的に連携し、それぞれの経営資源を有効に活用した事業活動の促進を目的としている。六次産業化[3]も同様に、農林漁業生産と加工・販売の一体化や、地域資源を活用した新たな産業の創出を促進すること等を目的としている。また、文部科学省（文化庁）、農林水産省、国土交通省の共管によって制定された歴史まちづくり法[4]は、文化財行政とまちづくり行政が連携して「歴史的風致」を後世に継承するまちづくりを支援するもので[5]、ハード事業とソフト事業あるいは分野間の組み合わせによって歴史的風致の維持向上を総合的に図るという複合的な性格をもっている。これらの取り組みは、いずれも地域資源の統合化や融合化を図ることで付加価値の向上を企図するものであるが、これ以外にも、地域にちなんだストーリー性を付与するなど地域資源の魅力や価値を高めることで、競争力のある地域ブランドの創出や地域イメージの向上を図る試みが行われている（田代, 2014c, pp.160-161）。
　次に、こうした観点に立って、町並みなどの歴史的資源をベースに創作活動などの文化的活動を行い、交流人口の増加を通して観光振興へと結び付けているまちづくりの状況を見ていこう。

第3節　町並み景観と創作活動の組み合わせによる価値創出

　歴史的建造物による町並み景観など地域に所在する歴史文化資源を活用したまちづくりは、まず、文化財の保全・修復によって文化的価値を高めるところからスタートした。町並み保存を促す制度として、文化庁が重要伝統的建造物群保存地区[6]（重伝建地区）が1975年に文化財保護法を改正して制度化されるとともに、歴史性のある文化的資源に着目したまちづくりを促進するため、景観法（2005年）、歴史まちづくり法（2008年）、観光圏整備法（2008年）

などの法制度が相次いで整備されてきた。一方、地方ベースでも、町並み保存地区の指定や景観条例の制定のほか、歴史まちづくりに関心をもつ地域住民や専門家などによる多彩な活動が行われている。

　近年の取り組みの特徴は、景観や町並みの保全だけでなく、活用に重点が置かれるようになった点である。歴史的建造物の活用の目的は、周辺環境の整備を一体的に行うことで地域空間の魅力向上、地域住民を巻き込んだまちづくり活動による地域コミュニティの活性化とアイデンティティの醸成、地域外からの来訪者による交流人口の増加に伴う地域経済活性化といった地域空間環境、地域社会、地域経済の活性化が連鎖する多元的な効果を企図したものである。こうした取り組みは、従来型の観光とは様相が異なる点に注意する必要がある。諸富（2010）は、町並み景観をベースにした地域活性化事例として愛媛県内子町のまちづくりを取り上げ、人間の物質的要求を満たす行為としての観光から、文化的営み、農作業・伝統手工芸体験、地域の人との交流を望む変化が起こっていることについて言及している。

　このように、歴史的建造物などの文化的資源は、そこに暮らす人々の生活と結合させることで、新たな魅力を与えることができ、新たな文化観光のまちづくりの可能性をひらくと考えられる。

　特色ある自然景観や歴史性のある建造物などの文化的資源が存在すれば、適切な保存や修復を行うことでまちづくりへの活用が図られるが、すでに文化的資源が滅失したり、資源があったとしても特段の特徴がないといった地域も多い。こうした地域では、地域に埋没する資源の発掘、資源の加工技術や組み合わせの多様化、新たな地域資源の創造といったさまざまな手法を駆使して地域資源を高度化・複合化し、地域の価値の向上に取り組まなければならない。この場合、創作活動も有効な手段の一つと考えられる（田代, 2014c, p.162）。

　その理由として、地域外の創造的な能力の導入により地域に刺激を与えられること、地域を改変する環境負荷は低いこと、地域固有の資源を活用することで地域のアイデンティティの喚起が図れることなどが挙げられる。しかし、単に創作活動を行うだけでは地域の総合的な価値の向上にはつながらず、容易に他の地域に模倣され、波及効果が限定的となるおそれがある。また、地域性と遊離する創作活動は、地域内の承認、受容を得ることが難しく、地域住民の反発が予想される。

　ここで注目されるのが、文化的資源や文化的要素はソフト的要素としてさ

まざまなストック的要素との結合や相互作用が比較的容易である特質を有する点である。創作活動や文化的資源の結合が、地域の歴史、自然、文化、生活、風土、慣習など地域の固有性と関連づけがなされる場合は、地域住民などの受容が飛躍的に促進される可能性がある。また、創作活動と道路・橋梁・公園整備、ハード的要素との結合、文化的要素を結合させた景観形成、創作過程への住民参加などのアプローチが考えられる。つまり、創作活動と連関・結合させた多元的なまちづくりの誘発、異種産業との連携、文化的資源と他の要素との組み合わせ、文化的資源の高度化と蓄積、地域性と適合する創作活動、地域社会の受容など文化的資源や文化的要素を媒介させた戦略的な地域マネジメントを行うことで、地域の価値が連鎖的に創出され持続性のある文化観光まちづくりとして展開できるだろう。

第4節　観光まちづくりと地方創生

　歴史や文化など地域の文化的資源を発掘し、魅力や価値を高めることで交流人口を増加させ、地域活性化を図ろうとする取り組みが注目されている。まちづくりの要素を加味しながら交流人口の拡大を図る取り組みは「観光まちづくり」と呼ばれ、観光消費による経済波及効果だけでなく、地域住民や事業者の参画を通したまちづくりの推進や、地域内外の交流によって地域の誇りやアイデンティティを回復しようとする含意がある。観光まちづくりに成功すると地域イメージは格段に向上し、地域のブランド価値は向上する。

　地域ブランドは、特色ある地域づくりの一環として、地域の特産品等を他の地域のものと差別化を図るもので、2006年に地域団体商標制度として制度化されているが、単に保護制度としてのみ捉えるのではなく、①「地域発の商品・サービスのブランド化を通じ、地域経済の活性化につなげようとする取り組み」、②「地域のイメージ（自然、歴史、風土、文化等）と関連させながら、商品・サービスの開発や高付加価値化等に取り組むことにより差別化させた価値を生み出し、その価値を広く認識させることにより、さらに地域イメージを向上させていく一連の取り組み」と位置づけている（図表3-1,特許庁,2005）[7]。

　さらに、「訪れたいまち」を目指して広域で分散する文化的要素にストーリー性をもたせるなどのしかけも行われている。文化庁の日本遺産では、単に文化財を保存活用するだけでなく、文化財にストーリー性等の付加価値を

付け、魅力を発信する。文化財を核に地域の産業振興、観光振興や人材育成等と連動した一体的なまちづくりを推進することで、地域住民のアイデンティティの再確認、地域のブランド化や地方創生に貢献することがねらいとなっている[8]。観光庁でも、自然・歴史・文化等において密接な関係のある観光地を一体化し、関係者が連携して地域の幅広い観光資源を活用しながら、観光客が滞在・周遊できる観光圏を2008年に制度化している。

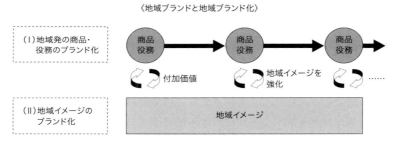

〈地域ブランドと地域ブランド化〉

図表3-1 地域ブランド化に向けた商品や役務と地域イメージとの関係
出所:「地域ブランドの商標法における保護の在り方について」(特許庁,2005,p.1)をもとに作成

　ここで、「訪れたいまち」の創出に向けて、地域の魅力や価値を向上させ、来訪者の関心をもたせるといっても、どういった層の人にどのような価値創出を行うのか、そのために、どのようなしかけを行うかをめぐって混乱が生じる。この問題をめぐって、観光社会学で議論が積み重ねられている。J.Urryは観光のまなざしを論じるなかで、「集合的なもの」と「ロマン主義的なもの」があると指摘した (J.Urry, 2011)。前者はおしゃれなショップや魅力的なアトラクションの提供を通して、多くの仲間たちと楽しむ時間を共有することに重きを置く。これに対して、観光地の人混みを避けて、落ち着いたたたずまいやそこで働く人の姿に共感を覚え、一人あるいは少人数でゆっくりとした時間を楽しむことを希望する人もいるだろう[9]。自治体政策レベルでこの二つが峻別されているケースは多くないものの、来訪者のターゲットとしてどういった層にフォーカスするかで観光まちづくりの方向性はまったく違ったものとなる。

　観光まちづくりは、従来の経済的価値に傾斜する観光振興とは異なり、経済的価値、社会的価値、環境価値(空間価値)の両立を目指すものであるが、近年は地域内だけでは観光まちづくりの担い手の質と量に不足する場合が多

くなり、地域外の人が関係人口の文脈によってまちづくりに参画する機会も多くなった。この場合、地域外の人がまちづくりへの参画を通して、地域住民にも自らの地域に住む意義と自信を回復させることで地域の存続に向けた成長スパイラルに復帰させる効果も期待できる。これは、まちづくりの外部化を図ることにもつながっていく。

　政府は2006年に観光を21世紀の日本の政策の柱とする「観光立国推進基本法」を制定し、2008年に観光庁を発足させた。当初は地域社会へ配慮した観光まちづくりがベースであったが、「明日の日本を支える観光ビジョン」が2016年に安倍内閣によって策定されて以降、観光は地方創生の切り札（安倍内閣が目標としたGDP600兆円成長戦略の柱）に位置づけられ、量的な経済効果が追及されていく。この結果、インバウンド観光による外国人観光客が急増し、めざましい成果を上げた一方で、一部の有名観光地では急速に地域社会の負荷が拡大した。日常生活で使う公共交通機関の混雑をはじめとして、のぞき見やゴミのポイ捨てなど居住者の生活空間等への侵入だけでなく、町並みの変容、居住者の入れ替わりなど地域空間の変化がもたらす負の外部効果が「オーバーツーリズム」という名で社会問題となった[10]。

　2020年に新型コロナウイルスが出現し、世界的レベルのパンデミックが引き起こされ、観光交流活動がほぼ停止状態となったが、ポストコロナ時代の観光戦略は手探りのままである。首相官邸はオーバーツーリズムに対する認識は弱いが、地域社会の受け入れキャパを超えてしまうと、地方創生どころか地域社会の崩壊につながることを念頭に置くと、経済、社会、環境の両立を目指す観光まちづくりの原点に立ち返るべきであろう。

第5節　文化芸術による地域の価値創出
——アートプロジェクトによる地域活性化

　近年、アートプロジェクト（芸術祭）を地域活性化に活用する取り組みが各地において活発に行われているが、前節の観光まちづくりとの親和性が高い。例えば、地域再生をテーマとしたアートプロジェクトでは、限界集落や離島、衰退した中心市街地などにおいて、サイトスペシフィックと呼ばれる場所性を重視した創作手法が用いられる。一般的なアートプロジェクトでは、地域外からアーティストを招聘して、地域からインスピレーションを得て作品制作を行ってもらい（アーティスト・イン・レジデンス）、地域内に完成した作品を

分散設置（展示）し、一定期間、地域外から来訪者を招くプログラムとして構成されている。作品が配置される場所は、伝統的なミュージアム等の文化施設とは限らず、駅舎、廃校、公園、空き家、空き地、商業施設、商店街、海岸、山間地などと多彩である。参加者は設置された作品をめぐる旅に出ることになるが、これは、まちなかの見どころを訪ねあるく「まちあるき」と同一の手法である。特段の特徴がないありふれた地域であっても、芸術作品を設置することで地域が変容し、新たな魅力をもたらすことができる。

　作品を訪ねあるく過程で、地域の自然、景観、歴史、文化、暮らしが体感できるよう設計され、地域の食材や特産品などの観光消費を楽しむ観光プログラムも併設されている。このように来訪者は飲食、宿泊、買い物を伴うため、実質的に観光客と同一で、地域経済活性化に寄与する。また、アーティスト、ボランティア、来訪者等と地域住民との交流が行われると、地域社会の活性化も期待される。会期が長期に及ぶ場合、大規模イベントを長期間実施しているのと同じ経済効果が期待される。

　少し規模の大きなアートプロジェクトでは関連する文化プログラムが用意されている場合もある。美術館、博物館、劇場といった文化施設における企画展やワークショップ、地域コミュニティの活性化などまちづくりメニューとして行われるアートプログラムなどである。例えば、学校教育でのプログラムや、高齢者や障がい者など多様な市民が参加するアートプロジェクトでは、人間形成や人材育成、生きがいの創出、コミュニティ形成など豊かな地域社会の創造に主眼がおかれている。さらに、アートプロジェクトの広報効果によって開催地域のブランド力や国際的な知名度向上も果たせる。

　このように地域性と関連づけられたアートプロジェクトは、多元的な政策効果が期待されることから、このしくみは国の内外を問わず高く評価されている。北川フラムは、こうしたアートプロジェクトのしかけ人の一人として中山間地域における大規模アートプロジェクトである新潟県越後妻有地域の「大地の芸術祭」、瀬戸内海の沿岸港湾と島嶼部で行われる「瀬戸内国際芸術祭」にディレクターとして関わっているが、ディレクターの立場から大規模アートプロジェクトの嚆矢である「大地の芸術祭」の経緯と意義を検証し、地域活性化への貢献を強調している（北川, 2014）。

　しかし、アートを政策活用することについては否定的な見解もある。現代アート特有の日常生活と乖離した斬新性や強力な個性、難解な抽象性は、ともすれば地域の伝統や生活感と乖離し、地域住民の心理的な反発を招くほか

（川田,1998）、一定の基準を満たした質の高い作品でなければすぐに陳腐化してしまい、継続的な魅力の維持は困難となる。澤村（2014）は、「大地の芸術祭」を事例に、経済効果やソーシャル・キャピタルの形成など多角的な視点から詳細な検証を行い、アートイベントとしての経済効果、社会的効果を認めつつも公共政策としては疑問が残ると結論づけている。藤田（2016）は、地域活性化を目的とするアートは、現代アートが本来もっている批判的精神を削ぐことになるとして、いわゆる地域活性化を目的とした「地域アート」に対する批判的な論考を行っている。

このように賛否両論があるアートプロジェクトであるが、アートプロジェクトの地域活性化効果を考えるに際しては、自然環境や人々の暮らしなど地域性を意識したテーマ設定、アーティストと地域住民との交流や参加機会の組み込み、創作活動を契機としたまちづくりの推進というように、一過性のアートイベントにとどめるのではなく、地域社会への配慮を図りながら創作活動とまちづくりに連関性をもたせた内発的発展の視点が重要である（田代,2010）。こうした地域性と結合し、地域活性化に寄与する政策目的をもったアートプロジェクトを地域ベースのアートプロジェクトとしておきたい。

プロのアーティストによる作品でなくても地域住民が行う創作活動をまちづくりに活用する場合も同様である。子どもたちや地域住民による創作活動は、学校教育や社会教育（生涯学習）の一環としての文化活動に位置づけられることが多いが、観光まちづくりと連動する事業を推進する場合には、創作活動の質や種類の設定、展開する地域範囲、資金調達、維持管理、地域社会との関係性の構築といった多様な要素を統合するマネジメントを必要とするだろう[11]。

地域ベースのアートプロジェクトがなぜ地域活性化に寄与するのか、そのメカニズムをデッサンしておきたい。創作活動の外部効果として、有形、無形の新たな資源を生み出す創造力と、衰退した無機的な空間を意味のある有機的な空間へと変質させる価値反転能力への期待がある。例えば、欧米の衰退都市の再生では、古い建造物の価値を見直し、歴史性のある建造物の転用や公共空間を利用した創作活動を奨励することで、空間イメージの改善や地域活性化に取り組んでいる。芸術文化のもつ創造性に着目した都市再生は創造都市モデルとも呼ばれ、歴史的建造物の再生などのハード事業から市民活動の活性化などのソフト事業まで幅広い可能性が指摘され、多くの都市で政策展開がなされている。近年は、都市部のみならず、地方都市や小規模自治

体においても、創作活動と自然の関係などに着目した創造農村モデルが模索され、創造性に注目した地域再生が試みられている（田代, 2010・2014b）。

　しかし、創作場所の提供という空間的な関わりだけでは地域活性化効果が少ないのは自明であり、地域とどのような関連づけをするかが問われる。創作活動が地域の固有性と関連づけがなされ、かつ高い水準の作品となった場合、地域住民の受容が促進されるだけでなく、地域イメージの向上や地域の誇りやアイデンティティの形成が期待される。さらに、地域性との結合による効用は、作品創作レベルにとどまらない。創作活動と関連づけられた道路・橋梁・公園整備などのハード整備や景観まちづくりと連動することで、空間的に地域の魅力や価値が増大し、多元的な地域活性化効果が期待されるのである。

第6節　持続的社会の形成に向けたまちづくりの位相変化
──ポジショニングマップ分析

　第4章から第8章にかけて各地で行われている地域の魅力や価値を創出し、持続的発展に挑む事例を紹介するが、各事例は地域特性、まちづくりの目的、まちづくりの課題、関与する組織、政策効果が異なっているだけでなく、展開時期や実施期間が異なる。そこで、本節において事例を読み解く共通した枠組みであるポジショニングマップを提示しておきたい[12]。

（1）まちづくりのポジション

　近年、地域社会経済を取り巻く環境がいっそう厳しさを増してきている。人口減少、少子高齢化の影響は、ローカルレベルでのまちづくりを直撃しており、まちづくりを担ってきた組織の多くは担い手の継承問題に直面している。また、地域経済の疲弊と連動してまちづくり事業をも圧迫している。これに加えて、地域外の来訪者の消費需要を見込んだ行き過ぎた観光交流活動は、地域社会に多大な負担をかけるため、多くの都市や地域では移住定住促進政策や関係人口に基づく域外からの協力者、ふるさと納税やクラウドファンディングなどによる寄付金への期待が高まっている。まさに、まちづくりの位相変化とも呼べる状況が起こっているのである。

　観光交流行動が制約されるなかで、どういった地域の価値創出を図っていくのかだが、安全安心や健康を重視する価値観が支配的となる状況において、

大都市空間の密集性は避けられ、近距離からの来訪を増やすマイクロツーリズムとともに、地域住民の豊かさ、暮らしやすさ、オンライン交流、脱炭素社会、SDGsが描く多様性の尊重や環境循環型社会などの社会性を高める方向に向かうと見るのが一般的であろう。しかし、こうした機会だからこそ、あえて魅力ある地域の創出に取り組み、地域外の人や事業者に対して地域の存在をアピールする必要があるのではないか。これによって、多くの支援と協力を獲得するとともに、不足する資源の充足に向けた取り組みが可能となろう。

　地域ベースのイノベーションの創出（地域の価値創出）に向けて、すでにしくみが構築されていたとしても、地域内と地域外、社会と経済など対立する関係をどのようにバランスさせるのか、どのようにそのしくみを持続させるのかが課題となる。こうした問題意識をもとに、地域の持続に向けたまちづくり活動が、どのように位置づけられ、どのような方向に向かうのかを検討してみたい。

　そこで、横軸に展開する空間距離（左側は閉鎖型、右側は開放型となる）、縦軸に経済性と社会性を配置した4象限のまちづくりポジションマップを考案した（図表3-2）。

　社会性と経済性は、古典的にはトレードオフの関係にある。そもそも経済規模が小さい場合、社会性と経済性は密な関係にあったが、経済活動が活発化し、規模が拡大していくにつれて両者の関係が次第に乖離していく。現在の経済システムは成長を前提としているので、費用対効果を極大化する過程で「社会性」がコスト要因（無駄なもの）として閑却されていくのである。

　閉鎖性と開放性は、事業展開の空間範囲を示すものだが、商店街に見られるように空間範囲が狭いと社会性が高まり、事業の成長に伴って事業展開の空間範囲が拡大すると社会性は次第に低下する。しかし、近年の高速通信技術の発達や、ソーシャル・キャピタル論でのBonding型とBridging型の議論は、空間距離が離れていてもネットワーキングによって社会性を高めることができるのではないかとの期待が高まっている。これを政策的に推進しようとするのが関係人口論である。

　多くの場合、まちづくりの分析は任意の時点によるのであるが、時間変化のなかでまちづくりがどの方向に向かっているのか、なぜその方向に向かうのかを検討することは、持続的な地域社会の形成に向けた議論を行ううえで意味があるといえるだろう。

図表3-2で、まず、現在のまちづくり活動が四つのマトリックスのどの領域で展開しているかを探索する。

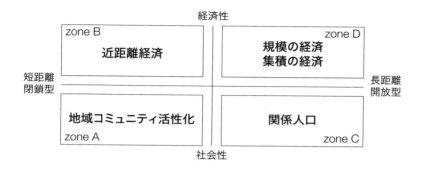

図表3-2 まちづくりポジションマップ　　　　　　　　　　　　　筆者作成

　すると、なぜその領域で活動しているのか、どういった価値を重視しているか、今後どの領域の活動を目指そうとしているのかなど、まちづくりの立ち位置と方向性を検討するヒントが得られるであろう。1990年代のまちづくり活動は、産業構造の変化やグローバル化といった社会環境変化によって衰退に直面した地域社会の活性化を図るため、「閉鎖型・社会性」に位置するコミュニティ空間範囲からまちづくり活動が始められた（zoneA：地域コミュニティ活性化）。

　その後、まちづくりの成果を地域外の人に示したり、まちづくり活動を持続させるために、協働や学習システムを組み込んだ地域ビジネスモデルを実装するまちづくり事業を実施すると、まちづくり活動は「閉鎖型・経済性」のポジションに移行する。ここでは地域資源の探索と再編集により、地域の価値創出に向けた活動が行われる。（zoneB：近距離経済）

　しかし、人口減少、少子高齢化が進行した結果、活動の継続性やまちづくりの担い手問題に直面すると、地域内の経営資源だけでは問題解決が困難と

なる。そこで、地域外からの人的支援（地域おこし協力隊等）、資金的支援（ふるさと納税、クラウドファンディング等）を導入せざるを得ない状況となっている。これらは「関係人口」で語られる領域であり、「開放型・社会性」に位置する活動となる（zoneC：関係人口）。

　関係人口は、地域社会の活性化を地域外の協力を得ながら行うが、地域経済そのものを活性化させないと根本的な解決にはつながらない。そこで、地域外からのサポートを得ながら最終的にはzoneDの領域（「開放型・経済性」）に向かうことになる（zoneD：規模の経済、集積の経済）。

　地域内の主体が主導権を取りつつ、地域外へと経済性を高めていく場合は、ネオ内発的発展論で提起される活動と類似するが、外形的に「開放型・経済性」を捉えると、域内の事業主体による事業と域外の事業主体による事業との区別はあいまいなものとなる。zoneCとの関係で見ると、関係人口論のシナリオに対応する地域外からの移住者は、就業機会が必要となるため経済性の拡大は不可欠となる。そのため、移住と同時にzoneDの領域の拡大を願うであろう。もう一つの経路として、zoneBからも市場の拡大や担い手の確保に対処するため、外部人材や外部資金の投入によって、自ずとzoneDにシフトしていく。市場領域の活動はいうまでもなく、多くの大規模広域型文化イベントはこの領域となっている。

　そもそもzoneDの経済性を重視した開放型の領域は「規模の経済・集積の経済」が支配的な領域であり、まちづくりはその脱却を目指して進められてきたのだが、資本の論理によってこの領域に戻るジレンマに陥る。この現象は観光分野において典型的にみられる。もともと観光まちづくりとして、zoneAの「地域みがき」を経て、zoneBの経済、社会、環境のバランスを取った「観光まちづくり」からスタートしたにもかかわらず、経済性の追求の結果、インバウンド観光にみられるような地域の限界を超える観光客が流入することで、社会性を損ねるオーバーツーリズムなどの弊害が顕在化してくる。域内で事業を行う事業者はそれぞれ事業規模や経営業績が異なるため、地域社会に多少の負荷がかかったとしても経営の存立基盤である観光客を排除する行動に出るとは考えにくいためである。

　行き過ぎた市場メカニズムによって地域の疲弊に直面し、地域コミュニティの活性化から始まったまちづくり活動が、地域経済の活性化、ステークホルダーや空間領域の拡大（開放型）と事業活動を進化させてきた結果、そもそもまちづくり活動の契機となっていた「開放型・経済性」の領域に行きつくの

は不条理である。

　ただし、この図で想定しているまちづくり活動は、地方創生で議論されているとおり、地域資源を活用して地域の価値創出を図り、交流人口をはじめとする人口流動を引き起こすアクションによって地域活性化を目指す人口流入型モデルを想定しており、福祉まちづくりや防犯防災まちづくりとは趣旨が異なる。こうしたまちづくり活動も地域外のアクターとの関係がどうなるのか、まちづくり活動の資金を何に求めるのかの検討は興味深いが、本書の範囲を超えるので稿を改めたい。

〈注および参考文献〉
1　具体的には、行政、非営利組織、協同組合、地域密着企業・事業者、地域住民などの多元的主体からなるマルチパートナーシップのことを指す。
2　農商工等連携促進法（平成20年7月施行）に基づく。
3　六次産業化・地産地消法（平成23年3月施行）に基づく。
4　歴史まちづくり法は、歴史的風致の維持及び向上を目的に平成20年11月に施行され、2013年4月現在、全国38市町の計画が認定されている。歴史的風致とは、「地域におけるその固有の歴史及び伝統を反映した人々の活動とその活動が行われる歴史上価値の高い建造物及びその周辺の市街地とが一体となって形成してきた良好な市街地の環境」（第1条）として定義され、ハードとしての建造物と、ソフトとしての人々の活動を組み合わせた概念である。
5　文化庁ホームページより引用（http://www.bunka.go.jp/bunkazai/rekishifuchi/）。
6　2021年8月現在、43道府県、104市町村の126地区が選定されており、合計面積は4023.9haとなっている（文化庁ホームページ）。
7　「地域ブランドの商標法における保護の在り方について」2005年2月,産業構造審議会知的財産政策部会（現産業構造審議会知的財産分科会,特許庁）に地域ブランドと商標に関する詳細が記載されているので参照されたい。
8　文化庁ホームページ「日本遺産について」https://www.bunka.go.jp/seisaku/bunkazai/nihon_isan/
9　野村明宏（2014）「観光と文化　真正性をめぐって」（井上俊編, 2014『現代文化を学ぶ人のために』第12章（世界思想社）は、真正性をめぐる議論が的確に整理されている。
10　オーバーツーリズム問題は、高坂晶子（2020）『オーバーツーリズム』（学芸出版社）、及び阿部大輔編（2020）『ポスト・オーバーツーリズム』（学芸出版社）の論考が秀逸である。
11　地域住民による創作活動とアートプロジェクトを結合させた取り組みとして、大分県別府市で毎年秋に実施している「ベップ・アート・マンス」を挙げておきたい。アートプロジェクトと同時開催とすることで、地域住民の作品が多くの地域外の来訪者の目に触れることとなり、相乗的な政策効果が得られている。
12　事業展開の広さ（距離）と経済性・社会性の関係について論じたものとして（田代・瀬田, 2011a）がある。

地域の潜在能力を引き出す地産地消運動
──秋田県三種町

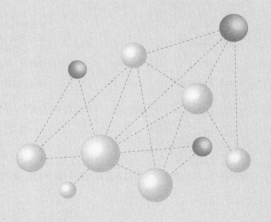

第1節 JA秋田やまもとによる地産地消運動の展開

　秋田県北部の三種町（旧琴丘町、旧山本町、旧八竜町）及び八峰町（旧八森町、旧峰浜村）にて地域特産品の共同開発、伝統食名人による食育活動、新しいコンセプトによる小規模店舗の設置を通して地域内循環を目指して取り組まれたJA秋田やまもとの地産地消運動を取り上げる[1]。

　農業の衰退が全国的に広がるなか、地域活性化効果をもたらす地産地消運動は、多くの地域で行われている。秋田県三種町及び八峰町で展開するJA秋田やまもとの取り組みもその一つで、平地農業地域である秋田県三種町及び八峰町において、地域で産出される食材を地域内で供給を行うため、食材や地域人材などの地域の資源を活用し、食と関係するさまざまな団体・組織を束ねる重層的な参画の場を設けることで地域ぐるみの取り組みを行っている。また、JAを退職した年配の女性たちによる食育活動の実践や、地域住民等の参画による地産地消運動、食育活動の拠点として社会的性格を有するJA直営の小規模店舗事業を展開している[2]。地域資源を地域内で循環させるしくみが当地域に活力を蘇らせたほか、高齢者や小中学生を含めた福祉、教育、文化等の分野と連動した社会的活動を行っている。

名　称	結成時期	中核組織	構　成
学校給食検討委員会	1999年	JA	－
食農実践会議	2000年	JA	教育委員会（5町村）、給食センター（5町村）、栄養士（5給食センター内）、峰浜村農村振興課、琴丘町農林課、県農林事務所、直売グループ、加工グループ、町議会議員、農業委員、JA秋田やまもと各部会
生活創造運動会議	2001年	JA	JA女性部、地域の女性リーダー
じゅんさい鍋商品開発委員会	2006年	商工会	三種町、三種町商工会、JA、生産者
JAンビニ ANN・AN	2007年	JA	中学校（店舗名称、店舗デザイン、商品）、グランママシスターズ（メニュー作成）、秋田県立大学（スローフード調査、メニュー提案）

図表4-1 JA秋田やまもとによる多元的・重層的な食関連組織の結成　　各種資料より筆者作成

　JA秋田やまもとの地産地消の取り組みは1999年頃より始まる。広報・企画を担当していたJA秋田やまもとの職員であった泉牧子が、農協合併を契機

に意識が冷え込んだ住民を前に、合併後の地域資源を持ち寄ることで地域の課題解決が図れないかを思案していたところ、学校給食の食材に地域の食材の活用を図ることに思いついた。そこで、学校給食検討委員会を立ち上げ、食に関わる地域内の主要な団体が参画する食農実践会議、地域の核となる女性が参画する生活創造運動会議などの組織を次々と結成し、重層的な展開を図るに至った（図表4-1）。

①学校給食検討委員会

当初、学校給食への採用を働きかけた際、コスト面で折り合わないと教育関係者の強い反対にあったため、学校給食検討委員会を立ち上げ、地域の女性に呼びかけることで協力者を募り、運動として展開することとした。その結果、2001年4月から地域に所在する15の小中学校で玄米の供給が開始され、特産品であるじゅんさいや味噌など地域の食材が次第に使用されるようになり、管内の全小中学校に提供されるに至った。

②食農実践会議

2000年に発足した食農実践会議による地産地消運動（スローフード運動）は、地場農産物の販売促進を担う加工グループや直販所、伝統食の伝承と普及を担う生活創造運動会議、JA女性部、グランママシスターズ、学校給食への食材提供を行う生産者である就農者や野菜搬入組合の3部門よりなり、中心的な活動は、消費者ニーズを捉えた安全で良質な農産物の提供、子どもたちへ

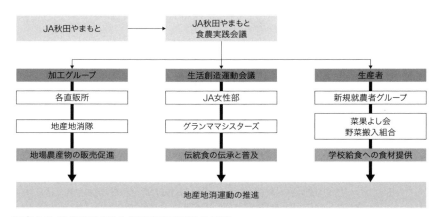

図表4-2 JA秋田やまもとの地産地消運動の推進

出典：全国地産地消推進フォーラム2006配付資料「地産地消優良活動表彰者の概要　農林水産大臣賞（地域振興部門）」（農林水産省ホームページ :https://www.maff.go.jp/j/shokusan/gizyutu/tisan_tisyo/t_forum/2006/pdf/zyusyo01.pdf）

の食育の推進、伝統食の復興と新たな郷土料理の開発の三つである。活動参加者は、生産者400名、消費者1,000名、その他300名（関連事業に参加した小中学生）を合わせて約1,700名と、地域ぐるみの活動を展開するに至った（図表4-2）[3]。

・グランママシスターズ

グランママシスターズは、2000年よりかつて地域で活躍していた女性高齢者の元気を回復させ、保有する伝統食の技を今の若い世代に伝えるプロジェクトとして開始した。メンバーは市町村合併前のJA秋田やまもとの管内5町村より各地区の伝統食を伝えることのできる女性を1名ずつ選出し、伝統食名人としてJAが嘱託している。相互にアイデアを競い合いながら、地域特産物を活用した郷土料理のレシピの発行、伝統料理の出張講習、地産地消弁当の開発と利用拡大等の多彩な活動を行っている。グランママシスターズは、83歳から62歳までの女性たちでスタートした。毎年5名ずつ5年間で計25名の期間限定プロジェクトであったが、現在も活動は継続しており[4]、琴丘中学校でのきりたんぽづくりの指導は毎年恒例行事となっている（写真4-3）。当初5年間のグランママシスターズの活動実績を図表4-4に示す。

写真4-3 グランママシスターズによる指導
写真提供：JA秋田やまもと

期	活動実績
第1期（5名）	学校の給食栄養士の研修会に参加し、郷土料理バイキングを実施。地元の食材を使った献立を提案した結果、自家製の切り干し大根、南瓜ペーストなどの加工品の導入に成功する。
第2期（5名）	大根葉のおにぎり、豆板醤の焼きおにぎりに、地元養豚農家手づくりウインナー、漬物を添えたおにぎり弁当をコンビニで期間限定販売し、好評を博す。
第3期（5名）	山本町内での中国産じゅんさいの不買運動を実施する。
第4期（5名）	地元産米を使用した米粉パンの商品開発を行い販売するが、自然消滅する。しかし当経験が、JAンビニの目玉商品である「米ワッサン」の開発へつながる。
第5期（5名）	観光協会と共同で地区内の温泉ホテルに関係者を招聘し、伝統食のデモを行い、ホテルのメニューに伝統食が採用される。

図表4-4 グランママシスターズの活動実績　　　　　　　　　　　　泉（2007）をもとに筆者加工

③じゅんさい鍋商品開発委員会

　地域食材であるじゅんさいは、澄んだ淡水の湖沼に自生するが、三種町森岳地区には天然じゅんさい沼があり、稲作の転作作物として奨励した結果、生産高は日本一となっている[5]。商工会の合併を契機にじゅんさい鍋の開発を企図し、三種町、三種町商工会、JA、生産者による商品開発委員会を開催して共同開発を行った。

　中小企業庁による平成18年度「地域資源∞全国展開プロジェクト」に採択されたことも、事業展開を促進する契機となった。全国展開する特産品通販サイト等のサポートも得て、2007年に商品化に成功し、同年3月より販売を開始した。テレビ東京の「ガイアの夜明け」等の放送メディアでも大きく取り上げられるなど注目を集めた。

　清涼な水を必要とすること、つみ取り作業は機械化されず手間がかかること、後継者の確保が困難なこと、中国産じゅんさいの流通により単価は伸び悩むなど生産上の課題も多いが、近年、食の安全を求める消費者ニーズが強くなっていることより国内産じゅんさいが再評価されている[6]。2011年からは、三種町、生産者、加工業者、商工会、JAなどにより「三種町森岳じゅんさいの里活性化協議会」を設立し、JGAP認証取得[7]による高品質じゅんさいの栽培、新メニュー・加工品の開発、観光客の誘致等の取り組みを実施し、平成26年度ふるさと秋田農林水産大賞、農林水産大臣賞を受賞している[8]。

④JAンビニ ANN・ANの展開

　「JAンビニ ANN・AN」は、JAが運営するコンビニエンスストアである。大型スーパーの進出による競争の激化によって農協直営のAコープが閉店となったことを契機に、安全安心な食材による食育と地産地消運動の拠点としてコンビニタイプの直営の小規模店舗を2007年3月に開店した。発端はグランママシスターズが始めた地産弁当の販売が好調で、地域から常時取り扱う店舗の要望が寄せられたことによる。当事者であるグランママシスターズからも出資を募ったほか、店舗の名称や店舗デザイン、商品メニュー、商品開発に地元中学校の栄養士や地元中学生の参加と協力を求めるなど住民に身近な店舗としてスタートした。添加物を使わない安全安心な食材の提供、地産弁当、総菜、おにぎりの販売、米を使用する米粉パンの開発のほか、高齢者向けの弁当宅配サービスを行うなど生活に密着した展開を行ってきた（図表4-5）。しかし、JA秋田やまもとの経営上の意向もあって、2020年4月から運営主体がJA秋田やまもとから職員として従事していた女性スタッフによる自

主運営へと転換することになった。

コンセプト	地産地消と食育の拠点として無添加の食を発信するお店です。 店内で作るためすべて手作りの作りたて！ また、高齢者の弁当宅配も行います。
取扱商品	・地産地消弁当 ・地元産あきたこまち使用おにぎり ・地域特産物使用の総菜 ・あきたこまちの米粉パン ・安全・安心のAコープ商品各種 ★調理品に食品添加物を一切使用していません。

図表4-5「JAンビニ ANN・AN」のコンセプトと取扱商品

JAンビニ ANN・AN関係資料をもとに筆者作成

写真4-6 JAンビニ ANN・ANの外観

写真4-7 店舗内部

写真提供：JA秋田やまもと（写真4-7）

第2節　地域ソーシャル・イノベーション構造モデルによる分析

　先に提示した地域ソーシャル・イノベーション構造モデルを分析ツールとして、当事例の特徴を探ってみよう。

(1) 地域課題の共有化

　農業の不振を背景に農業に従事していた高齢者は元気を喪失することに加え、現在の物流システムでは農産物は集荷して市場取引を行うため、地域の食材が地域内で提供されるわけではない。こうしたシステムでは地域の食材や伝統食が子どもたちに継承されなくなってしまうと強い危機感を抱いたJA秋田やまもとの女性職員が、学校給食検討委員会を立ち上げ、学校給食に地域の食材を使用する働きかけが開始された。当初、コスト面から教育関係者

からは反対されるが、地域の女性を中心とした協力者を集めて組織し、危機感を共有しながら地元の食材を給食用として採用を求める取り組みが精力的に行われた結果、次第に共感の輪が拡大し、地域ぐるみの取り組みとすることになった。

（2）基本要素
①結束的アプローチ
「地域の食の存続」という身近なテーマを課題として設定したことが地域の団体の共感を呼んだ。これまで生産者、小中学校、農協、商工会、地域住民など、ともすれば縦割りによって相互に話をする機会も少なかった団体が、食を中心に据えることで相互に連携して協力する気運が生まれ、食の再生に向けた結束力を高めることができた。

②多元的主体の参画
地産地消運動が核となっているが、食をテーマにJA、行政、小中高校、商工会、生産者、地域住民、グランママシスターズといった女性や高齢者も含めた地域の多様な主体によるネットワークが、役割を重複させながら重層的に形成されている。かかるネットワークの成長や参画機会の拡大によって、新たな知識や信頼の醸成、主体間の有機的な連携、地域内の合意形成が連鎖的、継続的に創出されたと考えられる。

③地域ビジネスモデル
JAによる「JAンビニ ANN・AN」の展開は、規模の経済による低価格と豊富な品揃えを効率的に追求する通常のビジネスモデルとは異なり、食の安全性と地域食材の提供、食育の拠点としての社会的目的を有するとともに、運営企画への参画のしかけを設けることでサービス提供者と消費者とが近接しており、社会性をもった事業と言える。

（3）形成要因
①地域アイデンティティ
当初、学校給食へ地域食材の供給の働きかけを行うものの、食材コストが高くなることを理由に実現しなかった。地域の食文化の継承や食育に焦点をあてることで地域アイデンティティを喚起し、多彩な地産地消運動を展開した結果、直販所、JA女性部、新規就農者グループ等の賛同と協力を得ることができ、地域ぐるみの運動へと拡大・発展していった。また、伝統料理技術

をもつ地域の女性高齢者は、グランママシスターズとして組織化され、食文化の継承活動によって生きがいが創出され、自主的な活動を行っている。

②地域資源

　地域の食材が直接的な地域資源であるが、食材は単に地産地消運動としての生産－消費関係だけでなく、食育と絡めながら食文化を伝承する文化性を付与している。また、じゅんさいなどの特色ある食材は、加工品を開発するなど付加価値をつけて地域外への展開を企図するなど、食材の使い分けと巧みなプロモーション活動によって食材の意味づけや価値を高めることに成功している。また、高齢の女性が所有する伝統料理技術は食文化を形成する地域の文化的資源でもある。

③中核組織・キーマン

　当事例の中核的な役割を担っているのはJA秋田やまもとふれあい課の泉牧子課長（当時）である。農協の合併による事業縮小によって農協の信頼が損なわれつつあるなかで、合併のメリットを検討した結果、安全安心な食材を地域内に供給する活動に取り組むに至ったという。地産地消運動の拡大に伴い、組織的な取り組みを行うとともに、地域の関連団体に参画を呼びかけ、ネットワークの拡大を図った。なお、泉は農林水産省より平成20年度地産地消の仕事人[9]に選定されている。

④支援・サポート

　JA、行政、小中学校、商工会、生産者、地域住民等の地域内の組織とのネットワークの拡大を図り、多元的な主体が参画する地域課題の検討の場を設けた。これらの団体は、主体として積極的に参画する組織から間接的に支援を行う組織まで多様な形態が存在したが、参画の程度に幅をもたせることでネットワークに柔軟性をもたせている。

⑤学習の場

　生活創造運動会議や食農実践会議の設置等、重層的な組織学習の場を設けた[10]。こうした場での密接なコミュニケーションや率直な意見交換を通して、創造的なアイデア、商品開発などの知識創造や、具体的な活動展開の源泉となったようだ。

⑥競争環境

　地産地消というテーマのため地域外の組織との直接の競争関係はないが、グランママシスターズはお互い競い合うことでユニークなアイデアの創出が図れたし、大型スーパーやコンビニエンスストア等との競争環境が、社会性

と経済性が混合したコンセプトをもつ「JAンビニANN・AN」の設立と社会性のある事業展開へとつながった。

（4）経済的・社会的効果

　当事例において、経済的・社会的効果の状況及びかかる効果をもたらすしくみについて、地域ソーシャル・イノベーションの概念に照らしながら検証してみよう。

　第一に、地域アイデンティティを呼び起こし、結束させるしくみが挙げられる。「地域の食の存続と食文化の継承」という明確な地域ベースの課題の設定と、わかりやすい運動方針を掲げたこと、農産物という地域資源と食文化をベースに関係する地域の人や団体をつなぎ合わせたことで、多くの主体の参画を可能にした。また、地域の合意形成を図る場の設定を複数設置するとともに、実践的な活動の場としてグランママシスターズという女性高齢者のもつ知識や経験、能力を積極的に発揮する機会の提供と、地域の女性リーダーをエンパワーする生活創造運動会議を展開する重層的なしくみが社会的効果の前提となる地域の一体感を高める役割を果たした。

　第二に、社会的効果を生み出すしくみである。地産地消運動の特質として、学校での食育の充実や、地域の自信と誇りの回復などの社会性に留意をしながら進めている点が挙げられる。具体的な学校での食育活動としては、小中学校給食への食材提供、グランママシスターズを講師とした中学校での出前料理講習、学校や校外での農業体験事業による農業者と学生との交流、農家の視線で食の現状を伝える食べ物教室の開催などが挙げられる。学校や若い主婦層を対象としたグランママシスターズの活動によって、グランママ自身の元気の回復が図られたほか、一般家庭でも主婦は家庭料理や伝統料理に対して自信をもつようになったという[11]。グランママシスターズの手づくり弁当を提供する拠点として開設された「JAンビニ ANN・AN」の運営は、サービスの受容者である地域住民が供給側の企画に参画することで、消費者としての住民のニーズを迅速にくみ取れる一体的な展開が可能となっている。こうしたしくみは、協同組合組織としての特性が活かされたもので、社会的事業としての性格をもっている。

　第三に、経済的効果との連動である。地産地消運動を継続的に実施した結果、学校給食用食材としての新たな需要が創出されたほか、JAと商工会による学習の場を通して「じゅんさい鍋」の共同開発に至り、さらに、2011年か

らは三種町森岳じゅんさいの里活性化協議会として発展的活動につながって
いく。

このように、農産物を代替可能な食材とみなすのではなく、地域性と結合
させることで「地域の食」としての付加価値が加わり、意味づけが行われた
ことが重要である。さらにこのような意味づけが行われた食材を地域内で循
環させ、さらに新商品開発を果たしていくという創造的な取り組みによって、
当地域に活力と地域内の結束を促し、高齢者の生きがいや誇りの回復、地域
の食の提供、食文化の伝承など子どもたちへの教育効果といった多元的な経
済的・社会的効果が連鎖的に生じたと考えられる。

なお、食農実践会議の活動は、2005年度に農林水産省より、地域の個性を
活かした創造的かつ将来性のある地産地消運動に対して表彰される地産地消
優良活動農林水産大臣賞[12]を受賞したほか、「JAンビニANN・AN」は、農山
漁村がもつ多彩な資源の魅力を活かした「ふるさとビジネス」の展開により、
地域を活性化に寄与した団体に贈られる秋田県農林水産大賞（ふるさとづくり
部門　地域活性化）を2008年度に受賞し、「グランママシスターズ」は、農林
水産省東北農政局より平成22年度「食育」活動優良表彰を受賞するなど、次々
と対外的評価を獲得している。

第3節　まちづくりの課題と政策的意義

(1) 構造モデルより抽出されるまちづくりの課題

基本構造モデルとの適合状況からJA秋田やまもとの地産地消運動の課題を
検討しよう。

第一に、社会的事業である「JAンビニANN・AN」の運営の安定性が課題
となっている。当事業の特徴は、住民ニーズに適した安全安心な商品の提供、
地域住民の運営参画が図られていることであったが、こうした事業コンセプ
トを維持するためには、組織内外の継続的な理解と承認を得るとともに、そ
の意義を明示的に発信し続ける努力が必要であろう。

第二に、当事例は、食を中核とした結束的アプローチ、女性高齢者や地域
の住民などの多元的主体の参画、JAによる社会的事業が中核をなすものであ
るが、異質な組織間を結合する中核となる組織や人の役割が大きいことがわ
かる。イノベーションによって創出された経済的、社会的効果を持続させるに
は、中核となる組織間の協力体制が継続的に持続する努力を払う必要がある。

実際、「JAﾝﾋﾞﾆANN・AN」の運営はJAの職員が行っていたが、収益向上を目的とする経済事業として位置づけられていなかったことに加え、母体となっていたJA秋田やまもと側の事情によって運営主体がJAから女性グループの自主運営へと移行した。このため、グランママシスターズの活動を併せた一体的な社会的価値の創出が困難となっている。今後、行政の支援体制も含めて、社会的事業の運営を円滑化することが喫緊の課題となっている[13]。

　また、当イノベーションモデルによって地域ベースのイノベーションの構造をすべて記述できるわけではなく、いくつか課題が残されている。第一に、当モデルでは、時間変化に伴う構造の成長、発展、消失過程が描出できない。第二に、現実にはさまざまな形成要因が複雑に関連することが予想されるが、構造モデルの因子間の関係は明らかではない。第三に、当事例は農業地域であったため、都市部に比べて産業構造が比較的単純であることに加え、生活様式や地域文化の共有を通した地域の結束は可能であったが、都市部などでは産業構造が複雑で、市民が密集し、価値観が分散している地域においては「結束アプローチ」の条件はハードルが高いと予想される。

(2) 政策的意義

　当事例から得られる政策的意義について、若干の考察を加えておこう。当事例の問題意識は、女性高齢者の役割の喪失、若い世代の食への無関心、海外産食材への依存の危機感、組織の縦割りによる課題解決意欲の欠如であった。現在の経済社会システムでは調達コストや利便性を優先する市場の論理が優先されるので、特段の優位性のない地域資源は活用されずに埋没し、停滞する産業に携わる組織や関係者の元気や誇りの喪失といった経済的、社会的な疲弊をもたらす。また、多くの経済社会システムは長期間にわたって最適化が図られた結果、縦割り構造となっており、環境変化に対応する新たなイノベーションの創出に向けた地域の産業組織の再編成は容易ではない（ロックイン構造）。

　これに対し、当事例では「地域の食」に意味付けをした結果、分野ごとの縦割り構造を脱却して、地域の主体が協調しながら組織横断的に取り組むことができた。換言すれば、主体間の相互作用と循環が開始された（分野横断型）と考えられる（図表4-8）。「狭義の地産地消」が食材の生産と消費を同一地域内で行うことを意味するのに対し、「地域の食」を媒介した分野の異なる主体間の連関による地域内循環システムの形成と解することができ、「広義の

地産地消」と言えるだろう。

　かかるアプローチの有効性は、埋没する資源の再生・復興によって経済性、社会性の回復が図れる点にある。神野（2004）は、生活の「場」の地域再生として、地域消費と結びつけた地域生産の地域内循環の創出と、固有な生活様式としての文化を基軸とした地域社会の自立の必要性を指摘しているが、当事例で見た地域ソーシャル・イノベーションは、文化的な意味付けがなされた地域資源の活用を図りながら、経済的・社会的効果を創出するしくみであり、地域のアイデンティティや自立性の回復にも資すると考えられる。

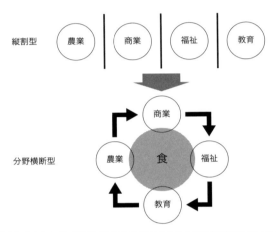

図表4-8 JA秋田やまもとにおける地域の食を中心とした地域内循環システムの形成イメージ
筆者作成

　地産地消に取り組むJA秋田やまもとの活動は、地域内での高齢者のもつ地域の食文化を子どもたちに伝える食育と、地域内の食材を使ったコンビニエンスストアを開設することで食の循環（地産地消）を目指すことであった。JAの本業とは切り離す形で、地域経済の発展を目的にするのではなく、地域社会（地域コミュニティ）の活性化を目的とするものと位置づけられるため基本的にはzoneAに位置する。さらに細分化された活動としてグランママシスターズは地産地消の担い手であるためzoneA、JAンビニANN・ANによる社会的事業はzoneB、商工会からスタートして三種町森岳じゅんさいの里活性化協議会が発展的に継承した「じゅんさい鍋」などの特産品事業はzoneDに位置すると考えられる。

なお、JA秋田やまもとは、現在、経営上の判断からグランママシスターズの活動を除く地産地消活動を縮小している。

〈ポジショニングマップ分析〉

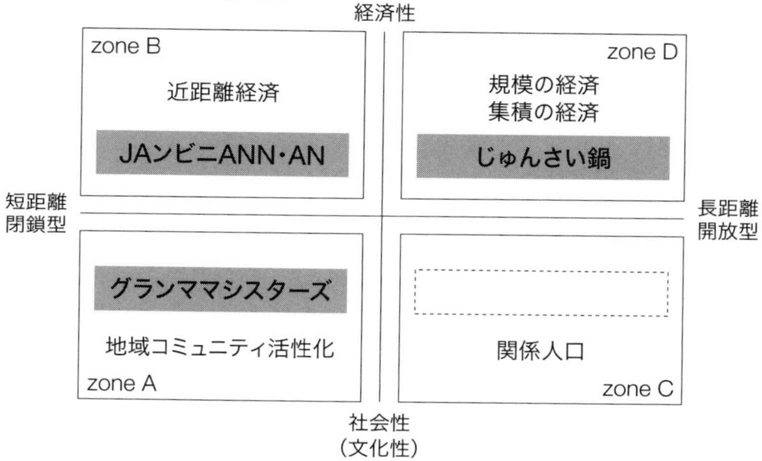

図表4-9 ポジショニングマップ分析（第4章）　　　　　　　　　　　　　筆者作成

〈注及び参考文献〉
1　JA秋田やまもとの地産地消運動と地域経済循環を扱った論考として、伊東（2009, 2012）がある。
2　2020年4月30日から「JAンビニANN・AN」の運営主体が、JA秋田やまもとから女性5名の任意団体「べっけANN・AN」に変更された。
3　「平成17年度 地産地消優良活動表彰者の概要」（農林水産省）より。
4　泉（2007）によると、グランママシスターズは元JA女性部の部員であるが、現役時代は中心的存在として活動していたのに一線を退いてからは元気がなくなっている姿を見て、「もう一度元気になってもらい、失われつつある伝統食や行事食を蘇らせてほしい。」との思いより結成された。
　　さらに、彼女たちが一線を退いた後、家庭でも地域でも役割のない人のような状況となっていることに疑問を感じ、「どうすればパワーアップするかを考えたときに『食』が出てきた。また、あの人たちのもつ伝統食の技を今の世代に伝えなければ伝統が継承されなくなる。」との危機感からグランママシスターズの結成を思い立ったとのことである（2008年7月の訪問調査時に泉より聴取）。
5　三種町商工会HP（http://shoko.skr-akita.or.jp/yamamoto/junsai/index.html）の記述を参照した。
6　三種町のじゅんさいの生産、販売の状況の記載はヒアリングによる。
7　GAPとは、Good Agricultural Practicesの頭文字をとった言葉で「物を作る際に適正な手順やモノの管理を行い、食品安全や労働安全、環境保全等を確保する取組」のこと（農林水産省ホームページ https://www.maff.go.jp/j/seisan/gizyutu/gap/）。JGAPは、一般財団法人日本GAP協会による認証のことを指す。
8　三種町森岳じゅんさいの里活性化協議会（農林水産省ホームページ）（https://www.maff.go.jp/tohoku/6zi_koudou/jireihassin/attach/pdf/kakukenjirei-41.pdf）。
9　農林水産省では、地産地消の取り組みは、「人」が果たした役割が重要であるとして、2008年度より、地産地消活動の実現に活躍している人を「地産地消の仕事人」として選定している。2008年9月8日にJA秋田やまもと営農生活部ふれあい課長である泉牧子が選定された。

10 生活創造運動会議、食農実践会議は、いずれも運営要領の目的において、「食」「農」「環境」とこれを取り巻く問題について、地域の生活者等がともに集い、考え、実践することが明記されている（JA秋田やまもと提供資料に基づく）。

11 ヒアリング調査時の泉のコメント。

12 大臣賞受賞理由として、約1,700名という地域の幅広い関係者の参加、安全で良質な農作物の提供、子どもたちへの食育の推進、伝統食の復興と郷土料理の新たな開発、関係機関との提携と協力による幅広い活動のバランスのよい展開、25名のグランママシスターズの認定と活動に伴う地元食材の利用拡大などによって、地域総ぐるみで地産地消の幅広い活動を実施し、総合的な成果を挙げているためとしている（http://www.maff.go.jp/j/press/cont2/pdf/20060227press_2b.pdf）。

13 2021年9月9日の泉へのオンラインインタビューより（現秋田県立大学地域連携・研究推進センターコーディネーター（農業部門）。

第5章

町並みと調和する
創作活動とまちづくり
──岡山県真庭市勝山地区

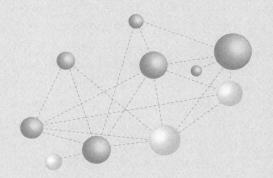

第1節　真庭市勝山地区の概要

　真庭市は、岡山県北部、中国山地のほぼ中央に位置し、東西約30km、南北約50kmで、面積は828km²である。2005年3月に旭川の上流部5町4村が合併して誕生し、人口4万2,725人（2020年国勢調査）、高齢化率40.0％（2020年国勢調査）の規模である。真庭市南西部に所在する勝山地区は、旧勝山藩2万3,000石の城下町として栄えた地域で、白壁の民家や高瀬舟の発着場など歴史性のある建造物や文化的景観が残っている（写真5-1）。

写真5-1 勝山町並み保存地区

　こうした地域特性を背景に、1985年12月に岡山県から町並み保存地区の指定を受けたことを契機に歴史的建造物の修復・保存事業に着手した。当初はハード事業を中心に実施されたが、その後、ソフト事業に重心を転換し、町並み保存地区の歴史性のある民家や商家等を中心に、デザイン性の高い絞り染めによるのれんを面的に配置することによる景観形成や、地域住民が創作した雛人形や独創的な展示による雛祭りイベントを開催することで、美しく魅力的な町並みが形成された。こうしたまちづくりを精力的に推進した結果、勝山地区は多くの観光客が訪れるようになったほか、数々のまちづくり関係の賞を受けている。

　1985年度以降の勝山地区の地域づくりは、図表5-2に示したとおり、大きく3期に分けられる。事業の中核となるのは1985年度に開始された町並み保存地区整備事業で、勝山町から真庭市へと市町村合併を経た後も同趣旨の事業が継続実施されている。補助事業の対象地域は、岡山県によって指定された町並み保存地区重点整備地区を核とするが、二次の拡大を経て、商家と民家が建ち並ぶ南北約1kmの街道沿いの空間となっている。1996年度から開始される「のれんのまちづくり」は、町並み保存地区の歴史性のある民家や商家等を中心に、のれんによる景観形成を行っている。

　また、1998年度から始まった雛祭りイベントである「勝山のお雛まつり」では、同地区の南端の新町からJR勝山中央駅に向けて新町商店街も参画して

いる。2004年度から2008年度にかけて実施されたまちづくり交付金事業では空間範囲がさらに拡大され、道路の美装化や電線の埋設化などの空間整備に加えて、歴史のある醤油蔵を改装した交流施設（勝山文化往来館）を設置し、ここを拠点にアート事業が展開されている。

	第1期	第2期	第3期
期間（年度）	1985〜1995	1996〜2003	2004〜
自治体	勝山町	勝山町	真庭市
特　徴	町並み保存事業（ハード事業）	公民協働によるソフト事業	文化まちづくり
主要ハード事業	郷土資料館の整備 民家・商家の修復	民家・商家の修復	電線地中化、道路美装化、勝山文化往来館「ひしお」の整備 「舟宿」の整備
主要ソフト事業		のれんのまちづくり（1996〜） 勝山のお雛まつり（1998〜）	「ひしお」での文化イベント（2005〜） 勝山町並み・体験クラフト市（2013〜） 映像フェスティバル（2014〜）
住民まちづくり	21世紀の真庭塾（1993〜）	町並み保存事業を応援する会（1996〜） 勝山のお雛まつり実行委員会（1998〜）	NPO法人勝山・町並み委員会（2005〜） 一般社団法人「やまのふね」（2019〜）
社会的評価		岡山県民文化大賞受賞（2002） 地域づくり総務大臣表彰（2002）	「優秀観光地づくり賞」受賞（2004） 第42回SDA特別賞（2008） 都市景観大賞「美しいまちなみ賞」（2009）

図表5-2 勝山町並み保存地区のまちづくりの概要　　真庭市役所提供資料等をもとに筆者作成
注：（　）内は年度

　町並み保存地区における事業費の推移をハード要素とソフト要素に分けて示したのが図表5-3である。ハード事業費とは、町並み保存地区整備事業の総額からソフト事業費を除いたもので、資料館等の施設整備、町並み保存整備、駐車場整備にかかる費用を含んでいる。ソフト事業費には、のれん制作事業費、雛祭り開催費、勝山文化往来館の管理委託費が含まれる。真庭市（旧勝山町）では1985年度から2012年度までで総額12億6,000万円の事業費が投下されたが、ソフト事業費は8.9％にすぎない。なお、町並み保存地区は、

2011年4月に真庭市景観計画に基づく勝山重点景観づくり地区に指定されている。

（単位：百万円）

年度	第1期 1985－1995	第2期 1996－2003	第3期 2004－2012	計 1985－2012
ハード事業費（①） 構成比（％）	175 (13.9)	100 (7.9)	873 (69.3)	1,148 (91.1)
ソフト事業費（②） 構成比（％）	0 (0.0)	10 (0.8)	102 (8.1)	112 (8.9)
のれん制作事業費補助金 構成比（％）	0 (0.0)	4.3 (0.3)	3.9 (0.3)	8.2 (0.7)
計（①+②） 構成比（％）	175 (13.9)	110 (8.7)	975 (77.4)	1,260 (100.0)

図表5-3 町並み保存地区事業費構成　　　　　　　　　真庭市役所提供資料等により筆者作成

第2節　勝山地区のまちづくりの発展過程

（1）第1期：町並み保存地区整備事業（1985～1995年度）

　第1期は、歴史的文化的資源の保存、修復を端緒とした町並み保存事業の始動期にあたる。勝山地区では1985年から二次にわたって岡山県町並み保存地区整備事業が実施された。事業費は約2億1,500万円、県補助金として1億円が投下されたが、歴史的町並みの保存・復元を図り、歴史的景観と地域文化の振興を目的とした民家修復や公共施設・駐車場整備等の空間整備が中心であった。

　岡山県による町並み保存地区整備事業の終了後は、旧勝山町が勝山町並み保存地区整備事業として事業を継続し、市町村合併後は真庭市が継承している。当初、歴史的建築物が集積する山本町、上町、中町が重点整備地区として指定されたが、1998年4月と2005年10月にかけて指定区域の拡大が行われ、旧出雲街道沿い南北約1kmが補助事業の対象地域となっている（図表5-4、図表5-5）。

(2) 第2期：
公民協働によるソフト事業の展開
（1996〜2003年度）

　勝山のまちづくりは、町並み景観の整備を契機として開始されたが、新たな展開として地域住民が加わる公民協働によるまちづくりが開始され、第2期に移行する。

①公民協働まちづくりの始動

　勝山のまちづくり活動は、岡山自動車道の開通によるストロー効果によって勝山地域から事業者や人口が流失し、地域が衰退するのではないかとの危機感を背景に、より広域（真庭市区域）の視点でのまちづくりが必要と考え、1993年に地域の事業者や行政が中心となった「21世紀の真庭塾」を結成したことが契機である。町並み保存地区の南端に位置する勝山文化センターの建設時（1994年）には、行政がすべてお膳立てをする形式的な住民参加のあり方に疑問を抱き、外部から有識者を招くなど本格的な自主勉強会を始めている。当塾には町並み再生部会とゼロエミッション部会の二つの部会が設置され、歴史的町並みのあり方と木材産業の振興を検討課題とした。なお、ゼロエミッション部会の活動は、地元の民間事業者の活動を中核としつつ、行政や大学との産学連携により推進する

地区名	指定時期	内容
城内北	2005年10月	第二次指定拡大
城内南	1997年4月	第一次指定拡大
山本町	1985年12月	重点整備地区指定
上町	1985年12月	重点整備地区指定
中町	1985年12月	重点整備地区指定
下町	1997年4月	第一次指定拡大
中川町	1997年4月	第一次指定拡大
新町	1997年4月	第一次指定拡大

図表5-4 勝山町並み保存地区の拡大

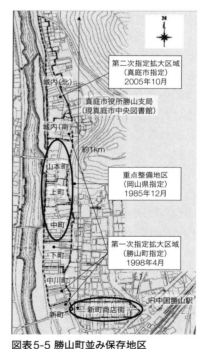

図表5-5 勝山町並み保存地区
真庭市役所提供資料、
ZENRIN住宅地図をもとに筆者作成

「バイオマスタウン」の取り組みとして発展し、豊富な木材資源の副産物を活かした「木質バイオマス発電」として成果を上げている[1]。

②のれんのまちづくり

「のれんのまちづくり」は、町並み保存地区内に居住する絞り染め染織家が制作・監修するのれんを、地域ぐるみで掲げることによって一体的、連続的な町並み景観の形成を図り、来訪者の獲得につなげようとするものである。町並み再生部会の部会長であった辻均一郎（故人）、染織家である加納容子、及び町並み保存地区内で設備関係の会社を経営する行藤公典を核として、町並み保存地区の事業主等が中心となって結成された住民まちづくり組織である「勝山町並み保存事業を応援する会」と真庭市（旧勝山町）とが連携しながら始められたものである。

まちづくりの経緯は、東京で機織技術とデザインを学んだ加納がUターン後に自宅兼店舗の軒先にのれんをかけたところ、近隣の旧知の知人である行藤がオリジナルののれん制作を依頼したことがきっかけである。季節に応じて変化するのれんデザインが評判を呼び、より多くの家屋がのれんをかけることでまちづくりにつながるのではないかと考えた行藤が、当時、町並み保存部会の部会長であった辻と連携しながら、のれんの制作にかかる費用を、当時進行中であった町並み保存整備事業への採択の可能性を旧勝山町に働きかけた。これを受けて旧勝山町は、事業主体である岡山県との協議を重ねた結果、事業費算入が認められることとなったものである。

個人への補助金の直接払いは困難なため、補助金の受け皿組織として、1996年に住民まちづくり組織である「町並み保存事業を応援する会」[2]が設立された。設立目的は、伝統的な町並みの保存整備を図る町の事業を応援し、町並み保存地区の発展を図ることで、伝統的行事の継承と発展の事業、保存地区内の活性化のためのアイデアの提案、先進地視察を含む研修会の開催等の活動を行っている。のれん制作費補助制度は、何度か変遷を経ているが、図表5-6に示したものは現行制度（2021年11月現在）である。新規ののれん制作だけでなく、経年劣化に起因する褪色などによるのれん更新費も補助対象となっている。

勝山町並み保存地区の「のれんのまちづくり」の特質として、依頼者の暮らしやこだわりをイメージしたオリジナルデザインであることが挙げられる（写真5-7、5-8）。そのため、デザインには小さなストーリーやドラマが埋め込まれることになり、抽象化されたデザインの謎解きをめぐって、住民同士や来訪者との間で、コミュニケーションが図られる契機となっているという[3]。歴史的建造物が建ち並ぶ町並み保存地区では、このようにして制作されたの

れんが一定の空間に集中してかけられることで、美しい景観形成の創出に成功している。

補助事業の変遷	・岡山県町並み保存地区整備事業（1996～97年） ・勝山町町並み保存地区整備補助金（1999～2004年） ・真庭市勝山町並み保存地区「のれん」制作事業費補助金（2005年～）
制度の概要	・目　的 　勝山の伝統的な町並みの保存整備を図る ・補助対象 　勝山町並み保存地区内の民家及び商家に掲げるのれんの制作事業 　新規および更新（3年経過後に担当課が必要性を判断） ・補助対象経費 　草木染めの「のれん」の制作に要する経費 ・補助率・補助額 　補助対象経費の1/2以内 　限度額　新規：33,000円　　更新：26,000円

図表5-6 真庭市（旧勝山町）によるのれん制作補助事業の概要
真庭市勝山町並み保存地区「のれん」制作事業費補助金交付規程及び真庭市提供資料より筆者作成

　なお、町並み形成と生活者の視点に立脚したまちづくりの姿勢が評価され、真庭市及び「かつやま町並み保存事業を応援する会」は、「都市景観の日」実行委員会による平成21年度都市景観大賞（美しいまちなみ大賞）を受賞している。

写真5-7 多彩なのれんデザイン群

写真5-8 のれんデザイン例
出所：（社）勝山観光連盟，勝山の観光ガイド、ホームページ
（https://www.maniwa.or.jp/katsuyamanet/norenbox/noren-all.html）

　町並み保存地区内におけるのれんの普及状況を図表5-9に示す。1996年度から2020年度までの町並み保存地区におけるのれんの新規のれんの累積件数は105件（市役所ベース）である。これに対し、1996年度から2020年度に至る25年間ののれん制作費補助実績は、総額約1,100万円（県分＋市町分）にす

ぎず、メディア等での露出を通した地域イメージの向上を踏まえると、費用対効果は高いといえよう。また、新規のれんの約95％が加納が主宰する「ひのき草木染織工房＆ギャラリー」による制作であることが、景観に統一感をもたらす要因となっていると考えられる。

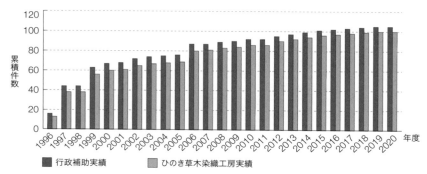

図表5-9 のれん制作費補助実績　　真庭市役所提供資料（のれん制作費補助実績〈新規ベース〉）、
町並み保存事業を応援する会提供資料をもとに筆者作成

③勝山のお雛まつり

　勝山のお雛まつりは、町並み保存地区と隣接する新町商店街の家屋や商店の玄関、軒下に、各家が保有する雛人形を展示するとともに、多彩なしつらえを施すことでまちなかを美しい展示空間とし、来訪者等とのコミュニケーションを楽しむ文化イベントで、1999年から毎年3月初旬の5日間に限定して開催されている。

　当イベントが始まったのは、町並み保存地区内にある酒蔵からの招きで土雛展に出展した人形作家が美しい勝山の町並みを見て、町中に雛人形を並べたらどうかと提案したことが発端である。この提案を受けて、町並み保存事業を応援する会では、ただちに旧勝山町、商工会女性部、町観光協会に声をかけて「勝山のお雛まつり実行委員会」を立ち上げ、行政の支援・協力も得て急遽、実施に至ったものである。

　勝山のお雛まつりの特徴として、第一に、単に雛人形を鑑賞するだけでなく、町並み保存地区の中で展開されているため、暮らし、風土、歴史といった勝山らしさを醸し出す地域文化が一体的に感じられる点が挙げられる。第二に、観光客をおもてなす姿勢を大切にしつつも、地域住民自らが楽しむことも重視していることが挙げられる。例えば、雛祭りは5日間開催されるが、初日

前日の前夜祭は出展者が楽しむために開催されている。第三に、祭りを長期間持続させるための自主規制[4]を制定していることである。自主規制とは、実行委員会が主体となって、展示方法、飲食店・物産販売等に関するゆるやかな出店規制を設けるもので、祭りの趣旨にそぐわない露天商の出店や販売行為を事実上排除し、勝山らしさの維持を図るものである。第四に、単に所蔵する雛人形を展示するだけでなく、雛人形の創作や、各家が保有する着物や掛け軸等の工夫を凝らした展示が、新たな魅力を創出していることがあげられる[5]。

雛人形の創作を支援するしくみとして、当初、真庭市商工会女性部が創作雛の講習会を実施していた[6]。この講習会には商工会女性部員以外の地域住民、遠隔地からの参加が可能であり、講習会で学んだ創作雛のつくり方を応用して独自の工夫を凝らす人もいたという。地域住民の参加による創作活動の展開は、コミュニティアートの実践としても捉えられる。このように、勝山のお雛まつりは、集客を目的とした一過性の文化的イベントにとどまらず、地域住民の創作活動を組み込むことによって、楽しみや生きがいを創出するとともに、来訪者とのコミュニケーションを通した地域アイデンティティの回復など、社会的な目的を併せ持っている点が特徴である。

勝山のお雛まつりの来訪者数は、当初数年間で急速に増加したが、3万5,000人から4万人の横ばいで推移したあと減少傾向にある。この原因は明確ではないが、勝山町並み保存地区の高齢化の進行に伴って雛祭りの準備が困難となり、出展を見送ったり簡素化したところがあるほか、新見市や津山市など近隣地域でも類似の雛祭りイベントが開催され、目的地が分散しつつあることが要因と考えられる。なお、観光まちづくりでは来訪者数を成果指標としているところが多いが、「勝山のお雛まつり」では空間キャパシティ上の問題や地域住民に過度の負担がかからないよう、広報や観光プロモーションを控えることで来訪者数の急増を抑えているとのことであった[7]。

真庭市は、助成金や広報支援を継続しているが、かつては勝山支所（振興局）の職員が駐車場整備等の人的協力も行っていた[8]。

このように、勝山のお雛まつりは、多くの地域で行われる地域づくりイベントとは異なり、来訪者の観光消費による経済的効果を主たる目的とするのではなく、地域のもつ文化的資源を掘り起こし、生活や歴史と結合させることで地域住民の主体性を喚起し、地域イメージの向上と勝山地区の住民満足度の向上という社会的効果に主眼が置かれている点が特徴である。

(3) 第3期：文化まちづくりの展開（2004年度〜）

　「のれんのまちづくり」「勝山のお雛まつり」の創作活動を伴う二つのまちづくりに成功した勝山では、その後、文化を軸としたまちづくりの展開を図っていく。旧勝山町では、都市再生整備計画に基づくまちづくり交付金事業が採択され、2004〜2008年度にかけて総額8億5,500万円（補助対象事業費8億4,200万円）の町並み保存地区周辺の電線地中化、道路美装化、散策道の美装化、交流体験施設「匠蔵」の整備等の生活環境と交流促進の整備事業を実施した。「匠蔵」の整備は19世紀に創業された醤油蔵を再生するもので、行政・住民地域づくり団体から構成される「勝山・町並み委員会」にて具体的な活用方法を検討した結果、地元住民と都市住民、アーティストとの交流の場とする公設民営の文化施設として活用されることとなった。運営は、真庭市指定管理者制度に基づき、2005年度よりNPO法人勝山・町並み委員会が受託しており、勝山文化往来館「ひしお」の名称で、国内外のアーティストを招聘した創作・展示（アーティスト・イン・レジデンスとして実施）、アートワークショップ、写真展、室内楽コンサート等、主として文化芸術の展示、活動の場として利用されている。

　「ひしお」では、地域住民をはじめとする来訪者に対して最先端レベルの文化芸術を享受する機会を提供しているものの、地域外の作家による抽象度の高いアート作品は必ずしも地域社会に受け入れられているとはいえない面もあったため[9]、文化まちづくりのあり方をめぐる模索が始まる。

　2010年には、廃業した旅館を創造空間として再生する「岡野屋旅館再生プロジェクト」が岡山県美作県民局による夢づくり協働プログラムに選定され、地域在住アーティストによる展覧会やワークショップを実施したところ、近隣住民も含めて1,242名の来館者を迎えるなど好評を博した。こうした地域づくりの取り組みが評価され、平成22年度第12回「岡山芸術文化賞準グランプリ」のほか、平成23年度「夢づくり推進大賞」を受賞している。その一方で、親しみやすさや興味関心に配慮した取り組みとして、2010年度から勝山のお雛まつりの写真展が始まったほか、2012年度からは東京工芸大学による勝山の町並みを活かしたプロジェクションマッピングやアニメーションイベントも始められた。また、勝山では従来より布細工、織物、草木染め、木工品、革細工、ガラス、漆工芸などの手工芸品、有機野菜やパン、酒、味噌などの発酵食材といった手づくり品の生産販売が行われていることから、こうした動きと連動する体験と交流をコンセプトとした「勝山町並み・体験ク

ラフト市」が2013年度から開催されている。

　2014年度になると「映像フェスティバル」が開催される。当初はアニメーションの制作上映が中心であったが、2019年度からは自主映画を製作する山崎樹一朗監督の下、本格的な住民参加型の映像制作に乗り出し、町並み保存地区内のかつて高瀬舟が往来した旭川を望める場所に、2019年5月に開設した「舟宿」で上映会を開催するなど、町並みや景観を活かした映画のまちづくりに注力をしている。

第3節　勝山のまちづくりと地域住民の受容

　ここまで、勝山町並み保存地区におけるまちづくりの発展過程を見てきた。創作活動を伴う二つのまちづくり活動は、歴史的建造物や生活文化などの文化的資源に、創作活動が加わることで地域の魅力を高めることに成功した。こうしたまちづくりの取り組みが、どのように地域内に普及し、また、地域住民はどのような認識をしているのであろうか。さらに、こうした普及プロセスは、地域ソーシャル・イノベーションの形成プロセスモデルと照らすと、どのようなことが言えるのであろうか。筆者が2009年度に勝山町並み保存地区の住民に対して行った住民意識結果[10]をもとに検証する。

(1) まちづくり効果に関する住民意識
①地域への浸透状況
　図表5-10は「のれんのまちづくり (のれん)」「勝山のお雛まつり (雛祭り)」[11]への地域住民の参画状況 (2009年) を見たものである。「参加している」と回答した比率がいずれも高くなっており、二つのまちづくり活動が住民間で定着していることが伺える。

　一方、参加する理由として、「のれん」は「町並みがきれいになる」を選択した人が最も多く、「景観志向」といえるのに対し、「雛祭り」は「町に活気が出る」「自分自身が楽しむ」が多く、「活力志向」と表現してもいいだろう (図表5-11、5-12)。

②異なるまちづくり効果
　「のれん」「雛祭り」のまちづくり効果に関して、「まちの美化」「誇り」「コミュニケーション」「経済効果」の四つの視点から尋ねたところ[12]、「まちの美化」は「のれん」が高く、「誇り」は両者ほぼ同程度、「コミュニケーション」

「経済効果」は「雛祭り」が高いとの結果が得られた。参加理由と合わせて解釈すると、「のれん」は景観形成やアイデンティティ形成等の社会的効果を、「雛祭り」は活気や楽しみ、コミュニケーションや経済的効果を生起するものとして認識され、異なったまちづくり効果を創出することが示された（図表5-13～16）。

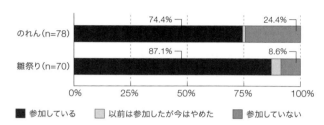

図表5-10「のれん」「雛祭り」への参加状況

出典：住民意識調査

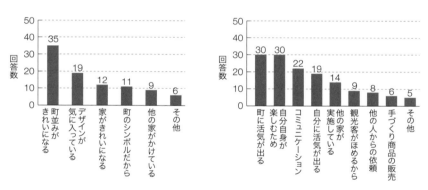

図表5-11 のれんをかける理由（複数回答）　　図表5-12「雛祭り」の参加理由（複数回答）

③まちづくりの課題

「まちづくりの課題」を地区別にみると、地域によって課題の認識が異なっていることがわかる（図表5-17）。商店街に近い新町・中川町では「経済の活性化」の比率が高く、伝統的家屋が連なる山本町・上町・城内南では「町並み景観の整備」「住民まちづくり活動」が高くなっており、のれんの創作やインテリア系の店舗が並ぶ中町では、芸術文化活動の推進の比率が高い。また、「医療福祉の充実」は中川町と下町、「交流人口の増加」は上町などと、わずか1kmの空間範囲でも、各地区によってまちづくりの課題認識は異なってい

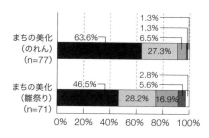

図表5-13 まちづくり効果比較（まちの美化）

出典：住民意識調査

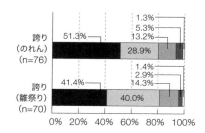

図表5-14 まちづくり効果比較（誇り）

出典：住民意識調査

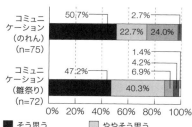

**図表5-15 まちづくり効果比較
（コミュニケーション）**

出典：住民意識調査

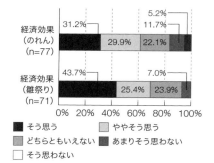

図表5-16 まちづくり効果比較（経済効果）

出典：住民意識調査

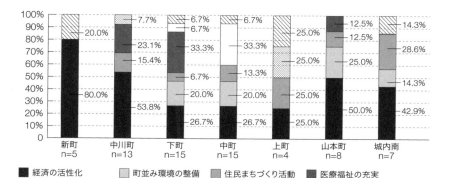

図表5-17 まちづくりの課題（地区別）

出典：住民意識調査

ることが明らかになり、住民意識の多様性を示している。

　以上に見てきた住民意識調査結果より、町並み保存地区の文化的資源と創作活動によるまちづくりにおける住民意識は、次のとおり集約できる。

①「のれん」の参加状況は、商店街に近く、建物構造上のれんをかけるのに適さない南部の新町、中川町で低くなっているが、「雛祭り」は中部の上町、下町を除けば全般的には参加状況は高い。

②「のれん」の参加理由は景観志向、「雛祭り」の参加理由は活力志向である。

③まちづくり効果が及ぶ空間範囲は、「雛祭り」の方がやや限定的である。

④「のれん」は「まちの美化」、「雛祭り」は「コミュニケーション」「経済効果」のポイントが高く、まちづくり効果の性格が異なっている。

⑤「雛祭り」の継続意向は高いが、準備に不安を感じる高齢者も存在し、継承が課題となっている。

⑥雛人形や展示設え等の創作活動は、作品の改善意欲などポジティブな生活スタイルに向けた一定の意識変化が見られる。

⑦まちづくりの課題は地区によって異なり、住民意識の多様性を反映している。

　また、別な知見として、①「のれん」「雛祭り」は、いずれも歴史的資源と調和的に結合する文化的要素として位置づけられている、②地区別の「のれん」「雛祭り」の実施状況や意識は異なっているが、いずれもまちづくり効果は全地域でほぼ共通して認識されていることから、地域住民にとって「のれん」や「雛祭り」への参加行為は、一人ひとりは個人的な動機での参加であっても、結果として地域全体の価値創出につながっている、③住民参加を促すしくみを通して「のれん」は景観形成やアイデンティティ形成等の社会的効果を、「雛祭り」は活気や楽しみ、コミュニケーションや経済効果を生起するものとして認識され、異なったまちづくり効果を創出することが明らかとなった。すなわち、「のれん」「雛祭り」への参画行為は、美しい景観形成や来訪者等とのコミュニケーション機会などの地域の文化的、社会的価値の向上に貢献し、「のれん」「雛まつり」といった文化的要素は、地域の一体感、すなわち結束性を促す要素として機能したと解釈できる。

（2）のれんのまちづくりと勝山のお雛まつりの普及過程

　まちづくり効果を高めるには、多くの場合、地域ぐるみの取り組みになっ

ていること、すなわち、特定の空間範囲においてその取り組みが広く普及していることが求められる。魅力的な空間の拡がりは他地域に対する比較優位の源泉ともなるのである。勝山の二つのまちづくりは、どういったプロセスで町並み保存地区に広く普及したのであろうか[13]。

　図表5-18は勝山町並み保存地区の旧町別「のれんのまちづくり」の普及の年次推移を示したものである。山本町から始まった「のれんのまちづくり」は、まず、山本町、上町、中町で実施され、次いで、1999年から城内南、下町、中川町、新町へと拡大している。城内北で実施されたのは2005年である。

　のれんのまちづくりの推進主体は地域住民、事業者で構成されるかつやま町並み保存事業を応援する会であるが、のれんの普及はおおむね行政（旧勝山町、現真庭市）による町並み保存地区の指定、すなわち、のれん制作補助事業の対象地域の拡大によって説明できる。行政との密接な連携による公民協働の枠組みが、美しい景観形成を支えているのである。

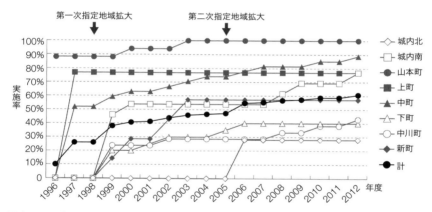

図表5-18 勝山町並み保存地区 旧町別のれん実施率の推移
町並み保存事業を応援する会資料をもとに筆者作成

　一方、「勝山のお雛まつり」は、年次別の実施率を示すデータは見あたらないが、2009年度の勝山のお雛まつりにおける地区別参加状況を図表5-19に示した。

　インタビューでは、勝山のお雛まつりの開始時点より、町並み保存地区と隣接する新町商店街に至る広い地域で実施されたとのことである。勝山のお雛まつり実行委員会には行政も構成団体として参画しているものの、雛祭り

への参画は補助金などの行政制度によって普及したわけではなく、商工会女性部を含む実行委員会の構成団体がそれぞれの組織がもつネットワークによって参画の働きかけを行ったことが、町並み保存地区及び隣接する商店街での迅速な実施が可能となったと考えられる。

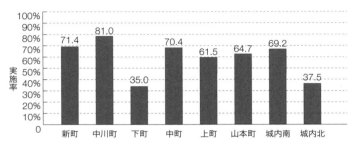

図表5-19 地区別雛祭り実施率（2009年度） 2009年度の参加状況を現地調査のうえ、筆者実測

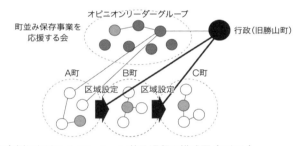

図表5-20 勝山事例におけるイノベーション普及過程の模式図（のれん） 筆者作成

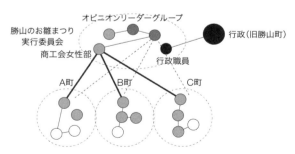

図表5-21 勝山事例におけるイノベーション普及過程の模式図（勝山のお雛まつり） 筆者作成
※A町、B町、C町とは町並み保存地区内の単位地区を示す。

普及プロセスに関して「のれんのまちづくり」と「勝山のお雛まつり」を比較すると、いずれも地域性と結合する文化的資源アプローチによる住民の共感の獲得、行政による協力支援による地域ぐるみの機運の醸成、住民まちづくり団体による地域内への働きかけがあり、これらが相まって、地域内に普及を促進する要因となったと考えられる。一方、両者では普及経路が異なっており、「のれんのまちづくり」は、行政による補助制度が旧町間の意識の壁を超えて普及が図られる要因であると考えられるのに対し、「勝山のお雛まつり」では商工会女性部のネットワークの存在が旧町間をつなぐ役割を果たしたと考えられる。

　のれんのまちづくり、勝山のお雛まつりの普及過程を図表5-20〜21に模式的に示した。

（3）イノベーション形成プロセスモデルでの検証

　勝山地区では、のれんのまちづくり（「のれん」）と勝山のお雛まつり（「雛祭り」）によって、新しい次元のまちづくり展開を見せることとなった。「のれん」「雛祭り」のしくみの創出をイノベーションの創出とみなすと、イノベーション形成プロセスとして、①知識創造はどのような環境下で行われたか、②イノベーションの実現に向けた資源動員はどのようになされたか、③なぜイノベーションの普及が急速に行われたか、普及経路はどうだったのかが関心事となる。そこで勝山のまちづくりにおける地域ソーシャル・イノベーションの形成プロセスを、先に論じた形成プロセスに関する三つの視角のうち、知識創造の環境とイノベーションの受容・資源動員の二つから検証してみよう。

①知識創造の環境

　のれんのまちづくりでは、染織家である加納に、デザインとのれんの制作が委ねられた。行政の支援は、補助金制度を条例により制定し、住民まちづくり団体を経由して補助を行うスキームを考案している。一方、勝山のお雛まつりでは、イベントの企画運営は勝山のお雛まつり実行委員会の場で検討され、雛人形の創作や飾りつけは参加する地域住民に委ねられる一方、行政は補助金に加え、駐車場整備や広報支援等のバックアップを行うなど役割分担を決めて推進されている。比較的狭いコミュニティ空間、多元的な主体が参画するまちづくり活動、公民協働のスキーム、地域外の制度や慣習を取得したUターン者の存在、文化的資源と文化的要素への注目、コミュニケーションネットワークの存在などの要因が相まって、知識創造の連鎖的な生成が可

能な環境条件になったと考えられる。

・多様性の保持

のれんのまちづくりにおける知識創造の環境は、町並み保存地区に調和する絞り染めののれんを通り一面に掲げて町並みを美しくするという地域住民のアイデア・着想を、公民協働で実現するプロセスに如実に現れている。のれんのまちづくりを推進する中核となったのは、大都市での居住経験のある3人のUターン者の存在と公民協働のしくみである。地域外での生活や暮らしに基づく新しい技術や発想を地域に導入するプロセスが、多様性の保持に相当すると考えられる。一方、雛祭りのアイデアは、町並み保存地区内にある酒蔵の土雛展に出展した地域外の人形作家の提案を町並み保存事業を応援する会で受け入れたことが発端である。田村が「風」と表現したとおり、新規なアイデア、発想は地域外からもたらされる。

・主体間の相互作用

のれんのまちづくりでは、住民まちづくり組織である町並み保存事業を応援する会の活動拠点である「顆山亭」が相互作用の場となった。一方、雛祭りでは、町並み保存事業を応援する会のメンバーを中核として、行政、まちづくり団体、商工会、観光協会、地域住民などの多元的な主体が参加した勝山のお雛まつり実行委員会が、知識創造の環境条件の基盤を構成しており、主体間の相互作用を行う場である。

・コミュニケーションネットワーク

のれんのまちづくり、雛祭りともまちづくりの関係者は近隣に居住し、町並み保存地区とその周辺地域という比較的狭いコミュニティ空間とネットワークを活かした活動を行っている。

このように、空間的近接性に依拠した密なコミュニケーションと、行政も含めた主体間の相互作用、地域と縁のあるUターン者あるいは地域外の人よりもたらされる新しい発想やアイデアが保持される知識創造の環境が形成されたことで、連鎖的なイノベーティブな取り組みが可能となったと考えられる。

②イノベーションの受容・資源動員

イノベーションの創出過程において、一般に既存の組織は新しい提案の受容に消極的である。このため、組織の抵抗を排してどのように資源を動員し、普及促進を図るかが課題となるが、このことはいかにして組織の協力を獲得し、受容を推進するかと言い換えてもよい。資源動員の正当化の理由を示す四つのパターンの状況について見てみよう。

・地域資源活用の高度化

　のれんのまちづくりでは、勝山の町並みや歴史性のある建造物に調和する絞り染めののれんを開発した。それを面的に組み合わせることによって、美しい景観形成が図られ、町並み保存地区の文化的価値を高めることに成功した。とりわけ、民家や商家の生活や暮らしを表象するのれんデザインは、空間を美しく彩り文化的魅力を高めるだけでなく、のれんデザインの意味の謎解きをめぐって、地域住民間、地域住民と来訪者間のコミュニケーションの活性化を図る誘因となっている。

　雛祭りも、町並みや歴史性のある建造物と組み合わせることを前提としたものだが、のれんのまちづくりと併せることで相乗効果を発揮している。町並みや建造物にマッチする伝統的な雛人形を展示するだけでなく、雛人形の由来や想い出等を住民による口頭での説明や説明書きを添えることで、町並み保存地区での生活や暮らしという文化的な付加価値をさらに高めることに成功している。さらに、所有している雛人形を取り出して飾るだけでなく、新たにオリジナルの雛人形を創作し、地域の竹材などを利用した設えと合わせて展示を行うことで、空間的な魅力を増し、地域固有の文化的資源の開発に貢献している。

　一般的に行われている「古い町並みでの雛祭りイベント」といった範疇を大きく越えて、多くの地域住民や事業者が参画する創造的空間と化しているのである。かかる価値の転換を図ることで、歴史性のある建造物が建ち並ぶ中で点在する比較的新しい建物における展示であっても、違和感なく一体感をもたせることに成功している。また、出展者間でのゆるやかな競い合いが、創作の継続性、高度化に貢献している。このように、勝山の「のれんのまちづくり」と「勝山のお雛まつり」では、地域文化、生活・暮らしなどの地域性と適合する形で地域資源活用の高度化がなされている。

・地域リーダーによるリーダーシップ

　勝山のまちづくりでは強いカリスマ的リーダーシップは存在しないが、Uターン者を中核とした住民まちづくり組織である町並み保存事業を応援する会が地域リーダーグループとなり、これに行政、商工会などの地域団体が連携協力する構造となっている。Uターン者によるアイデアや発想を尊重しつつ、地域住民や行政、地域団体が協力することで、イノベーションの発現と地域の一体的推進に寄与している。さらに、資源動員の正当化という視点では、行政など公的機関のバックアップが重要な要素であった。

・地域内外の支持者の獲得

　絞り染めののれんは、歴史性のある建造物が残る中北部の山本町周辺地区を中心に多くの地域住民の賛同が得られ、大きな反対がなかったことが、関係者インタビューより語られている。次に、行政等の公的機関の認知に成功し、公民協働の枠組みによって地域全体に拡張するプロセスを図れたことが、「のれん」の町並み保存地区全域への普及に極めて大きな役割を果たした。また、地区内の地域住民からも、のれんのまちづくり、雛祭りのまちづくり効果について高く評価していることが住民意識調査から明らかとなった。

　まちづくり総務大臣表彰や都市景観大賞などの受賞は、地域の誇りやアイデンティティを刺激し、地域内外の支持者の増幅に寄与したと思われる。また、雛祭りにおいても、来訪者からの高い評価を得ていることは来訪者アンケート等からも明らかにされている。このように、「のれんのまちづくり」「勝山のお雛まつり」とも、取り組みの開始時より多くの地域内外の支持者の獲得に成功している。

　ただし、勝山支所（現真庭市中央図書館）より北側の城内北地区は、第三次指定拡大区域に指定されているものの、①通りが途中で途切れていること、②新しく他地域から移住してきた人が多いことから、地域の伝統の継承が断裂しており、のれんのまちづくり、雛祭りのいずれの参加状況も低く、保存地区の南端に隣接する新町商店街は、のれんの補助金の対象外となっていることから、のれんのまちづくりを推進する強い動機付けはない。

・地域存続への危機感

　「地域存続への危機感」は、地域リーダーグループには見られているが、必ずしも町並み保存地区全体で共有されているとはいえない。住民意識調査の結果では、経済の活性化のポイントが高くなっているものの、地区によって課題認識が相当異なっている。イノベーションの動機として、地域課題を解決するという利他性の強い課題設定を行ったというよりも、文化的要素の特質をうまく活かし、かつて慣れ親しんだ伝統文化を可視化し、今日に復活させ、さらに地域住民自らが楽しむ楽観的な動機設定が、むしろ地域の資源の動員を容易にし、受容を促進する要因であったと考えられる。

　以上に見たように、「のれんのまちづくり」「勝山のお雛まつり」のイノベーションの形成過程において資源動員が正当化された理由は、第一に、地域の伝統文化、生活・暮らしに根ざした「のれん」や「雛祭り」といった文化的

要素は、地域外の来訪者の高い評価だけではなく、地域住民の心理的抵抗が
なかったことが住民意識調査からも示されており、円滑な受容が行えた理由
と考えられる。第二に、行政の各種支援や補助制度の制定が、さらに資源動
員の正当化を与えたと考えられる。

第4節　まちづくりの課題と新しい担い手の台頭

　勝山のまちづくりは「文化性」が中核要素となって進められてきたが、近
年は「勝山町並み・体験クラフト市」の開催によるクラフト・手づくり品の
交流体験イベントの開催と、自主映画の制作など映像による文化まちづくり
に取り組んでいる。勝山町並み・体験クラフト市は、文化往来館ひしおを運
営するNPO法人勝山・町並み委員会が、岡山県美作県民局、真庭市役所、福
武財団の補助金（補助率10／10）を得て実施するもので、2019年の開催実績
は2日間で参加者626名、来場者数4,195名であった[14]。運営は委託事業であっ
た。自主映画の制作など映像による文化まちづくりには、後述する一般社団
法人やまのふねが関わるようになっており、移住者向けの住宅相談も併せて
行う必要があるのではないかとの指摘もある[15]。こうした新しいまちづくりを
模索する背景には、町並み保存地区の人口減少に歯止めがかからない状況と、
高齢化に伴って生じたまちづくり組織の世代交代の問題がある。
　図表5-22は、勝山町並み保存地区の人口推移である。当図より、まちづく
りを実施したにも関わらず当地区の人口は単調減少となっていることがわか
る。高齢化の進行も著しい。また、現在のまちづくりの担い手となっている二
世ともいえる子どもたちの多くは地区内に居住をしているものの、本業が多忙
な状況であり、十分な時間を割いてまちづくりを担える状況にない。当初、勝
山のまちづくりを始めたときは、行政とは距離を置くスタンスを取ってきた
が、もはや市民だけではうまく回せなくなっているとのことであった[16]。もとよ
り勝山のまちづくりは、交流人口・定住人口の増加や地域経済の活性化を目
的としたものではなく、美しい町並みをつくることで地域住民の満足度を高
め、結果として来訪者を招くことにあったが、人口減少、高齢化を目の当たり
にして、まちづくりそのものが危機に直面している状況がうかがえる。
　実際、勝山のお雛まつりの来訪者数も年々、減少が進んでいる（図表5-23）。
新型コロナウイルスによる影響で2020年の開催は中止に追い込まれ、2021
年は何とか開催したものの、勝山のお雛まつりの特徴である来訪者と地域住

民の親密な交流もうまくできなくなったということもあり、来訪者は8,700人にまで減少したという。また、従来は町並み保存地区と隣接する新町商店街と共同で実施してきたが、2019年より交通規制を行って食を提供する新しいイベントの開催に踏み切った[17]ことを契機に共同歩調が取りにくくなっているようで、実質上変革期を迎えたといえるだろう。

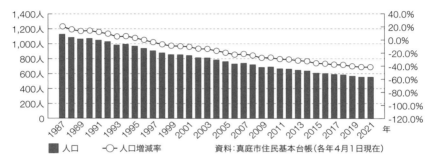

図表5-22 勝山町並み保存地区人口、人口増減率推移　　　　出所 住民基本台帳（各年4月1日）

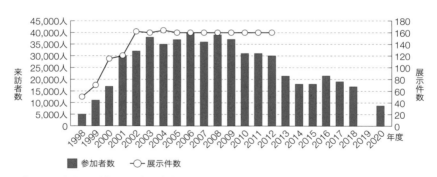

図表5-23 勝山のお雛まつり来訪者数推移
真庭市役所提供資料により筆者作成　　注：2011年以降の展示件数は未測定により不明

　町並み保存地区の隣接する旭川を見下ろせる場所にあった空き家を改修して、文化まちづくりの拠点施設である「舟宿」が2019年5月に新たにオープンした。この施設は木造、平屋建てで、オフィス部分とレンタルスペースの2部屋があり、体験型文化イベント会場などの用途に使用されている。この施設の運営は、2019年6月に設立した一般社団法人「やまのふね」が行っており、設立当初の代表理事には、映画制作に関心をもって大阪府から移住し

た黒川愛が携わったが、現在の代表理事は堀一彦である[18]。舟宿の施設整備と運営を行う「やまのふね」は、ふるさと納税をはじめ真庭市から補助金を受けている。

　勝山地区には拠点施設が多いが、堀によると、「顆山亭《かざんてい》」は町並み保存事業を応援する会の拠点施設、勝山文化往来館「ひしお」は文化芸術活動の拠点施設、「舟宿」は地域外と接点をもったまちづくりの拠点施設として位置づけているとのことであるが、町並み保存地区の人口減少、空き家の増加、外部との交流の停滞等の現状に対して危機感を示した[19]。

　勝山地区が文化まちづくりの対象として映画分野に注力するようになったのは、2006年に大阪からトマト栽培を目的に真庭市湯原地区に移住した山崎樹一郎が、2007年にのれんの制作を行っている加納容子の次女である藤久一穂の協力を得ながら映画上映・制作を行うcine/maniwa（シネマニワ）を発足したことが契機である[20]。2019年度からは山崎樹一郎監督の下、勝山の町並み景観を活かした住民参加型の映画制作に乗り出し、町並みや景観を活かした映画のまちづくりに注力をしている。

　上映会は福武財団の補助金を充当できるが、映画制作は自主制作にあたるため、クラウドファンディング等を活用しながら資金集めを行っているそうである。旧真庭市役所勝山支所が移転となった跡地に、2018年7月に勝山図書館が移転して木材がふんだんに使われた真庭市立中央図書館が設立されたことから、上映会は図書館内のシアターなどで行われている。映画のまちづくり関係では、対面で映画づくりにチャレンジする映像カレッジと、オンラインで実施するシネマカレッジがある。2021年は国内外から映画制作に関する講師を招聘して、映画の基礎やアニメーション映画、映画制作の実践に関する動画が配信されている。

　こうした活動の主力となっているのは、従来、勝山のまちづくりを担ってきた世代（第一世代）の子どもたち世代にあたる30〜40歳代の第二世代であるが、第一世代のまちづくり団体の活動には尊敬の念は示すものの、当該団体には所属せず、新しいまちづくり団体を設立したり所属しながら、新しい勝山に向けたまちづくり活動を模索している状況である[21]。

　以上、最近の勝山のまちづくりの課題と新しい担い手の台頭について概観した。現段階で今後の勝山のまちづくりの行方に言及するのは性急であるが、2021年5月と8月に実施した関係者インタビューを通して、人口減少と高齢化によってまちづくりの継承問題に悩む多くの地域にとって、今後のまちづ

くりのヒントになるであろういくつかの方向性を示唆する動きが見られたので、勝山のまちづくりの特質とあわせて整理をしておきたい。

第一は、まちづくりの担い手はもはや地域内だけで完結するのが困難になっていることである。すでに総務省や国交省が研究会などを通して指摘しているように、地域外との関係人口づくりが現実的な政策課題として重要度を増している。地域外と言っても一言でくくれるものではない。例えば、近距離であれば対面でのまちづくり活動の担い手として、遠距離の場合はふるさと納税を通した資金支援、来訪しての消費活動など状況に応じたサポートメニューの用意が考える。まちづくり団体側も地域外との関係づくりに理解と配慮が必要となろう。

第二は、まちづくりをロングレンジでとらえる視点である。そもそもまちづくりは、着手から成果が出るまで20年とも30年ともいわれる長期間を要す場合が多い。そうなると着手時に30代、40代だった人は成果が出た時点では60代、70代になっているということである。こうした状況を踏まえると、まちづくりには複数世代が継承するシナリオをあらかじめビルトインしておく必要があろう。例えば、まちづくり第一世代は、自らがまちづくりを行いながら第二世代の担い手を育成していく取り組みである。勝山では、第一世代が社会的に大きく脚光を浴びたものの、第二世代の育成にはさほど関心が示されなかった[22]。現在、第二世代のまちづくりの担い手として、第一世代の子どもたちに期待がかけられているが、第二世代が遠方に就職すると、出身地のまちづくりに積極的に関与することは難しくなるだろう。こうしたとき、UIターンを促す日常的な情報発信が必要になる。InstagramをはじめとするSNSの発展によって、こうした取り組みは容易になっているので、地域ベースでのデジタル社会への対応を急ぐとともに、関係づくりのコンテンツ開発を急ぐ必要があるだろう。

第三は、財政状況に恵まれた一部の大都市を除けば、文化まちづくりは、文化的価値だけでなく、社会的価値、経済的価値の追求も必須となるという点である。文化芸術基本法の理念が示しているとおり、人口政策、都市景観、観光振興、産業振興、就労機会、福祉、教育など文化芸術の外部性を常に意識する必要があろう。勝山のまちづくりの場合、文化的価値と社会的価値の両立を目指し、経済的価値にはさほど注意喚起されてこなかった。町並み保存地区内で若者がクラフト系の起業を試みたとしても、交流人口を増やす施策と一体的に展開しなければ行き詰まってしまう。当事例は、まちづくりに

とって経済性と社会性は、いずれも閑却することができない要素であり、両立させる必要があることを如実に示している。

〈ポジショニングマップ分析〉

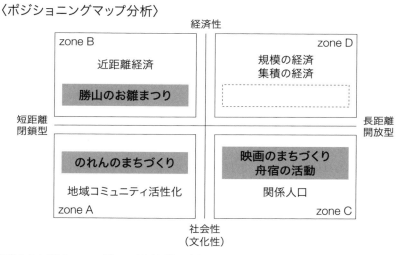

図表5-24 ポジショニングマップ分析（第5章）

　岡山県真庭市勝山地区ののれんのまちづくりは、東京からUターンをした絞り染め染織家に地域住民の一人がのれんの制作を依頼し、自宅にのれんをかけることから始まり、コミュニティエリア内で次第に普及伝搬し、これが美しい町並みを形成することで結果として来訪者が訪れるようになったものである。そのため、zoneAが出発点で経済活性化目的を極力排除しつつ、落ち着いたたたずまいを前面に出し、賛同者を増やす手法であるから、zoneCに移行したともいえるが、特定の者を除けば地域外から広くサポートを受けるアプローチはほとんどされてこなかったといえる。

　一方、勝山のお雛まつりは開催期間も限定されているものの、多くの来訪者を招き、ある程度の経済効果を狙ったものであるので、zoneBの活動と言えるであろう。zoneAの活動は、まちづくり活動を維持するため、あるいは来訪者に対して消費行動を促す経済活動を行うため、zoneBへのシフトを試みるが、そもそも地域住民はzoneAでの活動として認知をしているので、社会性と経済性をめぐるコンフリクトが起こりやすい。

　近年、まちづくり第二世代が取り組んでいる「映画のまちづくり」や一般

社団法人やまのふねの活動は、地域外からの賛同や協力がベースであるので、zoneCの活動とみてよいだろうが、今後、経済的価値をどのようにビルトインするかが問われるところである。

〈注及び参考文献〉
1　真庭市のバイオマス発電の取り組みを紹介する代表的な図書として、藻谷浩介／NHK広島取材班（2013）『里山資本主義―日本経済は「安心の原理」で動く（角川書店）を挙げておく。
2　現在の名称は、「かつやま町並み保存事業を応援する会」となっている。
3　写真5-8：「以前は目立て屋を営んでいた家。『目立て』とは切れなくなったのこぎりの刃を研ぐ職人の技のこと。のれんを作る際、目立て職人だった先代が大切にしていたのこぎりを使いたいとの希望で、のこぎりを大きくデザインした。モデルとなったのこぎりは先代が1つだけ作ったもので、今も大切に保管されているもの。・・・」画像、説明（一部省略）とも（社）勝山観光連盟,勝山の観光ガイド,http://www.maniwa.or.jp/katsuyamanet.com/norenbox/noren-all.html より引用。
4　勝山のお雛まつり実行委員会では、「『勝山のお雛まつり』を永く続けていくためのお約束」として、「まつりの目的」「まつりの主催者とその役割」「お雛様の展示について」「飲食店・物産販売について」として細部に渡る自主規制を行っている。例えば、露天商の販売では、「物産の販売は屋内を原則とし、道路及び敷地内にテント類を張り、あるいは露天での販売はやめましょう。ただし、休憩所として敷地内に設置する場合はこの限りではありません。」と記されている。
5　出店者へのヒアリングでは、観光客からは昨年度の展示や近隣と比較されるため、毎年より良いものを創作していくプレッシャーがかかるとのことである。観光客とのコミュニケーションが創造性を刺激していると言える。
6　2021年現在、商工会女性部による創作雛の講習会は休止している。
7　かつやま町並み保存事業を応援する会の説明による。
8　2021年現在では、補助金は継続しているものの、他の地区のイベントとの公平性が損なわれるので、現在は行政職員による駐車場整備のボランティアは行っていないとのことであった（2021年8月10日に行った勝山振興局へのインタビュー）。
9　住民まちづくりリーダーへのヒアリングでは、坂の上に立地していることも一因だろうとの指摘もあった（2011年3月実施）。
10　住民意識調査は、2010年7月から8月にかけて、城内北を除く勝山町並み保存地区の沿道家屋に居住する住民を対象に、真庭市役所勝山支局の協力を得ながら、「かつやま町並み保存事業を応援する会」と共同で実施した。対象戸数118戸に対し回答数は78戸で、回答率は66.1％であった。
11　以下「のれんのまちづくり」を「のれん」「勝山のお雛まつり」を「雛祭り」と簡素化して記述する。
12　まちづくり効果に関する7項目に関して5段階評価で尋ねている。「のれんを掲げることで、町が美しくなった」を「まちの美化」、「観光客が町をほめてくれるので、誇りに思う」を「誇り」、「のれんを掲げることで、住民や観光客とコミュニケーションを取る契機になった」を「コミュニケーション」、「のれんのまちづくりによって、観光客が訪れ、経済効果が生まれた」を「経済効果」と簡略化して表記した。
13　イノベーションの普及プロセスに関する研究としては、E.Rogers（2003）が知られる。Rogersモデルは、技術的イノベーションがどのようなプロセスによって、社会システム内に普及・拡散するかを体系的・総合的に論じたものである。
14　NPO法人勝山・町並み委員会2019年度事業報告書より。
15　2021年8月の真庭市勝山振興局へのインタビューより。
16　2021年5月と8月に実施したまちづくり調査によるインタビュー結果より。
17　2019年3月2日〜3日にかけて、「しんまちひなマルシェ」が開催された。2019年の主催は「協同組合・新町 勝山町並み会議」で、「勝山のお雛まつり実行委員会」は後援との位置づけであったが、2021年は協同組合新町の単独開催となっている。
18　堀は、建設資材販売の会社を経営している。勝山町並み保存地区から7kmほど南の真庭市月田に居住しているものの、町並み保存地区内の民家を改修して個人用ゲストハウスとして使用しており、勝山のまちづくりに関わっている。

19　2021年8月の堀一彦へのインタビュー。

20　山崎は映画監督作品として『紅葉』（2008年製作）、『ひかりのおと』（2011年）、『つづきのヴォイス──山中一揆から現在──』（2013年）、『新しき民』（2014年）、『やまぶき』（2019年）を制作し、『ひかりのおと』は第12回ドイツ・ニッポンコネクション Nippon Vision Award 受賞したほか、cine/maniwaとして第13回岡山芸術文化賞グランプリ、福武文化奨励賞を受賞している。

21　2021年8月、真庭市役所勝山振興局、まちづくりキーパーソンへのインタビューより。

22　人口減少対策と後継者育成について、筆者は2008年から今日に至るまで勝山のまちづくりを長期間研究対象としてウォッチングしていたことから、人口減少や後継者育成についてもまちづくりリーダーたちと議論をしていたが、次世代のまちづくりに関する言及は少なかった。

第6章

文化創造と食と農による まちづくり
——大分県臼杵市

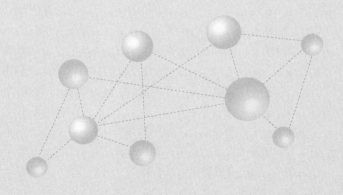

歴史的な町並みを有する臼杵市（うすき）は、町並みと調和する経済活動や文化イベントが行われている。歴史的な町並みに隣接する中心市街地の商店街では、景観と調和するよう整備事業が行われたほか、さまざまなソフト事業にも熱心である。11月には約2万本の竹ぼんぼりとオブジェを設置し、あかりを灯す「うすき竹宵」と呼ばれる文化イベントが開催されているほか、2月から3月にかけては地域の伝承をモチーフにした創作雛を地域住民グループが考案し、地域内に展示することで地域に魅力をもたせる「うすき雛めぐり」が行われている。

　一方、有機農業の推進にも力を入れており、地域の子どもたちへの食育をはじめ有機農業を志す移住者の呼び込みに加えて、豊かな海産物とあわせた循環型社会の形成を目指した取り組みが進められており、2021年11月にはユネスコ創造都市ネットワーク（食文化分野）の加盟認定を受けたところである。本事例では、文化創造と食と農によるまちづくりに関する行政、事業者、市民の連携による展開状況を検討する。

第1節　臼杵市の地域資源とまちづくり[1]

　臼杵市は大分県の東南部に位置し、東は豊後水道に面した臼杵湾、南西部は津久見市、佐伯市と接している。2005年1月に野津町と臼杵市が合併し、人口は3万6,158人（2020年国勢調査）、高齢化率41.1%（2020年国勢調査）、面積は291.2km²の規模である。基幹産業は、醬油、味噌などの醸造業および造船業であるが、臼杵ふぐ、カボスぶり、カマガリ、太刀魚などの水産物、葉たばこ、夏秋ピーマン、うすきカボス、ニラなど農作物の生産量が多い。近年は、臼杵市土づくりセンターで製造する草木を主原料とした完熟堆肥「うすき夢堆肥」による土づくりを基本とした環境保全型農業・有機農業を推進しており、2011年度に化学肥料を使わずに生産された農産物を認証する「ほんまもん農産物認証制度」を制定し、健康増進と持続可能な農業の両立を目指す取り組みを行っている。

　臼杵市の中心市街地は、16世紀にキリシタン大名大友宗麟が築城以来、城下町として栄えたが、武家屋敷や寺院などの古い町並みや迷路のような路地が現存し、当時の面影を色濃く残している。1995年に国宝に指定された臼杵石仏は、臼杵市の観光スポットとなっている。臼杵市の景観の良さが評価されて、大林宣彦監督による映画『なごり雪』『22才の別れ Lycoris 葉見ず花見

ず物語』など、映画やCM撮影の舞台にもなっている歴史のまちである。

　臼杵市のまちづくりは、1960～1970年代の工場誘致反対運動を経て、歴史景観を守る会や臼杵デザイン会議などの民間主導で町並み保存運動が進められた。1983年に「第6回全国町並みゼミ」が臼杵市で開催されたことを契

年　度	事　業　内　容　等
1983	第6回全国町並みゼミ開催
1987	「臼杵市歴史環境保全条例」制定
1991～1993	二王座歴史の道整備事業
1987～2001	町並み拠点施設整備事業 （丸毛家住宅、稲葉家下屋敷、旧真光寺、サーラ・デ・うすき等）
1999	第22回全国町並みゼミ開催
2000～2004	中心市街地活性化事業 中央通り商店街アーケード撤去、個店改装
2001～2002	本町通り電線地中化（ソフト地中化） 本町通り道路美装化（石畳・カラー舗装）
2002～2005	二王座台東通り道路石畳舗装、蛤小路道路石畳舗装 ポケットパーク整備（休憩舎、トイレ整備）
2003～2005	唐人町・祇園洲地区道路美装化
2004～2008	都市再生整備計画事業（第1期）：臼杵城周辺地区再生整備、大手門公園整備（多目的広場、水濠、休憩舎等）等
2005～2006	畳屋町通り無電柱化・道路美装化
2006～2007	大手門筋街路整備（電線地中化、美装化）
2008	臼杵駅前末広線サイン事業
2009～2013	都市再生整備計画事業（第2期）：臼杵城下町地区再生整備
2011	臼杵市景観条例及び施行規則の施行

図表6-1 臼杵市の町並み整備事業及び景観計画等の概要　　臼杵市提供資料等より筆者作成

写真6-2 二王座歴史の道　　写真6-3 臼杵市中央通り商店街

機に町並み保存意識が高まり、1987年には、「臼杵市歴史景観保全条例」を制定し、1991年からは民間の修景事業に対する補助金交付事業を開始している。建物再生事業として、「旧臼杵藩主稲葉家下屋敷」「旧真光寺」等の修復・改修工事や「臼杵城跡」の保存整備事業が行われた他、「二王座歴史の道」整備事業や「街なみ環境整備事業」等によって道路の石畳及び修景整備といった回遊性をもつ散策路の整備を図っている。歴史的景観の町並み整備においては、伝統的建造物群保存地区の指定を受けたうえで補助事業によって進められる場合が多いが、臼杵市ではこうした制度を活用せずにまちづくりが進められた。後藤國利臼杵市長（当時）は、伝建の指定を受けると基準にはめられ、どこでも似たような町になってしまうとその理由を説明している[2]。

　図表6-1に、臼杵市の町並み整備事業及び景観計画等の概要を示す。

　写真6-2は二王座歴史の道、写真6-3は臼杵中央通り商店街の様子である。

第2節　変革に挑戦する商店街——臼杵市中央通り商店街

　臼杵市中央通り商店街は、臼杵市中心市街地の中央に位置し、臼杵のまちづくりにおいて中心的な役割を果たしている。全国に先駆けて商店街の町並み修景事業を実施したが、アーケードを撤去し、修景事業を行うに至った経緯を、商店街振興組合が取りまとめた資料を基に概観する。

　臼杵市中央通り商店街振興組合が整理した活性化の記録（2021年9月）[3]によると、同商店街は直線約320ｍの近隣型商店街であり、1953年に本町商店街と畳屋町商店街が合併して現在の姿となった。2002年にアーケードを撤去して昔ながらの商店街の再生を図ろうと、店舗の外装改修整備に取り組み、中心市街地の歴史的景観との調和を図ることに成功した。現在は、個店の特色や魅力のブラッシュアップに取り組み、近隣型と観光客向けの両方の機能をもつ商店街を目指している。また、空き店舗対策にも力を入れ、2021年現在、50店舗のうち空き店舗は5店舗にとどまっている[4]。

　1978年に建設されたアーケードは老朽化が激しく、雨漏りや落下物、消防設備にも問題が指摘されていた。そこで商店街は1993年にアーケードのドーム化を総会で決議した。当時、県会議員だった後藤國利は、商店街のドーム化の説明を受け、商店街は臼杵観光の中心地に位置しているので、臼杵に住んでいる人だけを対象にするのではなく観光客も含めた商店街を考えること、アーケードをどうするかは商店の修景、空き店舗の活用、商店の組み合わせ

など商店街の再興に向けた事業戦略と併せて考えるよう提言した。

　ドーム化は賛否両論が激しく、組合の総意として決議を得ることができたものの、大分県への書類提出（1994年4月高度化資金申請）の段階で理事全員の同意が得られず、ドーム化を断念した。その後、老朽化していたアーケードは、危険箇所の補修のみを実施し、長期間放置された状態となった。このままでは最悪の状態になりかねないとの危機感から、アーケードの撤去に向けて1998年より商店街の4ブロックごとに正副理事長が出向き、撤去の是非についての組合員の意見の聞き取りと粘り強い説明を行った結果、1999年にアーケードの撤去の決議がなされたのである。

　アーケードの撤去後は、周囲の町並み景観に合わせた商店街として再生することとし、大分県および臼杵市の支援を受けて、外装改修、アーケード撤去、電線地中化、石畳舗装、街路灯設置などの工事を次々と実施し、2003年に完成した。周辺の町並みとの連続性が生まれ、商店街に魅力が出てきたことで観光客が訪れるようになると、商店街青年部がイベントの企画や運営面において中心的な役割を果たすようになり商店街の活性化に取り組んでいる。

　2003年度に臼杵市商工会議所が事業主体となり、中小企業庁のチャレンジショップ事業に取り組んだところ、空き店舗に7店舗が開店した。こういった積極的な取り組みが評価されて、2006年には「全国頑張る商店街77選」経済産業大臣賞を受賞した[5]。

第3節　公民協働による文化イベントの創造
──うすき竹宵[6]

　「うすき竹宵」は、臼杵石仏をつくったと言い伝えられている真名長者伝説を再現した竹祭りで、1997年から毎年11月の第一土曜日・日曜日に行われている。二王座歴史の道をはじめとする臼杵中心市街地の町並みに竹ぼんぼりが灯され、般若姫行列などの行事が行われている。「うすき竹宵」開催のきっかけは、当時の臼杵市長であった後藤國利が1997年に別府市で開催された竹のぼんぼりを使ったあかりのイベントの話を聞き、臼杵市でもこうしたイベントを実施してみようと考えたことによる。

　当時、臼杵市は、大分県内でも有数の筍の産地であったが、筍農家の高齢化や中国産の安価な筍が出回ってきたため出荷高が激減し、竹林が荒れ始めていたため、竹を使ったイベントは竹山保存にもつながる望ましいものであっ

た。この発案の受け皿となったのが、臼杵市職員グループの「未来（みら）くる会」である[7]。同会は市役所単独でイベントを開催するのは困難と考え、商工会議所青年部など近隣の知り合いに相談したところ、初めは冷ややかな反応であったが、次第に賛同者が現れ、市役所、商工会議所青年部、青年会議所、商店街青年部など組織の垣根を越えた協働の取り組みが開始された[8]。

　討議の結果、コンセプトを「100年先まで続けられるような地域に根付いた祭り」とし、継続性に主眼が置かれた。開催場所は寺院が集積して歴史的な町並みの残る「二王座歴史の道」を中心にすることとした。木造家屋の多い地区でろうそくを使うのは危険であると否定的な意見もあったが、粘り強い説得の結果、地域の同意を獲得した。別府市から竹ぼんぼり1,500本を借り受け、約半年間の準備期間を経て、1997年11月3日に「竹光芸まつり」としてイベントを開催したところ予想以上の来訪者を集め、店もお客で賑わった。地域住民にも評判が良かったため継続開催されることとなったという。

　第2回は、竹にちなんで「かぐや姫行列」を実施したが、臼杵市との関連性がないため、第3回からは、臼杵に伝わる仏教伝来や国宝の石仏造像を含む物語「真名長者伝説」をモチーフに、真名長者の一人娘である「般若姫」にちなんだストーリーを実行委員会のメンバーが創作し、「般若姫行列」という行事を行うことにした。創作したストーリーは、両親と娘（玉絵姫）の待つ故郷（臼杵）へ帰ってくる般若姫の魂（玉絵箱）を出迎えるために、里人が道に竹ぼんぼりを並べて迎えたことに由来するというものである。このうち、「玉絵箱の里帰り」の部分を般若姫行列として再現し、竹ぼんぼりが照らされる町を行列することで、単なるあかりイベントとしてではなく、地域の歴史や文化を継承する機会と位置づけている（田代利恵, 2012, p.156）。また、玉絵箱は、京都の職人に制作を依頼するなど「本物」にこだわった。

写真6-4 竹ぼんぼりのセッティング
　　　　（二王座歴史の道）

写真6-5 般若姫行列

般若姫行列では、般若姫や玉絵姫をはじめ行列の参加者を臼杵市内在住者から募集・選考しているため、イベント当日は誰が般若姫や玉絵姫に選ばれたのかを楽しみに、多くの住民が集まるしかけとなっている。

　うすき竹宵では、竹ぼんぼりのほかに、竹を加工してテーマ性をもった立体的な創作物（オブジェ）を制作し、これにろうそくを灯して展示設置している。オブジェの制作には、地区住民をはじめ各種団体、小中高校などが制作に関わっている他、県内外から大学生や社会人が泊まり込みで制作を行うなど、多くの人や団体が参加できるしくみとなっている。また、レベルの高いオブジェには、次年度のポスターやカレンダーに使うなど制作者のモチベーションを高める工夫がされている（田代利恵, 2012, p.155）。

　うすき竹宵の開催場所は、臼杵市中心市街地のほぼ全域が対象地域となっており、中央に中央通り商店街が位置する。2019年11月2日（土）〜3日（日）にかけて開催された第23回うすき竹宵では、オブジェは33か所に設置された（図表6-6）。

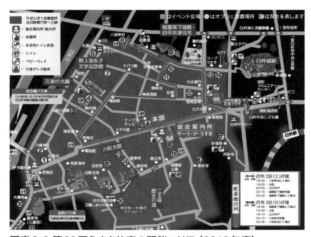

図表6-6 第23回うすき竹宵の開催エリア（2019年度）

出所：第23回うすき竹宵パンフレット

　なお、2020年の第24回うすき竹宵は、新型コロナウイルスの感染拡大によって中止となったことに加え、2021年の第25回は、うすき竹宵実行委員会において通常開催の準備を進めていたところ、コロナウイルス感染症の影響により通常開催を断念し、規模を大幅に縮小して開催した。エリアを限定

するとともに、例年、約2万本用意していた竹ぼんぼりを6,000本に減らし、オブジェは6か所に縮小するとともに般若姫行列等の各種イベントも行わないこととした[9]。

　うすき竹宵を支える組織として、運営の自立性、持続性を高めるために実行委員会の経験者が結成した「NPO法人うすき竹宵」がある。この団体は、後任の委員へのサポートやイベント運営のノウハウの継承、オブジェ制作や県外のボランティアのサポート、うすき竹宵の広報などの活動を行っている。同団体は、うすき竹宵を永く続けていくためには、市役所の補助金や企業の協賛金に頼るだけではなく、住民が主体的にサポートしていくことが必要と考え、地元有志によって「うすき竹宵サポーター倶楽部」が設立され、寄付金募集などを通して資金面での支援を行っている[10]。

　うすき竹宵は地域外の観光客のためにあるのではなく、自分たち臼杵市民の祭りであるという意識をもつ人が増えた。また、2013年からは「うすき竹宵カレンダー」の販売を行い、販売収益で事務通信費などの活動経費を賄うことが可能となり、寄付金をすべてろうそく代に充てることができるようになったとのことである[11]。2019年度の第23回では70万円分のろうそくを贈呈している[12]。

　うすき竹宵の事業費は例年約1,000万円程度であるが、2019年度の収支決算では、臼杵市からの補助金は430万円となっており、市補助金と協賛金が主要な収入源となっている（図表6-7）。

収　入	
内　訳	決算額（円）
前年度繰越	73,758
協賛金	4,444,746
市補助金	4,300,000
募金	28,321
シャトルバス売上	661,820
雑収入	423,493
合　計	9,932,138

費　目	決算額（円）	備　考
竹関連費	3,162,406	オブジェ制作費、ろうそく費レンタカー代等
イベント費	3,250,324	イベント出演・行列衣装、机・椅子レンタル等
広報費	979,086	ポスター、チラシ印刷費、ホームページ運営等
総務費	2,265,861	ボランティア保険、クリーニングシャトルバス借上、仮設工事費等
繰出金積立金	200,000	積立残高　2,030,569円
合　計	9,857,677	

図表6-7 第23回うすき竹宵決算報告書（2019年度）

「第23回うすき竹宵決算報告書」『広報うすき』2020.3月号Vol.183, p 15をもとに筆者作成

・**事業効果**

うすき竹宵の来場者数は、2日間で約9万人と見込まれている。うすき竹宵による地域社会の対応や変化を見てみよう。

まず、会場である臼杵市中央通り商店街には多くの来客があり、経済効果を生んでいることは明らかである。商店街は当初から青年部がうすき竹宵の実施に関わっていたこともあり、竹ぼんぼりづくりの作業や実行委員会への参加を行っている他、イベント開催期間中は、おもてなしの意味も込めて、観光客への販売につながらなくても店を閉めないといった協力を行っている。

このほか、地域住民や参加した事業者に社会的効果をもたらしている。イベントは設営から撤収まで極めて短期間の間に行われるが、こうした作業は子どもたちも含めた地域住民の手によってなされており、経験者から運営ノウハウが引き継がれていく。イベントの成功体験の共有化によって、参加した主体間の相互理解や信頼関係の醸成の契機になることに加え[13]、来訪者から地域を褒められることによって地域に誇りやアイデンティティを感じるようになったとされる[14]。こうして、うすき竹宵では回を追うごとに協力者が増加し、うすき竹宵の規模は年々拡大していった[15]。

うすき竹宵の成功を契機に地域の良さを見直す機運が高まり、「うすき赤猫まつり」と「うすき雛めぐり」の二つの新しい文化イベントが始まった。どちらも地域の歴史や文化に根差したテーマで、地域住民が主体的に開始したイベントである。次節では「うすき雛めぐり」の取り組みを紹介する。

第4節　女性が主役の新しい文化創造──うすき雛めぐり

うすき雛めぐりは、毎年、2月上旬から3月上旬にかけて、和紙の雛約3,000体を臼杵市中心地の公共施設等に展示するとともに、雛づくり体験等を実施する文化イベントである。開催の経緯は、臼杵には2～3月のイベントがなく、訪れる人が少ないことから、ちりめん細工の工房兼ギャラリーを営む地元の女性が、新しいイベントとして雛祭りをしてはどうかと考え、2005年に臼杵市の広報誌の投稿欄にうすき雛めぐりの開催を目指して「和紙のお雛様を作りませんか」と市民に呼びかけたことが始まりである。その後、市民ボランティア組織「うすき雛の会」を結成し、和紙で雛の制作を行った。2006年2月にうすき雛めぐり実行委員会を立ち上げ、第1回の「うすき雛めぐり」を同年2月18日（土）～3月26日（日）に開催した。旧真光寺・稲葉家下屋敷

などで「うすき雛」を展示し、同時にお雛様スタンプラリーを開催した。

　うすき雛めぐりで並べられる雛人形は和紙の雛となっている。理由は、臼杵の独自性を出すため、民家や商家が代々所有する伝統的な雛人形を飾るだけでなく、ちりめんや和紙など手づくりの雛人形を飾るのがいいと考えたことによる。デザインを思案していたところ、知り合いの住民から、臼杵では天保の改革のころ、質素倹約に努めた藩政により臼杵の町人たちは紙製のお雛様しか飾ることを許されていなかったと記載された文献[16]があるとの話を聞き、当時の紙製の雛人形は現存しないことから、お雛様の原型といわれる立雛を参考に誰もが作りやすい現在の「うすき雛」を考案したという[17]。

　うすき雛の制作は、例年、うすき竹宵終了後の11月上旬から1月末にかけて行っている（写真6-8、6-9）。雛づくりを希望する人であれば誰でも参加でき、さまざまな年齢の人が楽しく参加できることから、臼杵市に移住した人が地域に溶け込むきっかけにもなっているという。また、高齢者には生きがいづくりになっているほか、小学校など子どもたちに、うすき雛づくりにあわせた伝統文化を伝える活動を通して、地域アイデンティティを醸成する機会にもなっている（田代, 2014a）。

写真6-8 うすき雛めぐりの展示風景
　　　　（久家の大蔵）

写真6-9 雛づくり体験風景
　　　　（サーラ・デ・うすき）

　「うすき雛めぐり」の認知を高めることと臼杵市の地域ブランドの向上を図るため、2013年に九州のひなまつり広域振興協議会[18]に加入した。これに伴い、大分空港や九州国立博物館での展示PR、「ひなの国 九州」のパンフレット掲載など広域での情報発信が可能となったことから、「うすき雛めぐり」の認知が急速に広まった。また、九州のひなまつり広域振興協議会に加入したことを契機として、2014年1月から3月にかけて、東京都目黒区にある目黒

雅叙園内の東京都指定有形文化財「百段階段」にて開催された「『百段雛まつり』〜九州 ひな紀行〜」において展示する機会を得ている。この催しに出展した展示品は、九州各藩の大名家のお雛さま、古今雛、有職雛など、九州の歴史・文化の厚みを物語る雛人形が多く出展されたが、8年前に新たに創作されたうすき雛が伝統雛と並んで展示に加わることができたのは、うすき雛の完成度が高く、一定の質的評価がなされたものと考えられる（田代, 2014a）。

　うすき雛は和紙の雛であることから、購入を希望する観光客も多いため、限定数を販売することにした。うすき雛が定着するまでは質も担保することが重要であると考え、ひなの会の代表が販売にできる品質かどうかをチェックしたうえで一般社団法人臼杵市観光協会でのみの販売とした。当初は、うすき雛を制作する材料費は観光協会（臼杵市）から補助を受け、ポスターやのぼりの制作は観光協会が行っていた。しかし、お金をもらう立場では融通が利かないことが多々あり、2015年からは「うすき雛」の販売を臼杵市観光交流プラザ（一般社団法人臼杵市観光協会が運営）とサーラ・デ・うすき（株式会社まちづくり臼杵が運営）に委託し、販売数に応じて販売手数料を支払う方法とした。こうした取り組みにより、収益によって必要な費用を賄うことができるようになり、自立した運営が可能となった。

　うすき雛めぐりを始めた当初は、うすき雛の会の代表が商店街を回って、うすき雛を店舗に展示してほしいと依頼したが、臼杵では雛人形を飾る習慣がなかったこともあり、商店街が積極的に関わったとはいえない。また、うすき雛を「紙のお雛様がうすきの雛として紹介されるのは恥ずかしい」「（当時の雛は残っていないので）うすきの雛というのはおかしいのではないか」という批判的な意見もあった。しかし、多くの観光客が訪れ、うすき雛が評価されるようになると、雛めぐり期間中にひな祭りにちなんだ食事メニューやスィーツを提供する飲食店も現れるなど、協力する店舗もみられるようになった[19]。

　2021年は新型コロナウイルス感染症拡大のため展示場所を縮小しての開催となったが、中央通り商店街内においても雛人形を飾る店舗が増え、「八町大路雛めぐり」のイベントを開催するようになった。「うすき雛めぐり」を開始してから年中行事として町中で認識されるようになるまでに実に15年の粘り強い取り組みが必要だったのである。

・まちづくりを支える組織──まちづくり会社の設立[20]
　株式会社まちづくり臼杵は、継続的に中心市街地活性化のためのさまざ

な事業を展開していくことを目的として、2001年10月31日に地場企業6社（臼杵運送株式会社、うすき製薬株式会社、株式会社久家本店、東九州石油株式会社、富士甚醤油株式会社、フンドーキン株式会社）と臼杵商工会議所、臼杵市の出資により設立された。中心市街地の歴史資産を生かしたまちづくりを行うため、サーラ・デ・うすきを拠点として、サーラ・デ・うすき等の観光施設の管理および臼杵の魅力の情報発信、産業振興として「臼杵まちゼミ」の開催、「うすきの地もの」等販売事業による物産振興、チャレンジショップ事業（空き店舗対策）の実施を行っている。また、イベントの受託事業として「うすき食フェス」「うすきパンストリート」「うすき雛めぐり」を開催している。また、「うすき街色事業」として、うすき街色音楽祭、うすき街色絵画教室、うすき街色演劇祭、うすき街色囲碁教室などの事業も主催している。2021年には「うすきまちづくりの歴史」入門講座を全8回にわたり開催し、将来的に臼杵町並みガイドの育成につなげていく取り組みも始まっている。まちづくりの継承を視野に入れた活動は瞠目すべきものがある。

第5節　循環型社会形成への挑戦
──有機の里づくりから食文化創造都市へ

　臼杵市では、2002年に臼杵市環境保全型農林振興公社を設立して以降、有機農業に積極的に取り組んでいる。2005年に旧臼杵市と野津町が合併し臼杵市となり、漁業や醸造業（味噌・醤油）、造船業を主産業とする臼杵地域と、大分の食糧庫と呼ばれ農業の盛んな野津地域が一つになった。旧野津町では古くから有機農業に取り組んでいる生産者がいたこともあり、環境保全型農業、有機農業がさらに推進されるようになった。

　図表6-10に、臼杵市の有機農業への取り組みを整理した[21]。2010年に農林振興課内に有機農業推進室を設置し、有機農業を推進する体制を整えた後、同年8月に「臼杵市土づくりセンター」を開設して有機農業に不可欠な「土（うすき夢堆肥）」の製造を開始した（写真6-11）。2011年3月には臼杵市有機農業推進計画を策定し、翌2012年6月に、「ほんまもんの里みんなでつくる臼杵市食と農業基本計画」を策定する。臼杵市では、うすき夢堆肥等の完熟堆肥を基とした有機農業の推進、水源涵養機能を高めるための持続可能な森づくりの推進、臼杵の地魚「海のほんまもん」漁業の推進を軸に、そこに循環する「水資源」を豊かにする循環型社会の構築を目指している[22]。

時　期	事　業　内　容　等
2000年9月	「給食畑の野菜」取り組み開始
2002年8月	臼杵市環境保全型農林振興公社設立
2005年5月	「ほんまもんの里うすき」農業推進協議会設立
2007年3月	臼杵市有機農業起業者誘致条例の制定
2007年4月	臼杵市ほんまもんの里農業推進センター開設
2010年3月	「ほんまもんの里みんなでつくる臼杵市食と農業基本条例」制定
2010年4月	農林振興課内に有機農業推進室設置
2010年8月	「臼杵市土づくりセンター」開設
2011年3月	「臼杵市有機農業推進計画」の策定
2011年5月	土づくりセンター「うすき夢堆肥」販売開始
2011年11月	「ほんまもん農産物認証制度」発足
2012年6月	「ほんまもんの里みんなでつくる臼杵市食と農業基本計画」策定
2014年4月	WEBサイト「ほんまもん農産物広場」の開設
2014年5月	映画『100年ごはん』初公開（大林千茱萸〈ちぐみ〉監督）
2015年8月	「臼杵市版まち・ひと・しごと創生総合戦略」において「有機の里うすき」を総合戦略の取り組み事業として位置づける
2016年4月	地域おこし協力隊制度を活用した研修制度、有機農業隊員2名着任　毎年、有機農業で自立を目指す地域おこし協力隊員を採用

図表6-10 臼杵市における有機農業の取り組み

関下弘樹（2017）「臼杵の食育文化を基礎とした地域ブランド創出」
（石原俊彦監修『歴史と文化のまち 臼杵の地方創生』第5章）pp.121-139をもとに筆者作成

写真6-11 臼杵市土づくりセンター
出所：臼杵市ホームページ（http://www.yumetaihi.jp/p3.html）

以下、有機農業の推進に関する具体的な展開内容を整理する。

（1）給食畑の野菜

　2000年9月から始まった「給食畑の野菜」の取り組みによって、約50戸の「給食畑の野菜」生産者が給食センターに直売所を通じて農産物を供給してお

り、臼杵市給食センターで使う生鮮野菜の約4割が地元の農産物となっている。また、小学生の農業体験として「給食畑の野菜」や「ほんまもん農産物」の圃場で植付収穫体験を行い、収穫した農産物は学校給食の食材として活用している。2019年には36回の開催実績がある。臼杵市では、こうした取り組みを通して、子どもたちへの農業に対する理解、地元への愛着を醸成することを目指している[23]。

(2) 臼杵市土づくりセンターとほんまもん農産物

　臼杵市土づくりセンターでは、原材料の8割を草木類、2割を豚糞とした「うすき夢堆肥」を製造している。6か月かけて発酵完熟させることで自然の土に近い堆肥となっている。市営の施設であるが、臼杵市環境保全型農林振興公社が指定管理者として業務を行っている。うすき夢堆肥等の完熟堆肥による土づくりを推進し、農業者が有機農業に取り組みやすい環境づくりとして、臼杵市では市内の農家に対しては市外向けとは異なった安価な価格で提供しているほか、農業技術の向上のために有機農業専門技術員を配置し、巡回指導の実施や有機栽培の実証事例集「ほんまもん農産物のつくり方」を作成、配布を行っている[24]。

(3) 有機農業の担い手の確保

　臼杵市では、有機農業で円滑に就農できるよう、2007年に「臼杵市有機農業起業者誘致条例」を制定し、有機農業での新規就農者に対し、10アールにつき10万円（上限1ha）を3年間、奨励金として交付している。また、地域おこし協力隊制度を活用し、2016年度からは有機農業で自立を目指す有機農業隊員の採用を行っている。採用実績は、2016年度2名（継続）、2017年度1名、2018年3名、2019年度2名、2020年度2名である。図表6-12に有機農業生産者数の推移、図表6-13に有機農業生産面積の推移を示す。

　臼杵市では、うすき夢堆肥等の完熟堆肥で土づくりを行い、化学的に合成された肥料の使用を避け栽培した農産物を「ほんまもん農産物」として認証する「ほんまもん農産物認証制度」を導入している。「ほんまもん農産物」は、JA直売コーナー、地元スーパー、各直売所等で購入できる。有機農業は、慣行栽培から有機栽培へ転換する生産者だけでなく、新しく有機栽培を志す移住者、地域おこし協力隊、農家民泊を行う農家へと広がりを見せている（図表6-14）[25]。

	2011年	2019年
ほんまもん 農産物生産者	10戸	54戸
有機農業 生産法人	2社	7社
その他 有機農業生産者	3戸	10戸
合　計	15戸	71戸

図表6-12 有機農業生産者数の推移

	2011年	2019年
ほんまもん 農産物生産者	2ha	20ha
有機農業 生産法人	15ha	58ha
その他 有機農業生産者	2ha	10ha
合　計	19ha	88ha

図表6-13 有機農業生産面積の推移

一般財団法人日本有機農産物協会「第2回交流セミナー」2020年2月20日
大分県臼杵市発表資料「有機の里づくり～うすきの「食」と「農」を豊かに～」より筆者作成

図表6-14 臼杵市が目指す有機の里づくり

出所：一般社団法人日本有機農産物協会「第2回交流セミナー」
（2020年月2月20日）大分県臼杵市発表資料
「有機の里づくり～うすきの「食」と「農」を豊かに～」

写真6-15 大分市のトキハ本店（百貨店）ほんまもん農産物の販売

出所：臼杵市農林振興課有機農業推進室、Facebook掲載画像より
（https://www.facebook.com/yuukinougyousuisinsitu/）

臼杵市中心市街地では、ほんまもん野菜を使ったメニューを提供する飲食店が増加しているとともに、ふるさと納税返礼品にもほんまもん野菜が有機栽培のこだわり野菜として人気を博している（写真6-15）。

(4) 映画『100年ごはん』[26]

臼杵市は、「家族みんなが、新鮮で安全な地元の食材を使った、我が家の味が並ぶ食卓を囲み、未来につながる生涯現役のまち」を目指しており、この未来像を市民が共有し、実現したいとの思いから映画『100年ごはん』の製作を企画した。映画『なごり雪』『22才の別れ』を臼杵で撮影した大林宣彦監督の長女で料理家でもある大林千茱萸監督に依頼し、2013年に完成している。有機農業をめぐる臼杵市の人々の記録映画として、「いまのワタシ」が「100年後のアナタ」に語りかけるというドラマを編み込むことで、「過去」「いま」「未来」は地続きであることを浮かびあがらせ「自然との共生＝リビング・ハーモニー」をめぐる臼杵の人々を描いた群像劇である。

映画館や映画祭で上映のほか、大林千茱萸監督のトークライブや「ほんまもん農産物」を使った食事会等をセットにした上映会が全国各地で250回以上開催されている。また、ニューヨークやロサンゼルス、ハワイ、スリランカ・キャンディ市でも上映され、2018年にはイタリア・トリノで開催されたスローフードのイベントでも上映されるなど、今もなお定期的に上映会が開催され、臼杵の地域PRと「有機の里うすき」の認知度向上に寄与している。この取り組みについて『未来へつなぐ食のバトン　映画『100年ごはん』が伝える農業のいま』（大林千茱萸, 2015）として筑摩書房より書籍化もされている。

(5) 臼杵ブランド「うすきの地もの」

臼杵市は、地域内での循環型社会の構築を目指して、土づくりからの有機農業の振興と、地元で水揚げされる魚介類の特徴を活かした漁業振興を図っている。そこで、臼杵の風土・自然循環の中で育まれた資源・食材を活用し、使う人・食べる人のことを考えてつくられたこだわりの加工品を臼杵ブランド「うすきの地もの」として認証し、市内外に発信することにより、地産地消の促進と地域産業の活性化、「食」による観光振興を推進している。図表6-16に、うすきの地ものの基本理念を示す。

さらに、農林水産物などの地域資源を活用した魅力ある新たな特産品の開

発、加工、販売や販路拡大などを支援する「臼杵市ブランド開発支援事業補助金」制度を実施し、特産品のブランド化、地産地消の促進等地域産業の活性化を図っている。

うすきの地もの 基本理念	・自然に向き合い、臼杵産の旬の食材にこだわります。 ・臼杵の食文化や発酵食品を大切に考えます。 ・素材の味を活かし、添加物は出来る限り使いません。 ・農山漁村の感性を大切にしたものづくりをします。 ・美味しく、臼杵の味としてのイメージを大切にします。

図表6-16 うすきの地もの基本理念

出所：臼杵市役所ホームページ
（https://www.city.usuki.oita.jp/categories/shimin/norinsuisan/local_produce/）

　臼杵市は環境保全型の農業・水産業の振興、醸造・発酵産業の厚みと、創造性豊かな文化力を活かした持続可能な「食と農によるまちづくり」のいっそうの推進を図るため、ユネスコ創造都市ネットワーク（食文化分野）に加盟申請したところ、2021年11月に加盟が認められた。現在、臼杵食文化創造都市プロジェクトとして、「食文化体験プログラム」プロジェクト、「臼杵食文化映画祭」プロジェクトなど八つの先導的なプロジェクトを展開している。

第6節　臼杵市のまちづくりの起源
──風成闘争の経験とまちづくりの課題

　臼杵市のまちづくりの出発点となったのは、1960年代末から1970年代初めのセメント工場の誘致計画に対する公害予防紛争（風成闘争）である。これは、1970年2月に市議会がセメント工場の誘致を決定し、漁業組合も埋め立てに同意したことから、工場建設場所と隣接する風成地区から公害の発生が懸念されると反対運動が起こる。1970年12月に水産庁の認可を受けた大分県はセメント会社に対して埋め立てを認可したところ、激しい反対運動が展開され、賛成派と反対派が臼杵市を二分する紛争に発展したというものである。

　日本の公害予防運動史に残る「風成闘争」は、1973年10月に福岡高裁で結審し、住民側の勝訴で終わることになった[27]。これらの出来事は、臼杵市市民は、歴史的にも経済的価値だけなく社会的価値＝歴史、自然、生活環境を守るという意識が高かったことを表している。うすき竹宵を発案した当時の

市長である後藤國利は、「風成闘争」に際しては企業誘致に反対する市民運動の指導的立場にあった。

後藤は、市長になってから臼杵のまちづくりについて、「今残されている遺産に対し自信と誇りを持って守り育て、全国の皆さんが（臼杵の良さに）気づくのを待つ『まちのこし（待ち残し）[28]』」という考えを実践した。臼杵市では、1969年代中頃から市民による保存運動が始まり、1975年には「臼杵の歴史景観を守る会（発足時、臼杵の美しい町並みを守る会）」が発足するなど、市民の町並みを守る先駆的な取り組みが行われている。当時の反対運動の意識がまちを守るという意識につながり、さらにうすき竹宵を100年続く祭りとして育てようという発想へとつながったといえる。化学肥料と農薬頼みの農業政策を「安心安全な農業」へと転換し、土がもつ本来の力を生かす農業の再建を目指した「ほんまもん農業」への取り組みを強力に推進できた背景には、歴史的時間の中で培われた自然環境や歴史文化を大切にする市民意識が反映しているように思われる。

うすき竹宵は、成功体験をもとに次第に規模が拡大してきたが、9万人規模のイベントを持続させるのは容易なことではない。市民に浸透するしかけと組織の継承については当初より工夫が凝らされてきた。例えば、市内の小中高の児童・生徒や近隣の大学に働きかけて運営を手伝ってもらうことで竹宵を体験し、わが町の祭りとして継承するようにしているほか、青年会議所や臼杵市中央通り振興組合青年部などに所属する若手のメンバーに責任をもった運営を仕向けることで、継続的な組織活動が行えるようにしている。その一方で、新しいことをしかけていく余地を残すことでマンネリ化を防ぎ、モチベーションが維持できるような工夫も行っている。

こうしたしくみを設けたとしても、実施体制の不断の点検と見直しは必要である。例えば、当日のボランティアの確保、最適規模の設定、協賛金の確保といった課題がある[29]。

また、作品（オブジェ）の質を高めるには、創作活動に関心のある大学生をはじめ、地域外からの資質と能力をもった創造性豊かな人の吸引が不可欠となろう。つまり、これまでに構築された公民協働のしくみを活かしつつ、うすき竹宵のマンネリ化を防ぎ、新しい価値の継続的創出に向けた地域ベースのイノベーションの視点が求められると解釈される。これに加えて、新型コロナウイルスによる衝撃は大きく、2020年度は開催中止、2021年度は開催規模の大幅な縮小を余儀なくされた。開催規模を縮小するにあたり、実行委

員会では大いに悩んだが、「うすき竹宵はそもそも臼杵市民のための祭りだった」という原点に立ち返って開催規模の思い切った縮小を決断したという[30]。この点は、規模の拡大が望ましいという「拡大史観」の再考を迫る英断ではないかと考えられる。

　一方、うすき雛めぐりの課題は、持続可能な体制の確立である。近年、ようやく地域内での認知の獲得に成功したが、うすき雛めぐりを牽引する市民ボランティア組織「うすき雛の会」では、2006年から代表をしている女性が、会の運営のほとんどを一人で仕切っていたが、すでに高齢であり、次世代への継承が急務となっている。後継者の問題は、多くのまちづくり団体が抱える問題と同じであろう。

〈ポジショニングマップ分析〉

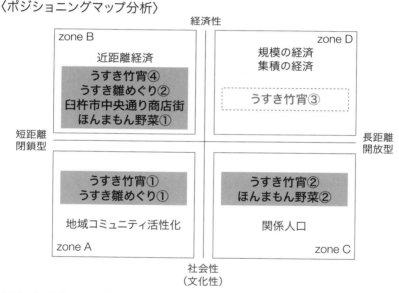

図表6-17 ポジショニングマップ分析（第6章）　　　　　　　　　　　　筆者作成

　臼杵市中央通り商店街のまちづくり活動は、コミュニティ範囲にとどまらず、近隣からの顧客の吸引を目的とするためにzoneBの活動といえる。ちなみに、島根県境港市の水木しげるロードで見られるような観光客を対象にした商店街は、zoneDでの活動と考えた方がいいだろう。

　うすき竹宵は、もともと竹ぼんぼりを使った「100年先まで続けられる地

域に根付いた祭り」を目標とするもので、zoneA（うすき竹宵①）から出発して zoneD（うすき竹宵②）へと拡大したものであった。この間、オブジェの制作やサポーター倶楽部によるろうそくの寄付金集めは zoneC（うすき竹宵②）の地域外の人へのボランタリーな働きかけを呼び掛けたものである。うすき竹宵の規模の拡大につれて、イベント開催を担う実行委員会のマンパワーの確保が地域社会に負荷をかけていたが、新型コロナウイルスの影響により、もともとの原点であった zoneA（うすき竹宵①）あるいは zoneB（うすき竹宵③）の領域への後退を余儀なくされている。しかし、これは経済性と社会性をめぐる持続可能なまちづくり活動を考えるうえで、たいへん示唆的である。

うすき雛めぐりは、zoneA にて女性を中心としたまちづくり活動が行われているが（うすき雛めぐり①）、そもそも手づくり雛の生産は限界があるため、規模の経済領域である zoneD のポジションはとれない。目下のところ、商店街とタイアップしながら zoneB（うすき雛めぐり②）の領域で展開をしている。

臼杵のまちづくりのもう一つのカギとなる有機農業の生産物である「ほんまもん野菜」は土づくりの生産能力の限界から zoneD（ほんまもん野菜③）での活動は困難であるため、地域の価値創出を図りながら zoneB（ほんまもん野菜①）での活動に見えるが、まちおこし協力隊など有機農業を志す移住者の増加によって zoneC（ほんまもん野菜②）の展開が目立ってきた。移住者の生計を支えるには市場拡大が必要となるが、ユネスコ創造都市ネットワークの加盟を契機に、今後 zoneD での展開に向けて、どのような政策を展開するかが課題となってくる。

〈注及び参考文献〉
1　臼杵市ホームページ（https://www.city.usuki.oita.jp/docs/2014013000320/）を要約。
2　「四六吉だより」広報うすき, 2008年11月, p.17.
3　臼杵市中央通り商店街振興組合発行「活性化これまでの取り組みの記録」(2021.9) を要約。
4　うち2店舗は、賃貸にする意志はないとのことである（同上）。
5　「アイデア商店街」として「歴史のある町並みを残した景観形成とチャレンジショップによる活力ある商店街とまちづくり」が選考理由である。
6　うすき竹宵の経緯については、田代利恵（2012）「文化的イベントが地域協働のまちづくりに果たす役割に関する研究」『龍谷大学大学院政策学研究』(1), pp.149-168を参照した。
7　「未来くる会」とは、約10名の若手職員で構成され、所属部署を越えたまちづくりなどの組織横断的な職務経験をすることで人材育成を図ることを目的としたプロジェクトチームである。
8　当時の「未来くる会」メンバーへのヒアリングによる。2011年8月2日に田代利恵と共同で実施した。
9　うすき竹宵 Official Website より。2021年の開催日は11月6日（土）〜7日（日）である。
10　会員は1口1,000円の資金を出し合い、竹宵で使用するろうそくを実行委員会に寄付するしくみで、2013年度の竹宵では2万個の寄付を行っている。
11　うすき竹宵サポーター倶楽部ヒアリング時（2014年2月9日）の説明による。

12 「第23回うすき竹宵決算報告書」『広報うすき』2020.3月号 Vol.183。

13 「当初は予算のない中で始めることになり、それぞれの組織ができることをする、知恵でカバーする、工夫をすることによって、なんとかできるということを経験したことで、その後は、お互いの立場を理解するようになり、竹宵（竹光芸まつり）以外のことでも協力し合えるような関係になった。」出所：当時の実行委員会メンバーへのヒアリング（田代, 2012）。

14 当時の未来くる会メンバーの一人は、「はじめはイベントの開催に、迷惑だと言っていた人たちが、回を重ねるごとに、自分たちで竹ぼんぼりを飾り、観光客を案内したりして楽しむようになった。」と回想している。出所：当時の未来くる会メンバーへのヒアリング（田代, 2012）。

15 第9回以降は竹ぼんぼりが2万本、第11回以降は来訪者数は約9万人の規模で推移している。

16 嘉永2（1849）年2月12日、臼杵藩主が質素倹約のために御触れを出した古文書では、「一、町の者達の雛飾りはかねてから申し付けていたように紙製の雛人形の他は一切禁止する。これまで衣裳雛を所持している者も内緒で飾ることは禁止する。一、町で雛人形商売をしている者は役所で決めた値段以外で商売することは禁止する。町へ売りださないようにかねてから申し付けたように心得違いをしないように。」と記載されている。

17 ひなの会へのヒアリング時の説明による（2015年5月8日）。

18 九州のひなまつり広域振興協議会とは、九州各地で開催されるひな祭りに国内、海外からの誘客を図り、周辺観光関連産業の振興と地域経済への発展に寄与することを目的に設立した組織で、現在、九州5県11地区で構成され、九州観光推進機構とともにインターネット等を活用した情報発信を行っている。
臼杵市は2020年度まで加入したのち現在は脱会している。

19 「ひなの会」代表者に対するヒアリング（2015年5月8日）。

20 株式会社まちづくり臼杵ホームページ。

21 石原俊彦監修（2017）『歴史と文化のまち 臼杵の地方創生』関西学院大学出版会（第5章 関下弘樹「臼杵の食育文化を基礎とした地域ブランド創出」pp.121-139）。

22 一般社団法人日本有機農産物協会「第2回交流セミナー」2020年2月20日 大分県臼杵市発表資料「有機の里づくり〜うすきの「食」と「農」を豊かに〜」。

23 同上。

24 同上。

25 臼杵市役所ホームページ 有機の里うすき（https://www.city.usuki.oita.jp/docs/2015020500025/）。

26 『100年ごはん』製作委員会HPおよび一般財団法人日本有機農産物協会「第2回交流セミナー」（2020年2月20日）大分県臼杵市発表資料「有機の里づくり〜うすきの「食」と「農」を豊かに〜」

27 臼杵市史編纂室（1991）『臼杵市史』（中）臼杵市、pp.518－529、その他の資料より要約。

28 『広報うすき』2008年11月号（p.17）。

29 2014年2月10日に実施したヒアリング調査時におけるうすき竹宵実行委員会役員の意見。

30 2021年3月7日、元うすき竹宵実行委員会のメンバーからの聞き取りより。

第7章

地方都市における
アートプロジェクト
——温泉地別府と周辺地域

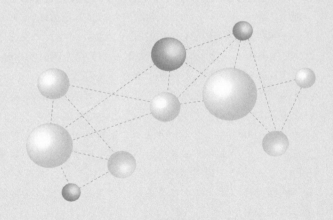

第1節　別府市におけるアートプロジェクトの拡大と発展

（1）温泉地別府の繁栄と衰退

　別府市は、古くから「別府八湯」と呼ばれる八つの温泉地が点在し[1]、日本一の源泉数・湧出量を誇る日本を代表する温泉地の一つである。高度経済成長期には男性を中心とした団体旅行が盛況を極め、旅館・ホテルの大型化とともに市街地は繁華街として「不夜城」と呼ばれる賑わいを見せた[2]。しかし、1976年をピークに観光客は減少傾向に転じ、戦災を免れた建物の老朽化、中心市街地の衰退、若者の定住離れ、高齢化などと相まって活気を喪失していくこととなる。こうしたなか、別府市では文化芸術をまちづくりの柱に据え、「アート」の創造力によって別府の新たな魅力を発信することで、交流人口の増加と地域づくりのための若手人材の育成を企図した取り組みを図ることとした[3]。

写真7-1 油屋熊八像（JR別府駅前）

（2）NPO法人BEPPU PROJECTの設立と展開

　別府におけるアートによる地域再生の試みは2005年に発足した山出淳也が率いるNPO法人BEPPU PROJECTの設立が嚆矢である。大分県出身の山出は、現代美術アーティストとしてポーラ美術振興財団の助成による欧州滞在、文化庁在外研修員としてパリに滞在した経歴をもつが、パリ滞在中に別府市のまちづくり活動の原点であるオンパクの活動に興味をもち、かつて輝いていた温泉地「別府」の再生に向けた活動に着手する（山出，2011, pp.29-31、同,2012,pp.188-195）。オンパクとは、集客性を指向した参加・体験プログラム型イベントで、まちあるきにコンセプトやテーマ性、対象マーケットの設定を行うとともに、ITを駆使した予約システム、顧客システムを具備している。別府発祥のオンパクによるビジネスモデルは、全国的な展開を見せるに至っている[4]。

　BEPPU PROJECTは、当初、芸術作品の紹介や海外の芸術家を招聘して

の制作滞在（アーティスト・イン・レジデンス）を手掛けたほか、オンパクプログラムと連動してまちの記憶を呼び覚ます活動からスタートした。2006年は中心市街地から南部地区にかけての路地にまつわる物語とレトロなイラスト及び路地の名前を記した琺瑯看板を設置する「cities on the book」をONSENツーリズム実行委員会とともに実施した。地域住民への聞き取り調査によりイメージを抽象化した看板は、まちの新たな魅力の発見に寄与している[5]。

　2007年には、小・中学校に芸術家を派遣する事業や、別府市中心市街地活性化協議会との共催により別府市中心市街地の活性化を考える国際シンポジウム「世界の温泉創造都市を目指して」を開催し、創造都市の提唱者の一人であるチャールズ・ランドリー（Charles Landry）の問題提起とともに、山出よりアートによる中心市街地を活性化させることを企図する「星座型・面的アートコンプレックス構想」を提案した。この構想は、中心市街地を、文化を軸とした成長型の交流・発信空間への移行するために、文化スペースの整備やまちなか居住、企業促進、人材育成、情報発信を同時に行おうというものである[6]（田代, 2013）。

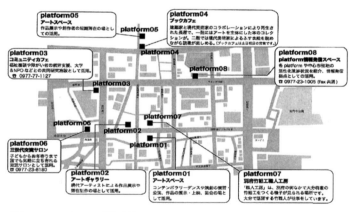

図表7-2 platformの配置図
出所：別府市中心市街地活性化協議会ホームページ（現在はアクセス不可）

　当構想を具体化するものとして、中心市街地に点在する空き店舗、空き施設にリノベーションを行い、他の用途に転用するプラットフォーム事業（中心市街地リノベーション事業）が2008年7月に制定された中心市街地活性化基本計画に位置づけられた。8か所のプラットフォームは、BEPPU PROJECT、

立命館アジア太平洋大学、大分大学、社団法人別府市老人クラブ連合会、別府竹製品協同組合、別府八湯トラストによって展開されることとなり、アートスペースとして活用するほか、コミュニティカフェ、3世代交流の場、竹工芸職人工房、まちづくり交流拠点などの用途に転用された。その後、多くのスペースは閉鎖されたが、2021年時点でも活用されているスペースもある（図表7-2、写真7-3、7-4）。

写真7-3 Platform 04 SELECT BEPPUの外観

写真7-4 同platform 2階にあるマイケル・リンの襖絵

　リノベーションのしくみは、別府市から協議会への補助金等によって協議会がリノベーションを実施し、活用は建物所有者と協議会で建物賃貸借契約を結ぶとともに、platform管理運営者と協議会で建物使用貸借契約を締結している[7]。

（3）中心市街地でのアートプロジェクトの展開
——別府現代芸術フェスティバル
「混浴温泉世界」「ベップ・アート・マンス」

　BEPPU PROJECTが手掛ける「混浴温泉世界」は、2009年から2015年までの期間、別府市中心市街地等において3年に一度開催するトリエンナーレ形式のアートプロジェクトとして実施された。総合プロデューサーとして事務局を担うのはNPO法人BEPPU PROJECT代表理事の山出淳也で、総合ディレクターは芹沢高志、その他キュレーターなどによる数名のディレクターチームが編成された。このプロジェクトでは、分散配置された作品を巡って地域間を回遊・散策し、地域の魅力と出合うしかけが随所に施されており、創作活動、観光まちづくり、温泉地めぐり、中心市街地活性化といった複合

的な地域づくり効果が発揮できるよう設計された（図表7-5）。主催組織は、行政、地域団体、まちづくり団体、大学、企業等によって構成される別府現代芸術フェスティバル「混浴温泉世界」実行委員会で、NPO法人BEPPU PROJECTが事務局を担った[8]。

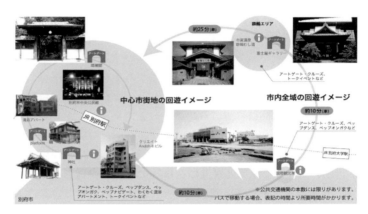

図表7-5 混浴温泉世界2009会場展開図

出所：「混浴温泉世界 別府現代芸術フェスティバル 事業報告書」（2009）

「混浴温泉世界」のねらいは、温泉から生まれた独自の文化や生活様式など地域の魅力や価値を、多くの人との関わりのなかで、アートを触媒とすることで再発見することにある。

アートプロジェクトの内容を俯瞰すると[9]、2009年は、4月11日から6月14日までの65日間にわたり、別府市中心市街地、別府港、温泉旅館が集積する鉄輪地区で開催された。

作品を巡る楽しみに加え、若手スタッフからなるアートNPOが中核組織となって市内の有力団体が参画する実行委員会方式が採られたこと、ボランティアのしくみが好感を呼び、高い評価を得た（田代, 2019）。来訪者へのアンケート分析結果では、20代から30代の県外の女性が多く、これまで中高年の男性客を主たるターゲットとしていた別府市にとって、新たな来訪者層の開拓という意味ももつ。事業予算は約6,500万円であるが、9万2,000人の来訪者の獲得と約5,000万円の経済波及効果、さらに当イベントを契機とした別府市への移住や文化団体の誕生などの波及効果が成果として挙げられる。当事業は、芸術振興事業の功績によって2009年度の文化庁長官表彰（文化芸

術創造都市部門）を受けている。

　2012年は、10月6日から12月2日までの58日間に渡って開催された。「ベップ・アート・マンス2012」と合わせた総事業予算は約1億1,000万円で、行政負担金、チケット販売収入の他、国庫補助金（文化庁）が充当されている。「混浴温泉世界2012」のねらいは、2009年度の開催趣旨を踏まえつつ、別府八湯になぞらえて、美術、ダンスの八つの個性的なアートプロジェクトを展開するとともに、「ベップ・アート・マンス2012」との同時開催による相乗効果によって別府の魅力を高め、交流人口の拡大を図ろうとするものである。リノベーションした旧ストリップ劇場である永久別府劇場で開催されたパフォーマンス公演が、普段アートになじみのない一般市民にも好評を博したほか、充実した作品群に恵まれ、当アートプロジェクトにおける最大の来場者数である17万1,292人を記録した。

　最終回となる2015年は、7月18日〜9月27日までの72日間の開催であった。最終回ということで趣旨は原点に立ち返り、「この身体を使って別府のまちを歩き、さまざまな不思議と遭遇する」に設定したという。案内人が別府の内奥へと案内する「アートゲートクルーズ」と、まちを劇場と考え、さまざまな場所で展開されるダンス作品を見て回る「ベップ・秘密のナイトダンスツアー」と呼ばれるまちなかアートツアーを実施する一方で、予約制を導入して参加人数を抑制する実験的な試みも行っている。永久別府劇場は、「恐怖の館」としてアーティストによるお化け屋敷に変身した。アートプロジェクトの企画趣旨は、現代社会が抱える「均質化」という課題を見据えながら、別府という多様性に満ちた地域において展開する意義と意欲を示している。

　3回にわたる「混浴温泉世界」の開催概要を図表7-6に示す。

　「ベップ・アート・マンス」は、別府市民自らがアートプログラムの実施者となった表現活動や日ごろの文化活動の発表の場で2010年から毎年実施されている。主催は、混浴温泉世界実行委員会である。参加者の実績であるが、2010年の参加団体数27団体、来場者数3,930名、2011年57団体、参加者数1万1,751名であった。混浴温泉世界と同時開催された2012年は122団体、参加者数5万3,736人、2015年は71団体、参加者数5万3,474人と単年度開催年より増加しており、相乗効果が得られている。新型コロナ禍に見舞われた2020年は87団体、来場者数は4,924名にとどまったもののオンライン参加者数が2万2,341名であり、合計した参加者数は2万7,265名であった。

区　　分	混浴温泉世界2009	混浴温泉世界2012「ベップアートマンス」	混浴温泉世界2015「ベップアートマンス」
会期（開場日数）	2009年4月1日（土）〜6月14日（日）65日間	2012年10月6日（土）〜12月2日（日）58日間	2015年7月18日（土）〜9月27日（日）72日間
会場	大分県別府市内各所約20か所（中心市街地／鉄輪／別府国際観光港）	大分県別府市内各所（中心市街地／浜脇エリア／鉄輪エリア／別府国際観光港エリア）	大分県別府市内各所（中心市街地／鉄輪地区）
作品	アートゲートクルーズ（8組）わくわく混浴アパートベップダンスベップオンガク	八つのアートプロジェクト関連イベントベップアートマンス2012（122団体、148プログラム）	アートゲートクルーズ（4組）ベップ・秘密のナイトダンスツアー永久別府劇場・恐怖の館わくわく混浴デパートメント関連イベント等ベップアートマンス2015（71団体・個人、88プログラム）
パスポート販売枚数	3,012	7,676	628
来場者数（人）	92,000	171,292	107,299
総事業費（千円）	52,364	119,293	79,006

図表7-6「混浴温泉世界」の開催概要

(注)「混浴温泉世界2012、2015」の来場者数、総事業費は、同時開催された「ベップ・アート・マンス」を含む
「混浴温泉世界 別府現代芸術フェスティバル 事業報告書（2009、2012、2015）」より　筆者作成

写真7-7「混浴温泉世界2015」開催風景
——別府市中心市街地

写真7-8 同左　開催風景
——永久別府劇場「恐怖の館」

(4) アートプロジェクトの方向性の転換—in Beppu（別府市）

　10年という限定された期間で設定された「混浴温泉世界」が終了した後、「in Beppu」というアートプロジェクトが新たに別府市で実施されることと

なった。運営組織は「混浴温泉世界」実行委員会と基本的に同じ構成である。「in Beppu」は、「身体性の重視」「量よりも体験の質の重視」「地域性を活かす」など「混浴温泉世界」の特徴を踏襲しながらも簡素化し、1組のアーティストによる個展方式としている[10]。つまり、大規模アートプロジェクトを志向すると大規模な運営組織を組成しなければならないことに加え、成果指標が参加者数という量的な評価に片寄るのに対し、NPOとしての事務局体制の規模を勘案してプロジェクトの規模は縮小しつつ、作品の質を高めることで、アートプロジェクトとしての水準を確保したいという意向に沿って再編された。以下に展開の概要を見てみよう。

　初年度である2016年は、若手アーティストグループ「目」による別府市役所内をめぐるアートプロジェクトがツアー形式により開催されたが、事前予約が必要であること、28日間という開催期間の短さ、抽象度の高い作品の難解性も相まって、参加人数は1,122名にとどまった。

　2017年は、公共空間を変容させる作品を得意とする西野達を招聘し、JR別府駅前に設置された「油屋熊八像」を囲んでホテル空間とした「油屋ホテル」をはじめ、ビジュアル性に富んだ作品群が別府市中心市街地の各所で展開された。アートプロジェクトの原点である空間をめぐる魅力から、来場者数は1万3,391名と前年度より大幅に増加した。西野達の作品は、高い観客吸引力によってアートのパワーを示すとともに、芸術祭の新たな地平を切り開いたとして、平成29年度芸術選奨・文部科学大臣賞（美術部門）を受賞している。

　2018年の「in Beppu」は、同年開催された文化庁事業である「国民文化祭[11]」の別府市リーディング事業として位置づけ、現代美術分野において世界的に著名なアニッシュ・カプーアを招聘し、三つのプロジェクトを別府公園で展開した。会期中の来場者数は5万4,716人であった。2019年は、新聞紙とガムテープを使って作品を制作する関口光太郎によるワークショップをベースとするプロジェクトである。会期前に学校、児童館、公民館、美術館などでワークショップを実施し、成果物を別府市内の百貨店で展示したところ、1万1,840名の来場者を得た。2020年は、梅田哲也による別府市内に点在する会場を音と地図を頼りに巡る回遊型のプロジェクトである。同会場を舞台にした映画作品を映画館で上映したほか、Webサイトで鑑賞できる映像作品も公開している。参加者数は4万9,672名で、うち現地での参加者数が6,024名、オンラインでの参加者数は4万3,648名であった。ウィズコロナ時代のアートプロジェクトのあり方を模索する意義もある。

このように、別府市ではNPO法人BEPPU PROJECTの先駆的活動がアートの可能性の未踏の領域を切り拓いていくことになった。その方向性は、別府市ではプロジェクトの規模を縮小して単一のアーティストの作品を軸としたが、その一方で周辺エリアでのアート展開を行う地域拡大戦略と、他の政策分野での展開の可能性を追求する分野拡大戦略をとっていく。地域拡大戦略は、周辺エリアの国東半島や大分市を手始めに、2018年に大分県が国民文化祭の開催県となったことに合わせて、大分県内の開催地域でのアートプロジェクトのいくつかを担当したほか、2021年は山口県（山口ゆめ回廊博覧会）にまでエリアを拡大している。

　一方、他の政策分野での展開として、教育分野では学校でのアウトリーチ活動、福祉分野では福祉施設でのアウトリーチや障がい者アートなどがあり、産業経済ではクリエーターと企業とのマッチングを中心とした産業振興事業、農業では産品ブランディング事業、観光では情報発信事業、街中では改修した民家での作品常設展示とショップの運営と管理、移住定住では若手アーティスト向けアパートの運営まで手広く実施している。

　次に、地域拡大戦略の詳細を見ていこう。

第2節　別府市周辺地域での展開

(1) 半島でのアートプロジェクト
──国東半島芸術祭（国東市、豊後高田市）[12]

　国東半島芸術祭は、大分県国東半島（豊後高田市、国東市）を舞台に2012年から2014年にかけて実施されたアートプロジェクトである。国東半島芸術祭実行委員会（大分県・豊後高田市・国東市・公益社団法人ツーリズムおおいた）の主催で、開催年ごとのテーマは以下のとおりである。

> 2012年「異人」-我々と異なった考えをする者たち、外からの移入
> 2013年「地霊」-場所に宿る精霊、場が持つ雰囲気、潜在的な力
> 2014年「Life」-生命、生きて活動すること、存在、人生

　「渡来の文化と土着の文化が混じり合うことで、独自の文化が育まれてきた大分県国東（くにさき）半島。この場所で、アーティストの持つ新しい感性やものの見方と、国東半島の土地の力や歴史・文化が出会うことでこの場所で

しか鑑賞・体験することのできない作品を生み出していきます」との主催者の説明にもあるとおり、この芸術祭は、①国東半島の自然や歴史・文化などの地域資源と現代アートを融合させることで、国東半島の魅力を高めること、②地域情報を全国に発信し、地域住民をはじめ県内外の人々に質の高い芸術文化に触れる機会を提供すること、③芸術文化の振興と新たな来訪者による交流人口の増加、地域活性化を目指すという三つの目的をもっている[13]。2014年は10月4日から11月30日までの50日間、豊後高田市と国東市内の各所で展開され、来場者数は6万人に達した。同芸術祭の総合ディレクターは、NPO法人BEPPU POJECTの代表理事の山出淳也である。

芸術祭会期中は海岸線や山間部集落など国東半島の特徴的なエリアに作品を設置する「サイトスペシフィックプロジェクト」をはじめ「パフォーマンスプロジェクト」「レジデンスプロジェクト」の三つを柱に、それらを巡るトレッキングと融合したガイドツアーやトークイベントなど、多彩で精力的なプログラムが実施された。なお、国東半島芸術祭が終了し、実行委員会が解散後も豊後高田市、国東市が引き続き作品の維持管理を行っている。

国東半島は文化財の宝庫で、渡来の文化と土着の文化が混じり合うことで、独自の文化が育まれてきた。寺と神社を混合した神仏習合をベースに、山岳仏教として六郷満山文化が花開き、石仏や石塔のほか、鬼の祭りなども多く見られる「スピリチュアル」な空間としても知られている。

しかし、こうした「スピリチュアル」な空間へのアート作品の設置は、必ずしも地域住民の合意を得られるわけではない。外部から地域社会への侵食とも受け取られるのである。

写真7-9 アントニー・ゴームリー（Antony Gormley）〈ANOTHER TIME XX〉
（2019年5月2日撮影）

世界的なアーティストであるアントニー・ゴームリーによる「ANOTHER TIME XX」という作品は、国東半島の巡礼の道を進んだ岩場に裸体の人物像が設置されたが（写真7-9）、地元では賛否両論が展開された。主たる反対意見は「巡礼の道という神聖な場所に裸体の現代アート像を置くとは何事か」という主張で、有識者による反対も見られたという[14]。

伝統的なコミュニティにおいて、コミュニティの維持、強化のために異質性を排除する傾向があることは、かねてより社会学者より指摘されているところであるが[15]、一方で都市研究家であるJ.ジェイコブスの指摘にもあるように、異質性が創造性をもたらすことができるという正の効果もある。地域空間で展開する現代アートがもたらすこうした価値観の相克をどのようにして受容しあるいは乗り越えていくのか、地域側にも制作者側にも課せられた課題であろう。

(2) 県庁所在地での展開——おおいたトイレンナーレ2015（大分市）[16]

　大分市中心地において、JR大分駅の高架化（2012年3月）、複合文化施設「ホルトホール大分」の開館（2013年7月）、大分駅ビル「JRおおいたシティ」の開業（2015年4月）、大分県立美術館「OPAM」の開館（2015年4月）など大型プロジェクトが進むなか、大分市ではアートをまちづくりに活かすことで大分市の中心市街地活性化と大分市の魅力発信を目指すこととなった。「おおいたトイレンナーレ2015」は、大分市の職員が提案した「大分市アートを活かしたまちづくり事業」をベースにしたものである。

　2013年10月に「交流人口の増加」「地域を誇る気持ちの醸成」「賑わいの創出」に向けて、行政、文化芸術団体、経済界、まちづくり団体、企業、市民から構成される「おおいたトイレンナーレ実行委員会」が組織され、2015年夏に予定された大規模観光キャンペーンに合わせて、JR大分駅近郊の大分市中心市街地におけるトイレを舞台にしたアートプロジェクトが開催されることとなった（図表7-10）。「トイレンナーレ」とは「トイレ」と3年に一度のアートプロジェクトを意味する「トリエンナーレ」を組み合わせた造語で、商標登録もなされている[17]。「トイレンナーレ」はトイレ空間のみを会場とする斬新なアートプロジェクトで、「トイレ」という日常空間に新しい価値を創出し、それを市街地内に配置し、まちあるきをしようというねらいである。

　実行委員会がとりまとめた企画概要によると、コンセプトは「ひらく」とされ、（あらかじめ）決められた役割が与えられているトイレに、別の要素をもち込み、創造力という泉が湧き出てくる舞台へと昇華させるとともに、トイレを道標として位置づけ、新たなナビゲートのしくみを造成し、街のもう一つの歩き方＝読み解き方を提唱する。プライベートな密室であるトイレがアートによってひらかれ、街の可能性がひらかれる第一歩となるだろうと綴られている[18]。

このアートプロジェクトには、協力として別府現代芸術フェスティバル「混浴温泉世界」実行委員会が挙げられるとともに、同委員会の事務局を務めるNPO法人BEPPU PROJECT代表理事である山出淳也が総合ディレクターを務めている。会期は2015年7月18日（土）から9月23日（水・祝）までの68日間で、総事業費は9,100万円、総来場者数はのべ18万人と発表された。実行委員会では、事業目的に合致した目標値と実績値の測定、経済波及効果の算出、パブリシティ効果などの事業評価を行っているが、これらのなかではトイレを会場としたアートプロジェクトに対する来場者の反応が興味深い。

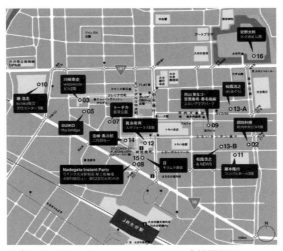

図表7-10 おおいたトイレンナーレ2015会場配置図
出所：『おおいたトイレンナーレ2015』パンフレット

写真7-11（左）、7-12（右）おおいたトイレンナーレ2015 メルティング・ドリーム（2014年）
西山美なコ・笠原美希・春名祐麻
ふないアクアパーク（大分市府内町2丁目3）

174

開催報告書には、「トイレがアートによって異空間に変身したことに驚きや楽しさを感じた」「これまでトイレに抱いていたイメージ（暗い・汚い）が変わった」「商店街を歩くきっかけとなった」「今まで入ったことのない商店や街角の風景に出会えた」「大分の魅力に改めて気づいた」などが紹介されているが、参加者からは企画意図に沿った手ごたえが得られたようである。

　「地域アート」と呼ばれるアートプロジェクトが乱立するなか、当プロジェクトは「トイレ」への特化によって他のプロジェクトとの差別化に成功している。また、まちづくりの観点で見ても、大分市は従来、観光地と認知されてきておらず、市内の文化行事・イベントが県外客の誘致より大分市民をターゲットにしていたとの記述にもあるとおり[19]、文化芸術による都市型観光の可能性を拓いた点でも、当プロジェクトは高く評価されよう。こうした点も踏まえ、「おおいたトイレンナーレ」は「日本トイレ大賞　地方創生担当大臣賞」（平成27年首相官邸）を受賞している。

第3節　県レベルでのプロジェクト
——国民文化祭・おおいた2018、
全国障害者芸術・文化祭おおいた大会

　2018年10月6日から11月25日にかけて、大分県で国民文化祭が開催された。国民文化祭は国（文化庁）が主導する文化イベントで、その目的は「全国各地で国民一般の行っている各種の文化活動を全国的規模で発表し、競演し、交流する場を提供することにより、国民の文化活動への参加の機運を高め、新しい芸術文化の創造を促すことを狙いとした祭典」とある[20]。国民文化祭には、文化庁、開催都道府県、開催市町村及び文化団体等により実施される主催事業と、国民文化祭の趣旨に賛同した地方公共団体等が実施する協賛事業があり、1986年から各都道府県持ち回りで実施されている。2017年奈良大会からは厚生労働省が所管する全国障害者芸術・文化祭も併せて実施されている。大分県は1998年に続き2回目の開催であったが、観客数は232万8,049人と前回87万7,954人より大幅な増加となった。ここでは当文化祭の企画趣旨と主たる特徴を紹介しておきたい。

　おおいた国民文化祭のテーマは「おおいた大茶会」で、

　　1. 街にあふれ、道にあふれる、県民総参加のお祭り
　　2. 新しい出会い、新たな発見

── 伝統文化と現代アート、異分野コラボ──

3. 地域をつくり、人を育てる

の三つが基本方針として挙げられている[21]。

おおいた国民文化祭では、大分県内の各市町村において多彩な取り組みが実施されたが、特徴として挙げられるのが「カルチャーツーリズム」と呼ばれるツーリズムで、これまでの国民文化祭にはなかった新たな試みである。アートプロジェクトは観光振興とセットで展開される場合が多いが、「文化祭」は地域住民の創作活動を発表する場という性格が強かったため、正面から「観光」と結合されるのは稀であった。実際、過去の国民文化祭の公式記録を見ると、主催事業の構成は、総合フェスティバル、シンポジウム、国際交流事業、障害者交流事業、分野別フェスティバルとなっており、開催会場を周遊させる視点はなかったといえる。今回の大分県の取り組みを見てみると、実施計画段階で、「文化＋観光＋地域振興事業」として実施すること、全国障害者芸術・文化祭との一体的な開催を行うことという方針が明記されている。さらに、大分県を五つにゾーニングしたうえで、各エリアには「出会いの場（大分市、別府市、由布市）」「祈りの谷（宇佐市、豊後高田市、姫島村、国東市、杵築市、日出市）」「水の森（中津市、日田市、玖珠町、九重町）」「耕す里（竹田市、豊後大野市）」「豊かな浦（臼杵市、津久見市、佐伯市）」という固有のタイトルをつけることで地域の特徴を醸し出し、食や地域体験を加味した「文化を巡る旅」を企図した構成となっている（図表7-13）[22]。

　各エリアには「リーディングプロジェクト」が配置されているが、その多くは著名なアーティストによる現代アート作品であり、アートプロジェクトの要素が多分に織り込まれている。例えば、別府市では、「in Beppu」として世界的な現代アーティストであるアニッシュ・カプーアによる「Sky Mirror」等の作品が別府公園内に設置され、関係者の瞠目を集めたほか、日田市では「水郷ひた芸術文化祭2018」として大巻伸嗣による現代アート作品が配置された。竹田市では、リーディング事業として「竹田ルネサンス2018」と呼ばれる若手のクラフト系作品を中心としたアートプロジェクトが展開された。大分市では、「回遊劇場」と銘打ったアートまちあるきが企画されたが、これは、文化施設だけでなくカフェや小売店などまちなかに設置された作品を巡るもので、アートプロジェクトにおけるまちあるきと同一の手法である。宇佐市では宇佐神宮が会場となったが、各地で人気を集める「チームラボ」に

よる光アート作品が展開され、多くの来場者を集めた。

　なお、国民文化祭おおいた2018のプロデュース業務及びリーディング事業の企画制作、管理運営のいくつかはNPO法人BEPPU PROJECTが業務委託を受けており、ストーリー性と一体感のあるプログラムとしてまとめられた[23]。公式記録によると、参加者数は237万4,000人に達し、主な成果として、「①新しい文化の創造・展開と時代を担う人材の育成、②障がい者への理解と社会参加の促進、③カルチャーツーリズムによる地域活性化」が挙げられている（公式記録2019, p.202）。

図表7-13「国民文化祭おおいた2018」
「全国障害者芸術・文化祭おおいた大会」におけるカルチャーツーリズム概念図
出所：「国民文化祭おおいた2018」「全国障害者芸術・文化祭おおいた大会」公式パンフレット

　このように、「ツーリズム」と「アートプロジェクト」の展開手法が導入された国民文化祭おおいた2018は、出口としての地域活性化を志向している。これまでの住民参画型の文化祭の枠組みを大きく凌駕するとともに、文化芸術と観光、福祉など多元的な分野間のコラボレーションが実践され、文化芸術基本法の精神を体現した質の高い文化祭として評価されるだろう。

　別府市中心市街地から始まったアートプロジェクトは、プロジェクトとしての規模を念頭に置きながら、次第にさまざまな地域特性をもった周辺地域へと拡大をしていく。これは、アートプロジェクトがもつ外部効果、すなわちさまざまな政策分野との有機的結合性を模索する動きに他ならない。作品

制作のコンセプト、制作プロセス、設置空間などの諸要素をうまく政策に活用できれば、多くの地域課題の解決に貢献をもたらすであろう。

　アートプロジェクトの政策活用及び多元的な政策効果については後の章で詳しく論じるが、ここでは、①文化芸術の本質的価値（文化的価値）、②地域の魅力創出、③地域経済の活性化、④地域社会の活性化、⑤教育分野や福祉分野への貢献の五つを挙げておきたい。NPO法人BEPPU PROJECTが先駆的に行っている文化事業は、こうしたアートプロジェクトのもつ多元的効果の実証実験とも言えるもので、国が定めた文化芸術基本法は、地方ベースで実証された文化芸術がもつ多元的価値の可能性を法制度としても位置づけたと解釈できる。

〈ポジショニングマップ分析〉

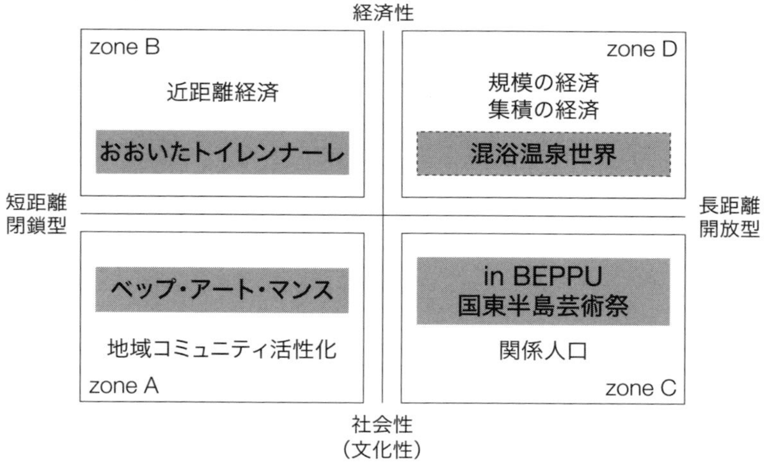

図表7-14 ポジショニングマップ分析（第7章）　　　　　　　　　筆者作成

　別府市のアートNPOの事例では、中心市街地活性化計画と連動して「混浴温泉世界」を展開していた頃は、zoneDを志向していたが、「混浴温泉世界2012」を終えたあたりから運営能力の限界などから経済性を追求することを断念し、一人のアーティストに限定するなど、規模は縮小しつつもアートプロジェクトとしての実験性と質的充足に向かった。「国東半島芸術祭」を行った際は地域社会とのコンフリクトも経験していることから、社会性を高めるというよりも文化性を高め、地域のブランド力を高めることを主眼に置いた

活動であるが、zoneDからzoneCへのシフトと捉えることができよう。

　一方、「混浴温泉世界」あるいは「in Beppu」と併設開催されている「ベップ・アート・マンス」は別府市民の文化活動の発表の場であるので、コミュニティレベルではないもののエリアが限定されているという意味で、疑似zoneAの活動と捉えることができる。

　NPO法人BEPPU PROJECTが実質的な中核組織として展開している「国東半島芸術祭」は経済価値をねらったものというより、地域ブランディングが主目的と思われるのでzoneCと位置づけられるであろうし、大分市中心市街地での「おおいたトイレンナーレ」はzoneBに位置するプロジェクトであろう。

　なお、「国民文化祭おおいた・2018」は文化庁による大規模イベントであるが、あえて位置づけるとすればzoneCとzoneDにまたがる領域と考えられる。

〈注および参考文献〉

1　別府・浜脇・観海寺・堀田・明礬・鉄輪・柴石・亀川の8か所である。
2　JR別府駅前では、別府市の観光開発に尽力した実業家の油屋熊八像が観光客を出迎える。
3　別府市役所文化国際課ヒアリング時（2012年11月26日）の説明および資料による。
4　一般社団法人オンパクのホームページによると、「平成13年に大分県の別府市で誕生したオンパクは、経済産業省や日本財団などの支援を受けて、地域活性化の取り組みとして多く地域で行われるようになりました。その結果、全国の各地に仲間が増え、活発な情報交換や協力体制ができてきました。共通する課題の解決、人材の育成、資金の獲得などさらに活動のレベルの高めるために、その仲間によって平成22年4月に一般社団法人ジャパン・オンパクが設立され、令和2年に一般社団法人オンパクとして引き継がれました。（https://www.japanonpaku.com/）。
5　日本商工会議所推奨中小企業支援メディアサイト「CHAMBER WEB」より別府市の記載を参照した（http://www.chamberweb.jp/special/chiiki/beppu/）。
6　山出（2012), p.189.
7　別府市役所商工課ヒアリング時（2012年11月26日）の説明。
8　別府現代芸術フェスティバル「混浴温泉世界」の構想について、企画者の立場から著したものとして、芹沢（2017)、山出（2018）がある。
9　以下の記述は「混浴温泉世界・ベップ・アート・マンス2015」実績報告書による。
10　別府現代芸術フェスティバル「混浴温泉世界」実行委員会「事業報告書」（平成28年度〜令和2年度）に基づく。
11　正式名称は、「第33回国民文化祭・おおいた2018 第18回全国障害者芸術・文化祭おおいた大会」。
12　以下の記述は、国東半島芸術祭実行委員会（2015)「国東半島芸術祭 総括報告」（平成27年3月）による。
13　「国東半島芸術祭　総括報告」（平成27年3月, 国東半島芸術祭実行委員会）p.1による。
14　例えば、2015年11月12日付朝日新聞、同日付大分合同新聞など。これに対して、2015年11月16日付の大分県知事の定例会見では、賛否両論があることを認めたうえで、時間をかけて様子を見ようとの立場である。
15　コミュニティの強化と排除に関する論考として、例えば、松宮（2012, pp.43-52)、吉原（2011, pp.38-42）がある。
16　以下の記述は、おおいたトイレンナーレ実行委員会(2016)「おおいたトイレンナーレ2015開催報告書」に基づく。
17　「おおいたトイレンナーレ2015　開催報告書」p4.事業概要「経緯」より引用。
18　「おおいたトイレンナーレ2015　開催報告書」p5.企画概要を整理して引用。

19 「おおいたトイレンナーレ2015　開催報告書」pp.73-75。

20 文化庁ホームページ（http://www.bunka.go.jp/seisaku/geijutsubunka/chiiki/kokubunsai/）。

21 「おおいた大茶会」の趣旨は、「大分県で開催する国民文化祭、全国障害者芸術・文化祭では、老若男女、障がいのある方もない方も、だれもが参加し楽しむことができる大会、芸術文化の新しい出会いや発見のある大会であるとともに、大会を通じて地域が元気になり、多くの人材が育っていくことを目指しています」とされている（http://www.oita-kokubunsai.jp/about）。

22 ただし、公式ガイドブック上では「カルチャーツーリズム」の概念や文言は削除され、「Cultrip」という名称の四つのサブパンフレットとして独立して配布提供されている。開会前に公開されていた公式パンフレットでは「カルチャーツーリズム」として一体的に打ち出されていた。

23 NPO法人BEPPU PROJECTが、リーディング事業の業務委託を受けた自治体は、大分県、杵築市、日田市、中津市である。

第8章

大規模アートプロジェクトと
地域活性化
──直島と小豆島

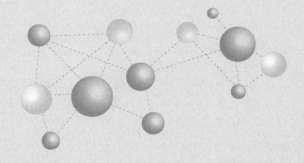

第1節　直島町における民間企業による
　　　文化事業とまちづくり

　本章では、民間企業が中心となって行う大規模アートプロジェクトの特質と地域活性化について検討を試みたい。取り上げる事例は、株式会社ベネッセホールディングス（以下「ベネッセ」と表記）及び同社の名誉顧問である福武總一郎が代表理事を務める公益財団法人福武財団（以下「福武財団」と表記）による直島における文化事業と瀬戸内国際芸術祭である[1]。同社の文化事業は、企業理念に基づく戦略的事業であるとともに、直島町の地域政策にも大きな影響を与えるなど、地域経済社会の活性化に貢献している。経済的価値と社会的価値を併せ持った企業活動であるCSV（Creating Shared Value）の実践としても理解されよう。

（1）直島の地域特性

　直島は、人口約3,000人の島に、年間観光客約50万人のうち大半が美術館やアートプロジェクト、歴史散策などの歴史・文化探索に訪れる「アートの島」である。直島で実施される文化事業は、大手民間企業であるベネッセと同社と関連する福武財団が牽引しているが、企業理念と連動した戦略事業として展開する傍ら、地域活動やまちづくり活動にも刺激を与えるなど直島の地域活性化に多大な貢献を果たしている。

　直島は瀬戸内海に位置し、本島と属島を併せた直島町の面積は14.2km²（本島7.8km²）と小さい。同島は香川県に属しているが、地理的には岡山県玉野市の南方3kmに位置していることから、玉野市から浄水の供給、高度医療の提供等の生活関連サービスを受けている。2020年国勢調査によると直島町の人口は3,103人となっており、長期減少傾向が続いているものの、下げ止まりの傾向がうかがえる。

　産業は、江戸時代には瀬戸内海の海上交通の要衝として海運業等が栄えたが、1917（大正6）年に三菱鉱業（現三菱マテリアル株式会社直島製錬所）が設立され、現在も島北部で行われる同社及び関連企業による製錬事業は直島町の基幹産業となっている。1990年に隣接する豊島において産業廃棄物不法投棄問題が表面化したが、直島町が産業廃棄物中間処理施設の受け入れを表明したことを契機に、2002年には「エコアイランドなおしまプラン」が承認され、

廃棄物再資源化、リサイクル促進等の環境産業の育成を図っている。これまで三菱マテリアル株式会社による製錬事業が直島の経済と雇用を支えてきたが、近年はアートを目的に訪れる観光客を対象とした宿泊、飲食などの観光関連事業者が増加傾向にある。地域資源では、高原城址などの歴史的資源のほか、県指定無形民俗文化財の直島女文楽などの文化的資源が存在する。

（2）ベネッセによる文化事業の展開

　ベネッセによる文化事業は、同社の前身である株式会社福武書店が直島文化村構想（1988）として国際キャンプ場を島南部にオープンしたことに端を発する[2]。福武總一郎によると、「当時、瀬戸内海の島々は製錬所から出る亜硫酸ガスの煙害（直島、犬島）、産業廃棄物の大量不法投棄（豊島）、ハンセン病療養施設の設置に伴う一般社会との隔絶（大島）といった問題があり、過度の近代化や都会に対する明確なレジスタンスとして、単なる箱モノとしての文化村ではなく、理念ある文化村をつくりたい。文化村構想は大都市が象徴するお金や物質的な文明に対するレジスタンスである」という[3]。

　1992年に島南部において宿泊、レストラン、ショップ等の機能と美術館を兼ねたベネッセハウスの建設に続き、1998年から2006年にかけて島東部の本村地区において古民家等の改修とアート制作が一体化した「家プロジェクト」が実施された。また、2001年には企画展「THE STANDARD」が全島を展示場とする約100日間限定の美術展が開催された。2006年に開催された「NAOSHIMA STANDARD 2」は同じ趣旨の企画展だが、里山景観の再生という地域課題をテーマとしたもので、美術館若手メンバーと島民有志によるものであった。こうした実験的取り組みが、その後の美術館を超えた場所によるプロジェクト展開のベースとなっている。

　その後、自然環境、アート作品、建築物が一体化した「地中美術館」[4]の開設（2004年）、宮ノ浦地区におけるアート展開（2009年）、犬島（2008年）や豊島（2010年）など隣接する島への拡張、瀬戸内国際芸術祭の開催（2010年）、芸術祭開催島嶼部の拡張（2013年）と、島内で現代アートを軸とした多彩な展開が図られてきている。

　このうち、まちなかで展開される「家プロジェクト」が画期をなすもので、地域住民の生活やまちづくりとの関係で注目される[5]。「家プロジェクト」とは、歴史性のある建造物や景観が残る島東部の本村地区において、老朽化した古民家の修復とアートとを融合させたアートプロジェクトのことである。地域

住民との関わりのなかで現代アート作品を創り出すとともに、島の状況も変容させることを企図して開始され、地域住民の制作過程への参加、観光ボランティアガイドの発足、家プロジェクト周辺地域での景観まちづくりなど直島の魅力創出に貢献している。

　直島には「家プロジェクト」として、七つの作品がクラスター的に配置されているが、2013年には建築家安藤忠雄の設計による「ANDO MUSEUM」が本村地区内に設立され、現在、本村地区内では八つの作品を鑑賞できる（図表8-1）。このほか、直島町は2015年11月に建築家三分一博志により地域住民のスポーツ・レクリエーションや文化、芸能活動などの各種団体の活動拠点となる直島町民会館（直島ホール）を公共施設として建設した[6]。

図表8-1 家プロジェクトの配置図

出所：ベネッセアートサイト直島ホームページの地図画像をもとに一部加工
（http://benesse-artsite.jp/access/naoshima/honmura.html）

　ベネッセによる多彩な文化事業の展開は、直島を企業フィロソフィーである「Benesse＝よく生きる」の実現、価値観を発信する場として捉えたことによる。同社は、教育、育児、生活、福祉関連の事業を展開していることを踏まえ、同時代を生きるアーティストの敏感な感性や現代社会の矛盾を表出するメッセージ性、作品の固有性といった特徴をもつ現代アートに照準をあわせ、直島のもつ自然環境と人が集う暮らし感を主要なテーマとすることとした。同社の文化的事業の特徴として、①島嶼部の建造物は、戦災に遭わなかったため昔ながらの建造物が残っており、かつ、文化財に指定されるほどの歴史的価値を有しなかったことが幸いして、建造物をアート作品として改変、再生することに注目したこと、②一過性のアートイベントではなく常設展示

とすることを選択したため、常設に耐えうる作品の質にこだわったこと、③公平性・平等性を原則とする行政では現代アートの評価を行うことは難しいが、民間企業は特定の専門家に作品選定を委ねることが可能であること、④事業構想、事業企画、地元折衝等の関連業務を自社内で一元化できるため、統一感のある事業展開が可能であること、⑤家プロジェクト周辺地域におけるまちづくり景観整備事業への協力やベネッセハウス ミュージアム、地中美術館等への町民の無料入館パスポートの提供等によって地域社会への配慮を行ったことが挙げられる。このような考え方に沿って、ベネッセ及び福武財団の文化事業は、高い水準のアート作品の追求と地域の拡大という二つの戦略軸に沿ったスパイラル的な展開が行われた（田代, 2014b）。

　恒久設置をする作品である以上、恒久設置に耐えうる高い品質の作品でなければならならず、作品の拡張性がなければ来場者の不満を招く。このため、犬島（岡山県岡山市）での犬島アートプロジェクト「精錬所」（2008年、現犬島精錬所美術館）を皮切りに、2009年には直島銭湯「I ♥ 湯」（アイラヴユ）の営業が開始され、李禹煥美術館（直島）と豊島美術館、「心臓音のアーカイブ」（豊島）が2010年に、ANDO MUSIUM（直島）、豊島横尾館（豊島）、宮浦ギャラリー六区（直島）が2013年に、豊島八百万ラボ（豊島）、針工場（豊島）が2016年に開設されたが、いずれも高いレベルの現代アートミュージアムである。

第2節　瀬戸内国際芸術祭による地域活性化

　こうしたベネッセによる直島近郊の島嶼部での急速な文化事業の拡大を受けて、2010年には香川県知事を会長とする芸術祭実行委員会が結成され、2010年に島嶼部7島（直島、豊島、女木島、男木島、小豆島、大島、犬島）と高松港を開催地として、3年に一度のトリエンナーレ方式による瀬戸内国際芸術祭が開催されることとなった[7]。さらに、3年後の瀬戸内国際芸術祭2013では島嶼部5島（沙弥島、本島、高見島、粟島、伊吹島）と宇野港を追加し、いっそうの地理的拡大が図られた（図表8-2）。

　これまでの瀬戸内国際芸術祭の歩みをざっと概観してみよう。瀬戸内国際芸術祭は、廃校舎、空き家、自然空間などを活用して現代アート作品を制作配置し、地域住民・ボランティア・アーティスト間との交流と、分散配置された作品を巡るまちあるきを通して地域活性化を目指す広域型アートプロジェクトである。

第1回目である瀬戸内国際芸術祭2010は、2010年7月19日から10月31日の105日間に渡って「アートと海を巡る百日間の冒険」をテーマに開催された。行政、経済団体、民間企業、大学、地域団体など45団体で構成される瀬戸内国際芸術祭実行委員会が主催する広域型大規模アートプロジェクトである。福武財団理事長の福武總一郎は、総合プロデューサーを務め、総合ディレクターは北川フラムと新潟県越後妻有地域で先行して実施された「大地の芸術祭」と同じメンバーである。

図表8-2 瀬戸内国際芸術祭の開催場所（2013年以降）

出所：瀬戸内国際芸術祭ホームページ

　芸術祭のテーマは「海の復権」であり、グローバル化、効率化、均質化を背景に、人口減少、高齢化、地域活力の低下によって島の固有性が失われつつあるなか、瀬戸内の島に活力を取り戻し、瀬戸内海がすべての地域の「希望の海」となることを目指したものであった[8]。2008年度から2010年度までの3年間の事業収支は、収入7億9,300万円、支出6億8,900万円で、作品展示数は76作品、来場者数は93万8,246人に達した。国内外のメディアに大きく取り上げられたほか、来場者アンケートでも全体の90％以上が好意的評価を示すなど成功裏に終了した。第2回となる2013年に開催した後、開催地域は固定化するが、「食プロジェクト」や「海外との交流プログラム」「地域文化の発信」など、毎回新しい工夫が凝らされている。これまでの瀬戸内国際芸術祭の開催概要を図表8-3に示す。

　これまでの開催実績を概観すると、会期は100日余、総来場者数は100万人を超え、事業予算は8億円から徐々に拡大して現在は13億円を超える規模となっている。日本銀行高松支店と瀬戸内国際芸術祭実行委員会による経済

区　　分	芸術祭2010	芸術祭2013	芸術祭2016	芸術祭2019
テーマ	海の復権	海の復権	海の復権	海の復権
名称	瀬戸内国際芸術祭2010「アートと海を巡る百日間の冒険」	瀬戸内国際芸術祭2013「アートと島を巡る瀬戸内海の四季」	瀬戸内国際芸術祭2016『海でつながるアジア・世界と交流』『瀬戸内の「食」を味わう「食プロジェクト」』『地域文化の独自性の発信』	瀬戸内国際芸術祭2019『瀬戸内の資源 × アーティスト』『アジアの各地域×瀬戸内の島々』『島の「食」×アーティスト』『芝居・舞踏の多様な展開』
会期（開場日数）	7.19－10.31（105日間）	春：3.20－4.21（33日間）夏：7.20－9.1（44日間）秋：10.5－11.4（31日間）（計108日間）	春：3.20－4.17（29日間）夏：7.18－941（49日間）秋：10.8－11.6（30日間）（計108日間）	春：4.26－5.26（31日間）夏：7.19－8:25（38日間）秋：9.28－11.4（38日間）（計107日間）
会場	9会場 直島、豊島、女木島、男木島、小豆島、大島、犬島、高松港周辺、宇野港周辺	14会場 直島、豊島、女木島、男木島、小豆島、大島、犬島、沙弥島、本島、高見島、粟島、伊吹島、高松港周辺、宇野港周辺	同左	同左
参加アーティスト・プロジェクト数	18の国と地域、75組	26の国と地域、200組	34の国と地域、226組	32の国と地域、230組
アート作品数	76点	207点	206点	214点
イベント	16企画	16企画	38企画	35企画
来場者数（人）	938,246	1,070,368 春：263,014 夏：435,370 秋：371,984	1,040,050 春：254,284 夏：401,004 秋：384,762	1,178,484 春：386,909 夏：318,919 秋：472,656
作品鑑賞パスポート販売数	88,437枚	92,094枚	84,208枚	100,985枚
収入（3カ年）	793百万円	1,175百万円	1,388百万円（決見）	1,319百万円（決見）
支出（3カ年）	689百万円	1,015百万円	1,238百万円（決見）	1,225百万円（決見）
経済波及効果※	111億円	132億円	139億円	180億円

図表8-3 瀬戸内国際芸術祭の開催概要

※経済波及効果の計算は、2010は日本銀行高松支店、2013は日本政策投資銀行と瀬戸内国際芸術祭実行委員会、2016、2019は日本銀行高松支店と瀬戸内国際芸術祭実行委員会の共同試算。香川県産業連関表等を用いて推計。

「瀬戸内国際芸術祭総括報告」（2010〜2019）より筆者作成

波及効果は回を追うごとに拡大し、「芸術祭2019」では180億円との試算結果が公表され、高い経済効果が得られる大規模アートプロジェクトであることが裏付けられている。

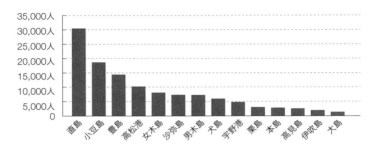

図表8-4 瀬戸内国際芸術祭2019の会場別来場者数

「瀬戸内国際芸術祭2019総括報告」より筆者作成

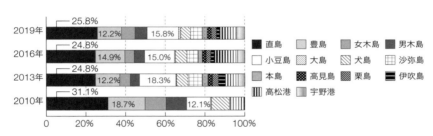

図表8-5 瀬戸内国際芸術祭の年次別会場別来場者構成比

「瀬戸内国際芸術祭総括報告」(2010年〜2019年)より筆者作成

　図表8-4に瀬戸内国際芸術祭2019の会場別来場者数を示す。作品設置状況、文化施設の集積、交通アクセス、観光集客施設（飲食店、宿泊施設等）、地域社会の受け入れ体制の状況等の反映が示唆される。直島の来場者数が他島に比べて突出して高いのは、1992年より島南部において宿泊、レストラン、ショップ等の機能と美術館を兼ねたベネッセハウスのほか、家プロジェクトや地中美術館などの多彩な文化施設、美しい町並み、積極的なプロモーションなどの要因が挙げられる。次に続く小豆島も、かねてより二十四の瞳映画村、寒霞渓、小豆島オリーブ公園、マルキン醤油記念館などの観光施設のほか、宿泊、飲食施設が集積しているためであろう。豊島はベネッセ及び福武財団によりアートプロジェクト関連の美術館がたくさん作られたものの、観光地で

必須となる宿泊、レストラン、ショップ機能は弱い。

　図表8-5は会場別来場者の構成比の推移を示したものであるが、直島、豊島、小豆島が主力会場である構造は変わらない。図表8-6〜8-8は、瀬戸内国際芸術祭の来場者の属性を示したものである。性別を見ると、男性が約35％、女性が約65％となっているが、これは他のアートプロジェクトでも同様の傾向である。居住地別を見ると、海外からの来場者が急激に増加していることがわかる。年齢層別では、「芸術祭2010」では20代が約40％を占めていたが、次第に減少し、50代以上の増加傾向が著しい。

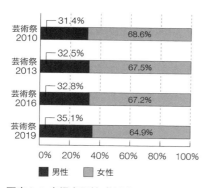

図表8-6 来場者属性（性別）

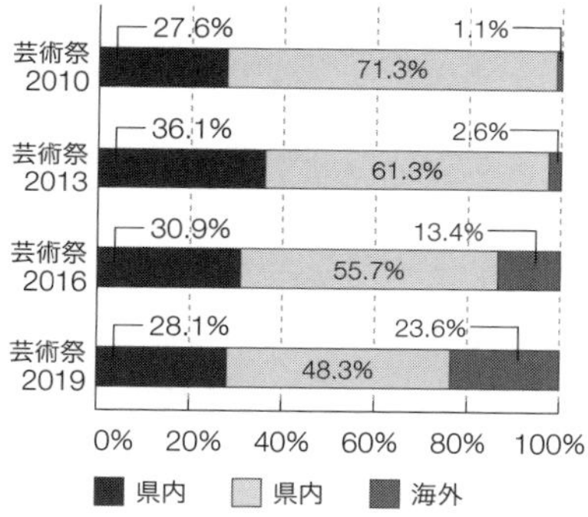

図表8-7 来場者属性（居住地別）

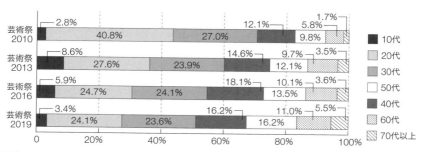

図表8-8：来場者属性（年齢層別）

　　　図表8-6〜8-8：「瀬戸内国際芸術祭 総括報告」（2010、2013、2016、2019）より筆者作成

　地域社会への活性化効果については、毎回会期終了後に地域住民などと意見交換会を実施し、主要な意見を公開している。例えば、「瀬戸内国際芸術祭2013 総括報告」では瀬戸内国際芸術祭による地域活性化効果として、「定住

（移住）機会となった」「休校中の学校が再開した」「地域の将来を考える機会
となった」「地域間連携機会が生じた」といった各地域の動きが紹介されてい
る（図表8-9）。地域外からの多くの来訪者によって、停滞していた地域社会
に刺激が与えられ、今後のまちづくりを考える、あるいはできることを実施
する契機となっていることがわかる。

○男木島では芸術祭を契機に帰郷を希望する世帯があり、休校中（小学校は平成
　20年から、中学校は平成23年から）である男木小中学校が平成26年4月から
　再開することとなった。
○小豆島では、島民と来場者との交流を目的としたアート作品があり、交流を通
　して、地域の中の結びつきが強まるとともに、この施設を地域活動の拠点とし
　て、今後も活用しようとする動きにつながるケースがあった。また、芸術作品
　ができたことを契機に、作品を地域の宝として守っていく気運が生まれ、地元
　自治会で作品周辺の清掃を行うなど、景観保全の取組みが始まるケースもあっ
　た。そのほか、参加アーティストの中には、作品制作を通じて島の自然や人と
　関わる中で、土地や人の魅力に惹かれ、そのまま滞在し、移住するケースもあ
　った。
○本島では、芸術祭の作品制作を通して、普段は関わることがない、世代の違う
　者同士の絆が強まった。特に、若い世代においても、島のことに積極的に関わ
　っていこうという姿勢が生まれ、今後も、幅広い世代にわたり、強い絆で島民
　同士が結ばれることが期待されるケースがあった。

図表8-9 瀬戸内国際芸術祭2013による地域活性化効果（抄）

出所：「瀬戸内国際芸術祭2013総括報告」

　芸術祭の効果として地域のイメージアップが挙げられる。芸術祭の開催に
関する情報は、新聞、テレビ、雑誌等の各種メディア等に好意的に取り上げ
られ、開催地域の情報を添えて国内外に情報発信される。この結果、旅行社
によってアートツアー等の旅行商品の造成が図られるだけでなく、アートに
よる地域の活性化を目指す地域として各地から地域政策関係者からの視察な
ど、地域の価値創出とイメージアップに貢献している。
　芸術祭は3年に一度の開催であるため、作品創作とは別の次元で開催され
ない年の地域活性化をどうするかが課題となる。そのため、各島は芸術祭を
契機とした施設整備が行われるとともに、作品の一部が恒久設置されている
ので、芸術祭が開催される中間年においてもこれらの文化的資源を活用した
継続的な活動を行うことが可能である。実際、恒久作品が設置されることで

通年の来訪者が期待でき、雇用創出につながるとの報告も見られる[9]。
　次に、民間企業による文化事業展開や瀬戸内国際芸術祭の開催が地域社会にどのような変化をもたらしたのか、まずは中核地である直島の状況を見てみよう。

第3節　文化事業による地域社会の変化──直島町

(1) 押し寄せる来訪者

　ベネッセによる精力的な文化事業展開の結果、直島はアートの島として国内外に広く知られるようになり、特に2004年の地中美術館開設以降、観光客数は飛躍的に増加した。観光客数の増加によってどの程度の経済効果が得られたのかにかかる公式の調査はなされていないが、直島町の宿泊施設・飲食店は増加傾向にあり、観光経済にシフトしていることが経済センサス等の公的統計調査からも裏付けられる（図表8-10）。

（事業所数）

調査実施年	A~R 全産業（S公務を除く）	A 農業、林業	B 漁業	C 鉱業、採石業、砂利採取業	D 建設業	E 製造業	F 電気・ガス・熱供給・水道業	G 情報通信業	H 運輸業、郵便業	I 卸売業、小売業	J 金融業、保険業	K 不動産業、物品賃貸業	L 学術研究、専門・技術サービス業	M 宿泊業、飲食サービス業	N 生活関連サービス業、娯楽業	O 教育、学習支援業	P 医療、福祉	Q 複合サービス事業	R サービス業（他に分類されないもの）
2009年	226	1	27	-	29	10	4	-	12	45	1	7	1	43	13	7	6	4	16
2012年	208	1	22	-	29	7	-	1	11	37	1	8		53	10	3	3	4	18
2014年	227	1	18	-	28	6	4	-	11	35	1	10		59	13	9	5	4	23
2016年	204	1	19	-	28	6		-	10	32	1	7	1	65	8	3	3	4	16

（構成比）

調査実施年	A~R 全産業（S公務を除く）	A 農業、林業	B 漁業	C 鉱業、採石業、砂利採取業	D 建設業	E 製造業	F 電気・ガス・熱供給・水道業	G 情報通信業	H 運輸業、郵便業	I 卸売業、小売業	J 金融業、保険業	K 不動産業、物品賃貸業	L 学術研究、専門・技術サービス業	M 宿泊業、飲食サービス業	N 生活関連サービス業、娯楽業	O 教育、学習支援業	P 医療、福祉	Q 複合サービス事業	R サービス業（他に分類されないもの）
2009年	100.0	0.4	11.9	-	12.8	4.4	1.8	-	5.3	19.9	0.4	3.1	0.4	19.0	5.8	3.1	2.7	1.8	7.1
2012年	100.0	0.5	10.6	-	13.9	3.4	-	0.5	5.3	17.8	0.5	3.8		25.5	4.8	1.4	1.4	1.9	8.7
2014年	100.0	0.4	7.9	-	12.3	2.6	1.8	-	4.8	15.4	0.4	4.4		26.0	5.7	4.0	2.2	1.8	10.1
2016年	100.0	0.5	9.3	-	13.7	2.9		-	4.9	15.7	0.5	3.4	0.5	31.9	3.9	1.5	1.5	2.0	7.8

図表8-10 直島町産業別事業所数　　経済センサス（総務省統計局）、直島町ホームページより筆者作成

(2) 景観まちづくりの展開

　直島町では家プロジェクトを契機として周辺地域を対象に景観整備計画及び関連事業を進めてきた（図表8-11）。2001年に開催された企画展の一環として、本村地区の家屋に絞り染めののれんを飾る「のれんプロジェクト」を行ったほか（写真8-12）[10]、2002年3月に直島町まちづくり景観条例を制定し、同年11月には直島町まちづくり景観条例に基づくまちづくり活動補助金制度を設けて、各家屋の屋号を統一されたプレートにして表示する屋号表札設置や屋号マップなどの景観整備事業を実施したほか、家プロジェクトが行われている本村地区内の重点地区を対象に、建造物の改修やのれんによる町並み形成等の景観まちづくり活動に対する補助を行っている（写真8-13）。

　さらに、2006年には景観行政団体となるなど直島町は景観まちづくりを推進しているが、こうした取り組みが評価されて、「平成18年度地域づくり総務大臣表彰（地域振興部門）」を受賞した[11]。

2000年	直島町まちづくり景観整備計画
2002年	まちづくり景観条例制定 直島町まちづくり景観条例に基づくまちづくり活動補助金
2006年	景観行政団体
2007年	地域づくり総務大臣表彰受賞

図表8-11 直島町における景観まちづくりの推進　　　　　各種資料より筆者作成

写真8-12 のれんによる町並みの修景

写真8-13 路地空間の整備

　そのほか、地域住民が作品制作過程に参画することに伴う住民意識の変化、ならびにまちづくり活動の誘発効果が挙げられる。井原（2007）は、①本村地区周辺での観光ボランティアガイドの結成、自宅のトイレを無償で貸し出すボランティアトイレの実施（現在は実施していない）、②来訪者との交流を契

機とした新たな歴史文化資源の再発見と保全・再生、生活環境美化活動のスタートの2点を挙げ、文化事業への地域住民の受容する土壌の形成と家プロジェクトのまちづくりとしての側面を指摘している。

　2009年7月には島西部の宮ノ浦地区に直島銭湯「I♥湯」（アイラヴユ）という実用機能を備えた現代アート作品が設置された（写真8-14）。当銭湯の運営は、現在、直島町観光協会が福武財団から委託を受けて実施しているが、当初は同財団から建物及び施設設備を無償で貸借し、宮ノ浦自治会の協力を得て施設の管理運営、入湯者の受付、グッズの委託販売を実施していた。自治会サイドも若い観光客とのふれあいが楽しいということであったが、次第に、担い手の確保が困難となったという。このように、アートと地域社会との接点は、地域アイデンティティの形成等のポジティブな社会的効果をもたらすが、観光客の急増によって、道路・公共交通機関・駐車場の混雑といった社会資本整備上の問題に加え、観光客層の拡大や地域社会への理解不足に伴うマナーやモラルの悪化、新たに出店した一部の飲食店の景観上のミスマッチングなどのいわゆるオーバーツーリズム問題が指摘されている（写真8-15）。

写真8-14 直島銭湯「I♥湯」

写真8-15 本村地区内の飲食店

　次に、政策を総動員して芸術祭による地域活性化を目指す小豆島町の状況を見てみよう。

第4節　小豆島町における芸術祭を契機とした　　　　　地域政策の展開

　小豆島は、瀬戸内海で淡路島に次ぐ2番目の大きさの島で、島東部の小豆島町と島西部の土庄町の2町からなる。2015年国勢調査によると、小豆島の

人口は2万7,927人であるが、内訳は小豆島町1万4,862人、土庄町1万3,065人となっている。このうち小豆島町は、日本におけるオリーブ発祥の地として、また、壺井栄の小説を基にした映画『二十四の瞳』の舞台としても知られ、日本三大渓谷美に数えられる寒霞渓をはじめ無形民俗文化財に指定されている小豆島農村歌舞伎、重要有形民俗文化財に指定されている中山農村歌舞伎舞台など数多くの文化的資源を有している。小豆島町の産業は、400年の伝統をもつ醤油製造、手延べ素麺、特産の醤油を生かして戦後に開始された佃煮製造などの食品工業が中心である。その他の産業として、電照菊やスモモなどの農業、大坂城築城からの歴史を有する石材業、観光関連産業やオリーブ製品製造業が知られる。こうした多彩な地域資源を背景に、小豆島は観光地としても発展し、最盛期の1973年の推定観光客数は150万人を超えた。近年は減少傾向にあるものの、依然として年間100万人を超える観光客で賑わう「観光の島」である。

　小豆島では、瀬戸内国際芸術祭2010の開催に先立ち、香川県、小豆島町、土庄町の共同事業として小豆島芸術家村事業を2009年度より開始した。同事業は、小豆島アーティスト・イン・レジデンス（小豆島AIR）として展開され、若手芸術家を招聘して3～4か月の滞在期間中に、地域の文化、環境などからアイデアを得て創作活動を行うとともに、成果発表や地域との交流プログラムなど地域の人々との交流を通じた地域活性化を目的としたものである。小豆島町では2009年3月に三都半島蒲野地区で小豆島芸術家村の開村式を行い、2013年4月までに24名の招聘実績があった[12]。こうした事前の取り組みが、小豆島町が芸術祭においてアーティストなどとの交流を重視する原点となっている。

　瀬戸内国際芸術祭2010では、小豆島は小豆島町中山地区及び土庄町肥土山地区、土渕海峡付近において11作品が展示された。期間中の来場者数は11万3,274人と全来場者数の12.1％を占め、直島、豊島に次いで3番目の来場者数を記録している[13]。小豆島町では、地域住民に現代アートに親しんでもらうよう、作品制作への地域住民参加の呼びかけ、作品鑑賞パスポートの割引、町広報誌における作家や作品紹介などを行った[14]。さらに、瀬戸内国際芸術祭の開催を観光振興の機会と位置づけるとともに[15]、滞在型の現代アートの創作の場を積極的に誘致することで、アートによる相乗的な地域活性化に向けた意欲を示している。2010年度には「協働のまちづくり支援事業」が新たに事業化され、地域住民の自発的なまちづくりを促す取り組みも始められた。

芸術祭閉会を間近に控えた2010年10月に、「瀬戸内海の復権」をテーマに事業関係者が集って意見交換会が開催された[16]。小豆島町は、①航路の維持・創設、②海を活かした観光振興、③高速通信網の活用、④瀬戸内海の環境保全と、芸術祭を一過性のイベントに終わらせるのではなく、瀬戸内海の再生の機会とするよう提起し、フェリー会社と精力的に折衝を行った結果、2011年7月には坂手港と神戸港を結ぶフェリー航路の復活に成功した。この後、小豆島町では瀬戸内国際芸術祭を契機としたまちづくりを加速させていく。

　2011年度当初予算では、アートのまちづくり関連予算として「島の魅力づくり」14事業・約1,500万円を計上した。具体的な事業として、中山地区の「棚田活性化プロジェクト」、三都半島を若手芸術家の作品制作の場として展開する「小豆島アートフィールドプロジェクト」、「醬の郷」を活かした地域づくりを進める「産業の営み（醬の郷）プロジェクト」、「小豆島ガール」と呼ばれる女性ボランティアによるインターネットでの情報発信を通して女性観光客などの増加を目指す「癒しの空間小豆島物語プロジェクト」、小豆島の石の文化を発信する「石の魅力創造プロジェクト」が挙げられる。2012年度に入ると、福田地区の旧小学校を活用した芸術祭拠点施設や、馬木地区のトイレ・駐車場等の整備事業を行っている。

　瀬戸内国際芸術祭2013では、事業規模が拡張して207作品が出展され、瀬戸大橋西側の5島を新たに開催場所とするとともに、観光客の集中による混雑の緩和のため、春・夏・秋の3期に分けた分散開催を行うこととなった。小豆島町の瀬戸内国際芸術祭2013を契機とした地域活性化の取り組みの特徴を見てみよう。

　第一に、全島で作品展示を行ってもらうよう芸術祭実行委員会等に対して、トップレベルでの積極的な働きかけを行ったことである。具体的には、三都地区で展開されていた「小豆島アーティスト・イン・レジデンス」事業、「東京芸大プロジェクト」を芸術祭プログラムに組み込んでもらう要請を行ったほか、福田地区の廃校にアート拠点施設を設けることを働きかけたこと、醬の郷・坂手地区での展開に向けて働きかけたことが挙げられる。第二に、芸術祭の開催を、地域活性化の契機とする地域政策として明確に位置づけたことである。小豆島町では、住民参加を得ながら島がもつ文化、伝統、産業、絆を世界に向けて情報発信する芸術祭が小豆島全域で開催されることを「百年の一度のチャンス」と捉え、2013年度当初予算では約1億1,000万円を計上するとともに、地域活性化効果が全島に波及するよう地域の魅力を高める

事業を各地で展開している[17]（図表8-16）。第三に、2013年4月に瀬戸内国際芸術祭2013推進室を新たに設置したほか、町職員が地区担当として地域住民との情報共有や調整を実施するなど全庁的な組織体制を敷いたことである。住民参加の促進も加速しており、まさに町の保有する財源、人的資源を総動員しての取り組みといってよい。

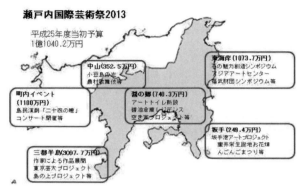

図表8-16 小豆島町における瀬戸内国際芸術祭2013関連予算

出所：町広報『しょうどしま』2013年5月号を筆者加工

　写真8-17は、個人所有のオリーブ畑に設置された作品である。地域住民が来訪者に当地区の醤油蔵の集積や暮らしを紹介したり、来訪者が楽しめるようお花畑を整備するなど自主的な取り組みを行っている。三都半島では、小豆島芸術家村（小豆島アーティスト・イン・レジデンス）として制作された作品に加え、地域住民が参画して来訪者に湯茶やお菓子などでおもてなしをする「島の家プロジェクト」が企画された（写真8-18）。「島の家」は、町が設置し、地域団体が運営するしくみだが、土日を中心に三都半島全地区で展開された。

　なお、芸術祭で発表された作品の一部は、閉幕後も恒久設置され、文化的資源として地域活性化に役立てられている。例えば、坂手港近くに設置されたビートたけしとヤノベケンジによる「ANGER from the Bottom」[18]は、芸術祭終了後の2013年11月に旧醤油会館において開催された、これからの小豆島町を考える「ありがとう瀬戸芸シンポジウム」において恒久設置が決まったが[19]、小豆島の有志団体によって資金を募り、ご神体に社を建てる「美井戸神社」が作品を囲む形で設置されている（写真8-19、8-20）。

　このシンポジウムは、旧醤油会館が島民のアートづくりや島民演劇の稽古

拠点として活用されたことを契機に、小豆島の主要地場産業である醤油文化の再評価を企図したもので、「観光から関係へ‐Relational Tourism‐」という共同宣言が出された。この宣言では、芸術祭は「楽しんでもらうだけではなく、福祉や教育、産業の未来についても語り合い、形づくること」であり、「芸術祭により再発見できた新しい小豆島の魅力や価値、アイデアを引き継ぎ、新たな作品も加え、これまで紡いできた関係をより深めること」を示し、さらに「芸術とデザインと産業が手をつなぎ、小豆島・日本の未来をつくる社会の実現を目指す」など、芸術祭を契機としたまちづくりの方向性を示している。

写真8-17 清水久和「オリーブのリーゼント」
馬木地区

写真8-18 「島の家プロジェクト」
三都半島

写真8-19 「ANGER from the bottom」
ビートたけし×ヤノベケンジ
（プロジェクト期間中）

写真8-20
美井戸神社
（プロジェクト
終了後）

　こうしたまちづくりの方向性を踏まえ、瀬戸内国際芸術祭2016では、三都半島で「三都半島アートプロジェクト」として、2009年より続く地域住民とアーティストとの連携によるアートプロジェクトを継承するほか、醤の郷＋坂手港地区では、「醤の郷＋坂手港プロジェクト」を改編して「小豆島町未来

プロジェクト2016」とした。「未来プロジェクト」とは、小豆島町でのアート展開が次のステップに入ることを意味し、醤油、佃煮、オリーブなど食の地場産業と関連づける食プロジェクトに期待を寄せながら、直島や豊島などの開催地との連携など圏域のつながりの中での地域活性化を視野に入れたものだという[20]。こうした考え方のもと、瀬戸内国際芸術祭2016関連予算は、2015年度決算ベースで1億1,321万9,000円、2016年度当初予算ベースで1億851万1,000円、決算ベースで9,741万2,000円となった。2010年の事業費予算が約530万円だったことを踏まえると、事業費ベースで毎年約1億円を計上しており、芸術祭による地域活性化に向けた小豆島町の意気込みを示すものである。その一方、社会的効果を高めるしかけとして、小豆島町では自治会などの地域組織を通して芸術祭への運営協力を求めている。具体的には、「作品制作」「作品受付」「お接待」「その他協力」に分けられ、なかでも「お接待」は、特産の素麺や季節のジュース、お菓子類の提供などお接待所ごとに独自の工夫が凝らされ、ほぼ全町的に実施するに至った[21]。地元住民とアーティスト、ボランティア、来訪者をつなぐには具体的なしかけが必要となるため、行政からの呼びかけで協力要請を行った。

　こうした取り組みにもかかわらず、瀬戸内国際芸術祭2016の小豆島の来訪者数は2013年の来訪者数19万6,357人より約4万人減少し、15万5,546人にとどまった。小豆島町では、観光イベントとしての経済効果は前回には及ばないものの（観光政策）、芸術祭の島民への定着とコミュニティ活動の活性化（コミュニティ政策、社会的効果）、質の高い作品の設置（文化政策）、海外との交流ネットワークの形成（国際交流）に加え、未来プロジェクトの実施によって小豆島の地場産業の活性化（産業政策）、教育、福祉など、さまざまな分野での新しい魅力と可能性をつかんだとして、瀬戸内国際芸術祭による多元的な政策効果を評価している[22]。

　なお、2018年4月に町長選挙が行われて新しい体制になった。新町長の下で策定された第2期小豆島町総合戦略及び人口ビジョン等の資料[23]を見ると、文化観光政策の軸足を既存の文化財の活用や、「せとうち備讃諸島『石の島』のストーリー」が2019年5月に日本遺産に認定されたことを契機に、文化ストックの活用に転じている。瀬戸内国際芸術祭2019における関連予算は、2019年度当初予算ベースで4,791万円、決算ベースで4,780万1,000円と前回の半額程度にとどまった。

　このように、小豆島町における芸術祭を契機とした地域活性化は、交流人

口の増加による経済活性化に加え、地域住民を参画させることで社会活性化が組み込まれるなど、さまざまな政策分野との関連づけながら進められてきており、これは大分県別府市の文化まちづくりと同様に文化芸術基本法の理念を先取りした取り組みとして評価される。

　小豆島町での芸術祭を契機としたまちづくりの取り組みは、前町長の強いリーダーシップのもとで実施されてきたが、政策効果を高めるには、創作活動やアートプロジェクトと地場産業等の経済主体との自発的な関係構築が図られなければならないし、地域社会の活性化効果を高めるには地域住民の自発的な発意に基づく取り組みが求められるだろう。

　人口減少に歯止めがかからない状況を踏まえ、総務省の制度である地域おこし協力隊によるサポートだけでなく、永住ではなくとも期間限定の移住などの弾力的な政策によって地域住民や地域内事業者だけでは不十分な地方創生の担い手の育成を図ることが急務となろう。その際、芸術祭を通して異質な人を受け入れる素地をつくったことや、芸術祭開催地という地域イメージの向上は追い風となると思われる。

第5節　直島と小豆島の地域活性化アプローチの比較

　瀬戸内国際芸術祭を展開する直島と小豆島は、文化資源の創造による地域活性化という手法は同じでも、アプローチ方法（経路）が異なっている。そこで、本節では、地域政策との関係、創作活動と地域性、創作活動と地域住民の受容の三つの視点から直島と小豆島町との比較検討を試みたい。

　第一に、地域政策との関係では、直島では、交流人口増加を目指す観光政策は、あくまで民間企業であるベネッセ及び福武財団のイニシアチブに依拠しつつ、景観まちづくり政策との連動が見られることを指摘した。作家と地域住民というパーソナルな交流レベルに留めるのではなく、地域政策と巧みに関連づけている点が注目に値する。一方、小豆島町では、島がもつ文化、伝統、産業、絆を「アーティストとともに再発見し、世界に向けて情報発信する」という姿勢から伺えるとおり、アーティストと地域住民や事業者等との交流に重点をおき、ここから連鎖的な派生効果が生まれることを期待し、トップダウンにより小豆島の活性化を図ろうとする。これを「文化・アート総合戦略」として位置づけたのであった。

　第二に、創作活動と地域性との関係では、港や道路など公共空間に設置し

たパブリック・アートといえる作品もあるが、「家プロジェクト」は住民が居住する地域において、古民家の修復と現代アートを融合させたプロジェクトであり、文化創造によって地域との関係を積極的に構築しようとするものである。本村地区の家プロジェクト「角屋」では、創作過程に住民が参加し、宮ノ浦地区の「I♥湯」（アイラヴユ）では、運営の一部を地元の自治会に委ねるなど運営面での地域との関係性の構築が試みられたものであった。一方、小豆島町では、全島に分散配置された作品の展示や創作テーマなどに小豆島町の意向が反映されたほか、町職員が地区担当として地域住民と作品設置の調整を行っている。また、馬木地区では住民参加による作品制作が行われたほか、三都半島では「島の家」と呼ばれる地域住民によるおもてなし事業が展開された。さらに「小豆島未来プロジェクト」では、アートプロジェクトと地域政策との関連性を一歩進め、アート作品としての公共トイレの設置、来訪者のニーズに対応した商業スペースのアート化、地域産業の活性化や編集・再構築を進めるプロジェクトを積極的に支援するなど、アートと地域との接点を深めることで地域社会の活性化効果を企図している。

　第三に、創作活動と地域住民の受容では、直島は製造業が基幹産業であったことや、元来開放的だったとされる島民気質を有していること、小豆島町も古くから観光地として展開されてきた歴史をもつがゆえに、その手段が文化的資源の創造であったとしても交流人口の増加に対する地域住民の反発は見られない。

　以上をまとめると、直島は、島のもつ文化的資源を際立たせる高品質の創作活動と民間企業が主導する交流人口を増加させる文化事業、さらには景観まちづくり等の地域政策と関連づけるなど、文化創造とまちづくりとの連動を適切にマネジメントすることで、地域活性化に成功した。一方、小豆島町は、アーティストと地域住民や事業者等との交流を念頭に、瀬戸内国際芸術祭の創作活動と展示をトップダウンによって全島的に展開することで、地域産業や地域社会に刺激を与え、来訪者による地域経済活性化と地域社会の活性化を同時に達成しようとする試みと解釈できる。

　直島と小豆島町の事例は、いずれも地域ベースのアートプロジェクトによる文化的資源の創造による地域活性化を企図するものだが、牽引する主体や活性化の目的や経路は異なっている。豊かな自然や長い歳月を経て育まれた人々の暮らしや伝統文化などの地域性と関連づけられた創作活動は、地域の固有性を獲得し、他の地域では模倣できない。アートプロジェクトを支える

資金調達や人材の確保、地域社会のコンセンサス、既存の地域産業の振興や新規開業の促進、若者の移住など定住人口の増加に向けた戦略プランニング、地域特性に適合する創造性マネジメントなどの課題はあるものの、新しい地域活性化の道筋を開くものとして地域ベースのアートプロジェクトの今後の発展に期待したい。

〈ポジショニングマップ分析〉

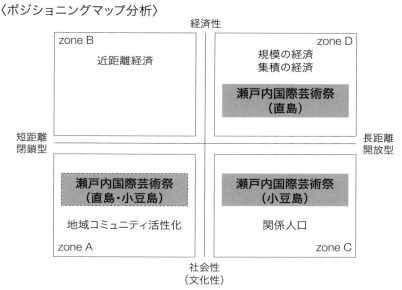

図表8-21 ポジショニングマップ分析（第8章）　　　　　　　　　　　　　筆者作成

　zoneDは、地域活性化を試みる多くの主体が目標とするゾーンで、地域経済活性化政策を実施し、規模の経済、集積の経済の論理に基づく自由な経済活動によって、経済成長を軌道に乗せることを目標とする。大規模アートプロジェクトで「海の復権」を掲げる瀬戸内国際芸術祭でも、全体としてはzoneDの展開を志向しながらも、個々の島あるいは自治体ベースでは地域社会の状況を踏まえながら、zoneBあるいはzoneCの活動を兼ね備えた展開を行っている。

　直島は、民間企業であるベネッセが文化戦略を推進しているが、これはzoneDをベースとしながらも、地域社会への一定の配慮も行っている活動と解される。小豆島は、瀬戸内国際芸術祭を地域社会、地域経済の両方の効果

を期待し、まちづくりに活用しようとするものであったが、交流による地域社会の活性化がベースであるので、立ち位置とすればzoneCということになる。しかし、会期が終了すると観光地以外での交流人口が急減するため、アートのまちづくりを志向するのであれば、直島で展開しているような魅力のある常設のミュージアムを必要とするだろう。

　瀬戸内国際芸術祭のような海外や遠距離からの来訪者を前提にした大規模イベントでは、zoneAやzoneBの活動はほとんど見当たらないが、瀬戸内国際芸術祭と同様の大規模アートプロジェクトであって、新潟県越後妻有地域（十日町市、津南町）で行われる「大地の芸術祭」では、「うぶすなの家」と呼ばれる地域住民が行うコミュニティ・ビジネス（飲食店）が、アート化された家屋で併設されていた。これはzoneBの活動ということになろう。

〈注および参考文献〉
1　直島町の文化事業や瀬戸内国際芸術祭にかかる論考は多い。笠原（2011）、田代（2014b, 2017, 2019）、福武・北川（2016）、宮本（2018）などがある。
2　直島の地域開発は、1959年から9期36年間にわたって町長を務めた三宅親連が、1960年当初予算大綱説明で打ち立てた直島の開発構想に基づいている。ここで、三宅は直島を三つの区分に分け、北部は製錬所を核とした関連産業の振興、中央部は住民生活の場、南部と周辺島嶼部の自然景観、歴史的文化遺産を保存しながら観光事業に活用するという現在の直島の土地利用計画の原型が提示された。
3　福武總一郎（2016）「ベネッセアートサイト直島から瀬戸内国際芸術祭へ」（福武總一郎＋北川フラム（2016）『直島から瀬戸内国際芸術祭へ』現代企画室, pp.18-19）より。
4　安藤忠雄設計による美術館と一体化したクロード・モネ、ジェームズ・タレル、ウォルター・デ・マリアの収蔵作品は、国内外から高い評価が得られている。
5　株式会社ベネッセホールディングスによる直島での事業展開の経緯は多くの論考があるが、ここでは当事者としてベネッセの文化事業の推進に携わった笠原（2011）と、社会学の視点からアートと地域づくりに関して精緻な分析がなされている宮本（2018）を挙げておく。
6　自然に寄り添った本村のまちなみと暮らしの在り方を探り、島の価値が再認識され、次世代に継承・展開されていくことを狙いとしたものである（ベネッセアートサイト直島ホームページ（http://benesse-artsite.jp/naoshima-architectures-2016.html）より）。
7　福武總一郎が、瀬戸内海の島々やアートをめぐる構想をもっていたところ、香川県の若い職員グループからの提言を踏まえて、「瀬戸内アートネットワーク構想」を一緒につくったのが契機とされる（福武總一郎（2016）「ベネッセアートサイト直島から瀬戸内国際芸術祭へ」福武總一郎＋北川フラム（2016）『直島から瀬戸内国際芸術祭へ』現代企画室, pp.46-47）。
8　瀬戸内国際芸術祭実行委員会（2012）「瀬戸内国際芸術祭2013実施計画概要」。
9　瀬戸内国際芸術祭の会場の一つである豊島（香川県土庄町）は、産業廃棄物の不法投棄問題で危機的な状況に陥ったが、芸術祭の開催が地域イメージの向上につながっただけでなく、来訪者向けのレストラン「島キッチン」の店長である藤崎恵美は、芸術祭を契機にUターンを果たした一人である（2013.9.5、マガジンハウス　ローカルアートレポート #044他の記事を参照）。
10　のれんの制作者である加納容子は、岡山県真庭市勝山地区に居住して絞り染めののれん制作を手掛け、「のれんのまちづくり」を地域団体と行政が協働で実施している。
11　受賞理由は、直島町まちづくり景観条例の制定、観光協会の設立、エコタウン計画に基づくハード・ソフト事業の実施等の結果、爆発的な観光客の増加、雇用の創出、人口減少に歯止めをかける等の成果を挙げ、さらに継続的にアート活動を続けるベネッセとの協働のまちづくりによって、アート・建築・自然・歴史の町として多くの観光客が訪れる新しい観光地のモデルとされたことによる（「平成18年度地域づくり総務大臣表彰受賞団体・個人の概要」（総務省）、『広報なおしま』No.645, 2007年4月号）。

12 元塩田小豆島町長のウェブメッセージである『町長の「八日目の蟬」記』第915回（2013年4月11日）より（現在は閲覧できない。以下同じ）。

13 瀬戸内国際芸術祭実行委員会（2010）「瀬戸内国際芸術祭2010 総括報告」より引用。

14 岸本真之の作品では、家庭で不要になった食器などの提供を町広報誌を通じて呼び掛けるなど小豆島町が収集や作品制作に協力をした（町広報『しょうどしま』2010年3月号）。

15 2010年度小豆島町施政方針では、「またとない機会に来訪者に向けた積極的な情報発信を行うとともに、小豆島を訪れた方々に地域資源である島の自然や歴史、産業等を活かした観光メニューを提供し、今後の観光振興につなげたい」としている。

16 当意見交換会は、2010年10月7日に開催され、地方自治体19市町（香川県8市町、愛媛県3市町、岡山県3市、兵庫県3市、広島県1市、大分県1市）、四国地方整備局、四国運輸局、中国地方整備局、フェリー事業者、香川大学瀬戸内圏研究センターが参加した。

17 小豆島町2013年度施政方針（町広報『しょうどしま』2013年4-5月号）より引用。

18 そもそもは、神様が怒り、化け物となった姿を表現した作品であるが、会期期間中に神様の怒りを鎮める祭事が催行された（出所：KENJI YANOBE Archive Project,小豆島町ホームページ）。

19 このシンポジウムにおいて、ヤノベケンジとビートたけしの共同作品《ANGER from the Bottom》にほこらを造り、水の神様「美井戸神社」として祀る計画が提案され、小豆島町の自治会の代表、経済界、地元坂手の住民などで構成される「美井戸（仮称）神社をつくる会」に実施が委ねられ、2014年10月に竣工された。

20 「町長の『八日目の蟬』記」第1520回「芸術祭について研究者の訪問を受けて考えました」（2015年9月8日）ほかを参照した。

21 小豆島町へのヒアリング調査（2017年3月21日）時の提示資料より。必要経費は行政が支援している。

22 「町長の『八日目の蟬』記」第1805回「瀬戸内国際芸術祭2016で思うこと」（2016年11月11日）。

23 2020年3月30日での小豆島町創生総合戦略会議における配布資料（「第2期小豆島町の人口ビジョン」「第2期小豆島町の総合戦略」「第2期小豆島町の総合戦略（基本施策の取組内容）」が公開されている）。

文化まちづくり政策による
地域の価値創出

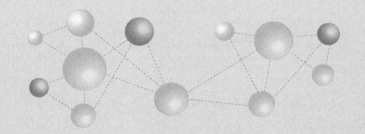

第9章では、持続的地域社会に向けて有効な文化的資源や創作活動を活用した文化まちづくり政策による地域の価値創出について検討を行う。とりわけ、第7章、第8章で取り扱った地域ベースのアートプロジェクトは、文化的資源の蓄積、地域の魅力創出、地域経済の活性化、地域社会の活性化、教育分野、福祉分野への貢献など多元的な政策効果が期待される。こうした「文化の力」をどのように活用すれば地域にイノベーションが創出され、政策効果を創出できるのかについて考えてみたい。

第1節　文化観光政策の興隆と多元性
（文化まちづくり政策の展開）

（1）創造性を活かした都市再生

　芸術文化のもつ創造性に着目した都市再生手法は「創造都市（Creative City）」とも呼ばれ、衰退した工業都市などの再生に向けて1990年代頃から欧州を中心に展開されてきた。歴史的建造物をアートセンターとして再生したり、ホームレスによる演劇活動を通した社会包摂など幅広い可能性が指摘され、多くの都市で実践的な政策展開がなされるとともに多くの学術的な調査研究が進められている[1]。

　近年は、都市部のみならず、地方都市や農山村地域においても創作活動に着目した地域再生モデルが模索され、「創造農村」などと呼ばれることもある[2]。つまり、地域特性に関わらず創作活動による地域再生の可能性が示されたわけである。創造都市や創造農村においては多角的な論点があるが、基本となるのは「文化や芸術が生み出す過程での「創造力」こそが、都市や地域を蘇られせる原動力である」（Landry, 2000）という視座である。

　多くの事例を見ると、確かに文化芸術の外部効果は大きく、都市再生あるいは地域再生に寄与すると思われるが、文化芸術を振興すれば直ちに創造都市あるいは創造農村が生まれ、地域再生に到達すると考えるのはいささか短絡的であろう。創造的地域が形成されるためには、地理的条件、歴史的文脈、地域住民の気質、地域産業の競争力、都市政策（地域政策）の優先度等の諸要素間の関係を踏まえた的確なロジックモデルの構築を必要とすることは言うまでもない。

　創造都市政策のダイナミズムはさまざまな視角から捉えることができるが、近年、文化と地域づくり、地域創造との関係に注目した理論的検討と実践事

例の分析が積み重ねられ、多くの論考がある[3]（渡部, 2019、宮本, 2018、橋本, 2018、野田他, 2020、松本他, 2020等）。

ここでは文化創造による定常的な地域活性化に向けた三つの視角を提示しておきたい。

第一は「創造性の連鎖」である。創造都市論では、既存の価値概念にとらわれない新奇な発想によって新たな価値を創出するアーティストやクリエーターなどの「創造的人材」及びその活動の場となる「創造の場」が重視される。創造的人材によって映像技術や、情報処理技術、コンテンツなどをテーマとした創造産業を創出する場合もあるだろうが、創造の場を利用した創造的人材の連鎖的活動によって、既存の産業や経済、地域空間に対しての働きかけやコミュニケーション、共同事業を行う創造性の連鎖こそが、地域経済や地域社会に広く波及効果をもたらすこととなろう。どうすれば創作レベルを超えた地域政策レベルにおける「創造性の連鎖」が生まれるかは別途検討を要するが、地域ソーシャル・イノベーション構造モデルにおける知識創造の知見がヒントを与えると考えている。

第二は、「空間の変容」である。無機的な空間を有機的な空間へと変化させるパワーこそが創造都市に期待する典型的な政策効果であろう。パリ（フランス）のポンピドーセンターやビルバオ（スペイン）では新奇なデザイン性を有する美術館の設置が地域空間に大きなインパクトを与えた。日本でも、開かれた空間デザインを特徴とする「金沢21世紀美術館」のインパクトある建築デザインが典型例である。

空間の変容は美術館や博物館に限らない。公共空間などに設置されたインパクトの強いパブリック・アート[4]は、都市空間の印象を一変するであろうし、公園や橋梁、街路など公共空間に施された空間デザインも同様の効果をもつ。例えば、漫画・アニメのキャラクターの公共空間での配置や、統一感のある空間デザイン、ポップなウォールアートを公共空間に展開することで地域活性化に成功しているところもある[5]。

第三は、「都市イメージの向上」である。歴史的建造物のリノベーションをはじめとする空間の変容や、創造性豊かなクリエイティブビジネスの出現は、疲弊した都市イメージを一新する。都市イメージの向上は、多くの来訪者を招き、一定の経済効果をもたらすが、さらに適切な都市政策を実施することで、関係人口の増加によるまちづくりのサポート、移住による定住人口の増加、クリエイティブな色彩のある新しい地域経済の担い手の出現が期待される[6]。

(2) 文化芸術基本法の制定と文化芸術基本計画の策定

　創造都市に関する政策研究や実践的取り組みの積み重ねによって、文化芸術の外部性に対する注目が集まり、わが国でも文化をまちづくりに活用する法制度や行政計画が整備されつつある。ここでは国による支援制度として、文化庁による文化芸術基本法と基本計画、文化観光推進法を概観する[7]。

　2017年6月に文化芸術基本法が制定された。この法律は、2001年に制定された「文化芸術振興基本法」を改正したもので、文化芸術に関する活動を行う人々の自主的な活動を促進することを基本に、文化芸術に関する施策の総合的かつ計画的な推進を図り、心豊かな国民生活及び活力ある社会の実現に貢献することを目的としたものである。文化庁では、文化芸術基本法の制定の背景と趣旨に関して、次のような説明を行っている。

　少子高齢化・グローバル化の進展など社会の状況が変化するなかで、観光やまちづくり、国際交流等幅広い関連分野との連携を視野に入れた総合的な文化芸術政策の展開が求められるようになってきたことを受け、文化芸術振興基本法を改正することとした。

　より具体的には次の2点に要約される。

1. 文化芸術の振興にとどまらず、観光、まちづくり、国際交流、福祉、教育、産業その他の各関連分野における施策を法律の範囲に取り込むこと
2. 文化芸術により生み出される様々な価値を文化芸術の継承、発展及び創造に活用すること

　改正の概要は、①文化芸術に関連する分野の施策も新たに法律の範囲に取り込んだこと、②文化芸術により生み出される様々な価値を文化芸術の更なる継承、発展及び創造につなげていくことの重要性を明らかにしたこと、③文化芸術団体の果たす役割を明記したこと、④国・独立行政法人・文化芸術団体・民間事業者等の連携・協働について新たに規定したこと、⑤文化芸術に関する基本的施策では、伝統芸能の例示に組踊が追加されるとともに、食文化の振興が新たに明記されたこと、⑥芸術祭の開催支援や、高齢者及び障害者の創造的活動等への支援等が明記されたこと、⑦文化芸術に関する施策の総合的かつ計画的な推進を図るため、新たに「文化芸術推進基本計画」を策定することとしたこと、⑧文部科学省、内閣府、総務省、外務省、厚生労働省、農林水産省、経済産業省、国土交通省等による「文化芸術推進会議」を設けることとしたことなどが挙げられている。

　2018年3月に閣議決定された「文化芸術推進基本計画」は、文化芸術政策

の目指すべき姿や5年間（2018〜2022年度）の文化芸術政策の基本的な方向性を示したものである。文化芸術の本質的価値に加え、文化芸術が有する社会的・経済的価値を明確化するとともに、文化芸術立国の実現に向けて、文化芸術により生み出される多様な価値を、文化芸術の更なる継承・発展・創造に活用・好循環させることとしている。

　また、今後の文化芸術政策の目標として、①文化芸術の創造・発展・継承と教育、②創造的で活力ある社会、③心豊かで多様性のある社会、④地域の文化芸術を推進するプラットフォームを掲げるとともに、以下の六つの戦略を提示している。

戦略1　文化芸術の創造・発展・継承と豊かな文化芸術教育の充実
戦略2　文化芸術に対する効果的な投資とイノベーションの実現
戦略3　国際文化交流・協力の推進と文化芸術を通じた相互理解・国家ブランディングへの貢献
戦略4　多様な価値観の形成と包摂的環境の推進による社会的価値の醸成
戦略5　多様で高い能力を有する専門的人材の確保・育成
戦略6　地域の連携・協働を推進するプラットフォームの形成

　このような文化芸術の外部性に期待する制度面での対応はさらに加速していく。2020年5月に、文化の振興を観光の振興と地域の活性化につなげ、これによる経済効果が文化の振興に再投資される好循環を創出することを目的とする文化観光推進法が施行された。この法律では、①文化施設がこれまで連携を進めてこなかった地域の観光関係事業者等と連携すること、②来訪者が学びを深められるよう歴史的・文化的背景やストーリー性を考慮した文化資源の魅力の解説・紹介を行うこと、③来訪者を惹きつけるよう積極的な情報発信、交通アクセスの向上、多言語・Wi-Fi・キャッシュレスの整備を行うなど文化施設そのものの機能強化、さらに地域一体となった取組を進めていくことが求められている（文化庁）。文化観光拠点施設を中核とした文化観光を推進するため、文化庁が定める基本方針に基づく拠点計画（文化観光拠点施設）・地域計画の認定を受けると、予算措置や税制措置が受けられる。文化資源の保存、活用によって、地域の魅力向上と来訪者の増加を果たし、地域経済の活性化を図ろうというものである（図表9-1）。

　2021年11月10日現在の認定計画は41計画となっている[8]。

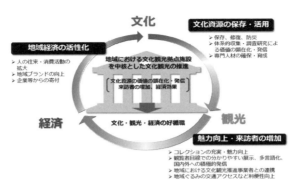

図表9-1 文化観光推進法で目指す文化、観光、経済の好循環

出所：文化庁ホームページ（関係者向け説明資料）
(https://www.bunka.go.jp/seisaku/bunka_gyosei/bunkakanko/pdf/92199401_06.pdf)

(3) 大分県の文化創造政策

　こうしたなか、地方自治体レベルでの創造性に注目した文化政策はどのような状況であろうか。ここでは、戦略的な文化政策を展開している大分県を見てみよう。大分県は、大分市、別府市、由布市、竹田市、臼杵市など県下の市町村と一体的に、ユニークな文化政策を実施していることで知られる。大分県のこれまでの文化政策の概略を示す[9]。

　大分県では、長期総合計画「安心・活力・発展プラン2015」において「芸術文化による創造県おおいたの推進」を掲げるとともに、2016年3月には「大分県文化創造戦略」を策定するなど文化政策を進めてきた。「大分県文化創造戦略」は、「大分県文化振興条例（2004年）」に基づいた「大分県文化振興基本方針（2005年）」の計画期間、施策体系、具体的な取り組みを示したアクションプランとして定められたものである。

　計画年度は2016〜2018年度と短く、重点戦略として、

重点戦略1：芸術文化を享受できる機会の提供

重点戦略2：芸術文化ゾーンにおける芸術文化の創造及びネットワークの
　　　　　　構築

重点戦略3：創造性を生かした教育、産業、福祉などの課題対応、地域づ
　　　　　　くりの展開

重点戦略4：次代を担う人材やアートマネジメント人材の育成

重点戦略5：国民文化祭や東京オリンピック・パラリンピック文化プログ
　　　　　　ラムを見据えた展開

が掲げられている。重点戦略3は文化芸術のもつ創造性を多くの行政政策課題への対応に活用するとしており、文化庁による文化芸術基本計画を先取りした内容となっている。

2020年3月には「第2期大分県文化創造戦略」が策定された。基本的な枠組みは第1期と同じだが、国民文化祭、ラグビーワールドカップ2019日本大会大分大会等の成果が追記されるとともに、事業終了に伴って重点戦略5は削除されている。こうした計画ベースの取り組みに加え、大分県では「創造性」を産業経済分野に向けた事業に取り組んでいる。

大分県の取り組みの特徴は、第一に、大分経済同友会、株式会社日本政策投資銀行大分事務所をはじめとする管内の民間団体や事業者、有識者、アートNPO等とのネットワークによる事業推進を行っている点が挙げられる。例えば、大分経済同友会、大分県文化振興県民会議（2006年〜）、文化芸術ゾーンを活用した新たな展開研究会（2014年）では、「創造県おおいた」の実現に向けた文化政策に関する検討や具体的な政策提言が行われている。具体的な事業展開として、芸術文化団体への助成のほか、民間団体と連携した芸術祭の開催（別府アルゲリッチ音楽祭〈別府市1998年〜〉、別府現代芸術フェスティバル「混浴温泉世界」〈別府市2009〜2015年〉、国東半島芸術祭〈豊後高田市、国東市2012〜2014年〉）、大分県立美術館（OPAM）の開館（大分市2015年）がある。2018年には「第33回国民文化祭2018・おおいた2018」及び「第18回全国障害者芸術・文化祭おおいた大会」が開催された。

第二に、芸術文化政策の専門組織として「アーツ・コンソーシアム大分」を立ち上げ（2016年6月）[10]、文化芸術に関する「調査研究」「評価」「資金調達」「人材育成」など芸術文化振興施策に関する体系的な評価に取り組んでいる（図表9-2）。

第三に、「クリエイティブ・プラットフォーム構築事業（CREATIVE PLATFORM OITA）」や「おおいたクリエイティブ実践カレッジ」など「創造性」を産業経済分野に浸透させるための事業など、総合的な展開を図っていることが挙げられる。

「クリエイティブ・プラットフォーム構築事業（CREATIVE PLATFORM OITA）」は、大分県内の企業と、県内外のクリエイティブ人材がコラボレーションすることで、競争力の高い商品・サービスの創出や新規マーケットの開拓につなげることを目的とした事業である。具体的な内容として、①Webサイトに

より、全国の著名なクリエイティブ人材やクリエイティブを活用した優良事例の紹介、②クリエイティブ人材をゲストに招いたトークイベント、ワークショップ、交流会等の交流イベントの開催、③県内企業等からクリエイティブ活用に関する個別相談とクリエーターをマッチングさせる「クリエイティブ相談室」からなる。「クリエイティブ相談室」の事業実績は、相談件数は約140件・マッチング件数は56件であった[11]。本事業は2020年度で終了したが、県内中小企業等を対象としたクリエイティブ活用に関するセミナー・個別相談会を継続実施している。

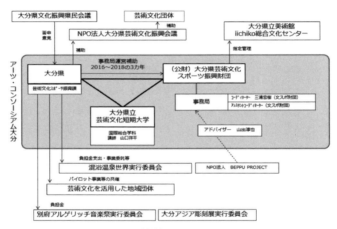

図表9-2 アーツ・コンソーシアム大分の体制図

出所：「平成28年度アーツ・コンソーシアム大分構築計画実績報告書」

「おおいたクリエイティブ実践カレッジ」は、クリエイティブの本質を理解し、企業（商品・サービス）のブランディング、プロデュース手法を学ぶため、講師による講義、ワークショップ、実践的な課題解決方法や新商品・サービスの企画支援を実施している[12]。

このように、大分県では文化創造に向けた推進組織の形成、行政計画の立案、多彩なクリエイティブ関連事業と、地方自治体レベルにおいて特徴的な政策展開を行っている。なお、大分県は2022年東アジア文化都市に選定されており、2018年の国民文化祭で見せたような先駆的な取り組みに期待したい。

第2節　地域ベースのアートプロジェクトと政策

(1) アートプロジェクトの政策活用

　アートプロジェクトには多くのステークホルダーが存在し、立場によって重視するポイントが異なる。そのため、アートプロジェクトを特定の政策目的、例えば来訪者の増加を目的とした集客イベントの手段と見なすとアーティストサイドから反発が起こる。藤田（2016）は、現代アートと地域活性化について論じるなかで、質の評価に関する基準が存在しない状態で、（地域活性化の道具として）なし崩し的に現代アートが巻き込まれる状態を批判している（藤田, 2016, pp.23-24）。しかし、近年、文化芸術が社会的注目を集める理由は、地域の「総合的な活性化」に貢献できる可能性が見出されたからに他ならない。だからこそ、2017年6月に新たに制定された文化芸術基本法においても、「文化芸術の振興にとどまらず、観光、まちづくり、国際交流、福祉、教育、産業その他の関連分野における施策を法律の範囲に取り込むこと」が強調されるのである。アートプロジェクトに対する批判的見解を踏まえつつも、文化芸術の本質的価値やパワーを損ねることなく政策活用を図るにはどのような視点と方法があるのかを探るべきであろう。

　本節では地域ベースのアートプロジェクトにどのような政策効果が期待されているか整理してみよう。

　第一は、文化芸術の本質的価値（文化的価値）の追求である。文化芸術の振興の目的である「人の育成」「心豊かな社会の形成」などを踏まえたもので、新たに制定された文化芸術基本法においても確認されており[13]、文化芸術基本計画においても「文化芸術の創造・発展・継承と豊かな文化芸術教育の充実（戦略1）」「多様で高い能力を有する専門的人材の確保・育成（戦略5）」「地域の連携・協働を推進するプラットフォームの形成（戦略6）」として強調されている。美術館等での文化芸術作品の鑑賞や創造活動の奨励、作品発表機会の確保といった伝統的な文化政策がある。

　第二は、地域の魅力創出である。大都市への人口移動に歯止めがかからないなか、地域経済社会を維持していくには、住んでもらうにせよ（定住人口）、訪れてもらうにせよ（交流人口）、地域外から関わるにせよ（関係人口）、事業を始めるにせよ（企業誘致、新規起業）、地域の魅力の向上が不可欠である。地域課題をテーマとしたアートプロジェクトは、マスメディアからはポジティ

ブイメージとして取り上げられることが多い[14]。また、空き店舗、空き家、公園などの空間を利用したインスタレーションとして展開された場合、埋め込まれていた地域資源が創作活動を通して価値を有する文化的資源へと変容する。また、アートプロジェクトと連動して、景観形成、公園整備、公共施設のデザイン化などの公共政策が併せて実施される場合もあろう。

　こうした作品が随所に配置されたアートプロジェクトやミュージアムを目的に、高感度な人が定常的に訪れるようになると、そうした人たちが選好するショップやカフェ、レストランの出店が可能となるため、新規起業や移住者の増加が起こる。文化創造によって地域イメージが向上すると、「柔軟な、変化に富んだ、進取のまち」といった地域ブランドが形成されることとなる。

　第三は、地域経済の活性化である。アートプロジェクトを観光振興（カルチャーツーリズム）の側面から捉えるもので、来場者の滞在に伴う飲食・宿泊や土産物の購入などの観光消費、観光客向けの新規開業に伴う雇用創出効果などの経済的効果、さらには事業活動を行うための若い世代の移住による人口増が見込まれる。また、都市部のまちなかで行われる場合は中心市街地活性化との連動もあるだろうし、産業政策との関連においては、アーティストやクリエーターと既存産業とのコラボレーションによる新商品開発やブランド力の向上などが注視される。これは従来から商品開発段階で行われていたものであるが、新技術を搭載した先端的な商品から伝統工芸に至るまで、アートやデザイン性に対する注目は高まっている。また、地域資源を再編集して新しい価値を創出するというまちづくりの目標設定は、アートプロジェクトの枠組みの中で実施は可能であるが、定常的な展開を行う場合にはマーケティング戦略などの周到なマネジメントを必要とする。

　第四は、地域社会の活性化である。アートプロジェクトでは、作品を創作するアーティストやクリエーター、アートプロジェクトを企画する主催者やスタッフ、ボランティア、来訪者、メディア関係者、調査研究やゼミ活動を行う大学・学生・大学院生など地域外の人々との交流が起こる。価値観が異なる外部者との交流は、地域社会に刺激をもたらす。コンフリクトが生じる場合もあるが、若い人との交流は高齢化が進む地域社会にはうれしい出会いの場ともなっている。こうした外部との交流によって、地域の誇り、地域アイデンティティの形成、シビックプライドの醸成等のポジティブな意識が喚起されるだろう。とりわけ国際芸術祭などにおいて海外のアーティストや来訪者と地域住民との交流は、それ自体が政策目的にかなうものであろう。

第五は、教育分野や福祉分野などの政策分野への貢献で、共生型社会の構築を指向するものである。アーティストやクリエーターなどによるアウトリーチ活動として学校教育の現場に出向き、さまざまな体験型学習に供する場合が多い。小中高等学校での学校教育の他、生涯学習などの社会教育分野で文化鑑賞機会、創作活動の発表機会の確保による生きがい創出などが期待効果として挙げられる。また、病院へ出向いて作品創作を行ったり、ミニコンサートを開催することはすでに多くの実践事例がある。福祉分野では、創作者としての関わり（障がい者アート）と、鑑賞者としての関わりとがある。2021年に開催された東京オリンピック、パラリンピックの基本コンセプトは「全員が自己ベスト」「多様性と調和」「未来への継承」であり、開会式、閉会式で展開された文化性豊かな障がい者によるパフォーマンスは全世界に感銘を与えた。

　このように、地域ベースのアートプロジェクトは、これまで異なる政策分野として認識されてきた芸術文化、観光、地域産業、コミュニティ、教育、福祉、社会基盤整備などの分野を視野に入れながら一体的、総合的に展開できるので、地方創生の有力な手段となり得るだろう。別の見方をすると、地域住民のニーズを満たしつつ、地域の魅力を高めることで交流人口とサポーター（ボランティア）などによる関係人口を同時に増加させる混合型のアプローチであり、地域アイデンティティを高めながら地域経済と地域社会の活性化を同時に図る可能性を示しているが、同時に、大規模化して規模の経済の追求へと目的が変質すると、たちどころに地域社会との遊離が起こり（地域社会への侵食）、外部不経済が顕在化するオーバーツーリズムと同様の状態に陥ってしまうことを指摘しておきたい。

（2）アートプロジェクト事例の政策目的と期待効果

　本書で取り上げた地域ベースのアートプロジェクトの政策目的と期待効果を見てみよう。広域型アートプロジェクトである「瀬戸内国際芸術祭」は、瀬戸内海地域の再生を目指す「海の復権」をテーマとして掲げている。事業費、開催期間、来場者数は毎回異なるが、おおむね総事業費は10億円規模、開催期間は100日間程度、来場者数100万人超えという国内のアートプロジェクトとしては破格の規模の事業展開と成果を挙げている。

　しかし、芸術祭としての成功と地域政策としての効果は峻別すべきであろう。実際、開催地によって政策目的や展開手法は異なっている。芸術祭の中核地である直島町は、民間企業であるベネッセ及び福武財団が主導する文化

事業の展開を軸としているのに対し、小豆島町では行政である小豆島町が主導して、芸術祭の開催を契機とした総合的な地域活性化を目指している。いずれも芸術祭終了後は、制作された作品のいくつかを恒久設置し、閉会後も島々を巡るアートツーリズムが行われており、観光集客の平年化を目指している。

　これに対して、大分県内でのアートプロジェクトの政策目的は多彩である。NPO法人BEPPU PROJECTが主導する「混浴温泉世界」は、2008年7月に認定された中心市街地活性化基本計画と関連づけながら2009年に開始された。「ベップ・アート・マンス」を併設することで市民の芸術活動の参加を促すなど目的が複合化していく。展開手法も、当初はまちなかに設置された作品群を来場者が自由に巡るという一般的な手法を採用したが、開催場所や事業規模の拡大に伴う運営面での困難さに直面したことを踏まえ、2015年の企画では、ツアー方式を採ることで来訪者が通常、容易に立ち入ることのできない世界を知るしかけに変更した。中心市街地活性化基本計画は、延長されることなく2012年度末をもって終了したが、アートプロジェクトの方針転換との関係性は明らかではないものの、政策目的の変更がアートプロジェクトの方向性に影響を与えていることは十分に予想される。

　「混浴温泉世界」の終了後の2016年以降は「in Beppu」として新たなアートプロジェクトを立ち上げる。「混浴温泉世界」の経験を踏まえて、開催規模を縮小して単一アーティストに絞り込むことで運営コストを抑え込むとともに、アートプロジェクトとしての品質と実験的要素を前面に打ち出している。来場者に別府をより深く印象づける手法を採ることで、芸術祭のリピート層の獲得、日常的に別府を支援するディープな支援層の開拓を目指す関係人口の強化に目的を再設定したと考えられる。

　2012年から2014年にかけて開催された「国東半島芸術祭」は、目的を「国東半島の自然や歴史・文化などの地域資源と現代アートを融合させることで、国東半島の魅力を高め、地域情報を全国に発信し、地域住民をはじめ県内外の人々に質の高い芸術文化に触れる機会を提供することで、芸術文化の振興と新たな来訪者による交流人口の増加、地域活性化を目指す」としており、政策目的が明快である。芸術祭終了後の作品の維持管理を国東市、豊後高田市が継承することで、地域活性化効果を持続させることを織り込んでいる。実際、「国民文化祭おおいた2018」では、国東半島芸術祭の「香々地プロジェクト」が開催された「長崎鼻」において、「花とアートの岬づくりプロジェク

ト2018」が開催されたほか、国東半島芸術祭と同手法の地域資源を活かした「国民文化祭バスの旅 国東おだやか博」と呼ばれる体験型バスツアーが実施された。なお、2022年1月には、国東半島芸術祭で設置された作品を巡るカルチャーツーリズムが実施されている。

「おおいたトイレンナーレ2015」は、2015年夏に予定された大規模観光キャンペーンに合わせて、「交流人口の増加」「地域を誇る気持ちの醸成」「賑わいの創出」を目的に、大分市中心市街地のトイレを舞台にしたアートプロジェクトである。2015年に「日本トイレ大賞　地方創生担当大臣賞」を受賞するなど高い社会的評価を得たが、2018年の「国民文化祭おおいた2018」では、大分市のリーディング事業である「回遊劇場～ひらく・であう・めぐる～」におけるパブリック・アートとして4作品が出展された。

「国民文化祭おおいた2018おおいた大会」では、県民の文化芸術活動を地域内外に広く発表する機会としての従来の国民文化祭の目的に加え、現代アート作品の展示とまちあるき、カルチャーツーリズムを融合させた総合的な内容となっている。さらに、「全国障害者芸術・文化祭」が併せて実施されたことで、障がい者の作品展示が行われるなど、福祉政策と連動した展開が図られたほか、図書館などの社会教育施設を利用したプログラムや、中高生などの子どもたちが参画する教育関連プログラムも実施された。

このように、近年のアートプロジェクトは、地域活性化のシンボル的なイベントとして打ち出され、芸術文化に触れる機会の提供、地域イメージの向上、交流人口の増加、賑わいづくり、カルチャーツーリズム、シビックプライドの醸成、福祉分野、教育分野への貢献など多彩な政策目的を有しており、文化芸術基本法及び同基本計画の趣旨を体現しているプログラムであることがわかる。

(3) アートプロジェクトの来場者像

アートプロジェクトにどのような来場者が来ているのか、どういった反応を示すのかを知ることは、文化事業者の当事者だけでなく、文化政策、移住政策、観光政策といった地域政策を検討するうえで有益な知見を提供する。そこで、2015年前後に実施された大分県内アートプロジェクトと瀬戸内国際芸術祭で実施されたアンケート調査結果に基づき来訪者の属性の比較分析を行った[15]（図表9-3～9-5）。以下、アンケートの回答傾向にバイアスがなく、来場者属性が適切に反映されたものとみなして分析を進める。

まず、性別を比較すると、いずれのアートプロジェクトにおいても女性の比率が約2/3となっている（図表9-3）。これはアートプロジェクトの一般的な傾向と合致している。

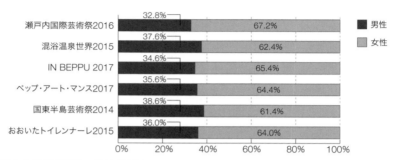

図表9-3 来場者属性の比較（性別）

「瀬戸内国際芸術祭 総括報告」（2016）
「混浴温泉世界 別府現代芸術フェスティバル 事業報告書」（2015）他より筆者作成

　居住地別は、質問紙の設問が異なるため単純比較は困難であるが、「瀬戸内国際芸術祭2016」は、海外比率が約13％、県外比率が約56％と、広域からの来訪傾向が顕著である。

　一方、大分県の事例を見ると、プロジェクトの目的や内容によって来場者像は異なる。

　例えば、「混浴温泉世界2015」は、海外比率1.0％、県外比率が約70％となっており、「瀬戸内国際芸術祭2016」ほどではないにせよ、広域からの来訪が多いのに対し、混浴温泉世界の後継企画である「in Beppu 2017」では市内比率が31％、県外比率が35％と近距離指向が強まっている。「ベップ・アート・マンス2017」では市内比率が51％とさらに市内比率が高くなっており、「混浴温泉世界」や「in Beppu」とは来場者層が明らかに異なった市民参加中心の文化イベントとなっている。「国東半島芸術祭2014」「おおいたトイレンナーレ2015」市内比率、県外比率のいずれも高くなっており、来場者層の2極化傾向が見られる。

　年齢層別では、いずれのアートプロジェクトも幅広い年齢層を獲得している。

　アートプロジェクトの来場者の傾向をまとめると、「瀬戸内国際芸術祭2016」「温泉混浴世界2015」は比較的遠方から「20代」「30代」の女性の来訪が多い。「ベップ・アート・マンス2017」「おおいたトイレンナーレ2015」

は、市内からの来訪が多い。「in Beppu 2017」「国東半島芸術祭2014」は県内までの来訪が多い。一方、年代別で見ると、「in Beppu 2017」「ベップ・アート・マンス2017」「国東半島芸術祭2014」は40代以上の来訪が多い。

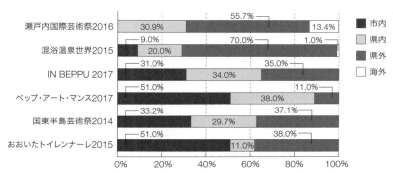

図表9-4 来場者属性の比較（居住地別）

「瀬戸内国際芸術祭総括報告」（2016）
「混浴温泉世界 別府現代芸術フェスティバル 事業報告書」（2015）他より筆者作成

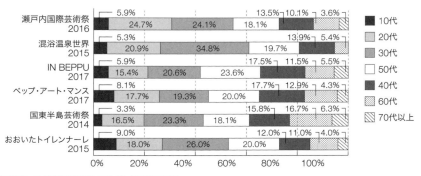

図表9-5 来場者属性の比較（年齢層別）

「瀬戸内国際芸術祭総括報告」（2016）
「混浴温泉世界 別府現代芸術フェスティバル 事業報告書」（2015）他より筆者作成

　このように、展開するアートプロジェクトの内容や特徴と実際に訪れる来訪者像とはゆるやかな関係性が見て取れる。これは、アートプロジェクトの特性によって来訪者層のある程度のコントロール、すなわち地域マーケティングが行えることを示唆するもので、政策目的に適合したアートプロジェクトのマネジメントが求められる。

また、「混浴温泉世界2015」の自由意見を見ると、「大分中で同じ時期にアート、音楽イベントをワサワサとやってくれると、はるばる遠くからでも行きやすい。開催主体は一つじゃなくてもいい。それらがユルッと繋がって共通で告知していると、幅広く見えるし露出も増える。」「別府の町と深く結びつくようなアートの展開は是非続けてほしい。」と興味深い意見が寄せられている。今後の方向性を先取りした指摘といえるだろう。

第3節　地域ベースのアートプロジェクトによる 政策効果の検証

　プロジェクトの成果は、来場者数や経済波及効果といったイベントとしての評価に関心が向きがちであるが、プロジェクトの目的が地域活性化にあるならば、文化イベントとしての一過性の活性化効果を越えて、どういった政策課題に対して、どのように貢献できるのかが問われなければならない。地方創生の文脈で捉えると、観光としての側面（交流人口）、人口増への貢献（定住人口）、そして地域経済活性化への定常的な貢献（事業所開設、雇用）であろう。こうした視点から、本節では、観光（観光入込客数）、人口（国勢調査、住民基本台帳 等）、地域経済（経済センサス）に関する統計資料をもとに、直島町、小豆島（土庄町、小豆島町）、別府市の地域経済社会の変化を検討した。ただし、交流人口は、過度の観光客の集中による負の外部性が指摘されているので、必ずしも来場者数が多いほどよいという評価にはならないことに留意する必要がある。

　なお、分析の主たる対象期間は、アートプロジェクトの開始年（瀬戸内国際芸術祭は2010年、混浴温泉世界は2009年に開始）を踏まえ、10～15年間とした。

（1）観光

　図表9-6に、2000年以降の直島町の観光入込客数の推移を示した。2004年に世界的な知名度をもつ地中美術館の開設を契機に観光客数が増加していることがわかるが、さらに瀬戸内国際芸術祭の開催年（2010年、2013年、2016年、2019年）は突出して観光入込客数が増加しており、直島町を訪れる観光客の主たる目的は「アート」であることがわかる。

　2020年の大幅な落ち込みは、新型コロナウイルスの影響による。

　図表9-7は、1987年以降の小豆島の観光入込客数の推移を示す。長期減少

傾向にあるが、瀬戸内国際芸術祭が開催された2010年、2013年、2016年、2019年は、やや増加していることがわかる。2020年の落ち込みは新型コロナウイルスによるものである。

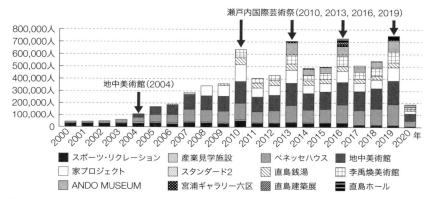

図表9-6 直島町観光客数等入込数推移　　　　　　直島町観光協会資料より筆者作成

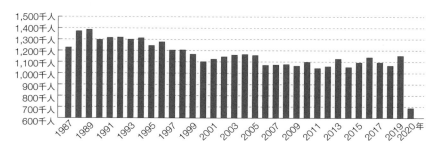

図表9-7 小豆島観光客数等入込数推移　　　　　香川県観光動態調査報告より筆者作成

　図表9-8は、別府市の観光入込客数の推移である。集計方法の見直しを考慮し、2010年以降のデータを掲載した。現在、別府八湯と呼ばれる市内八か所の温泉地を巡るまちあるきを中心に、周辺観光施設への立ち寄りと合わせて、年間800万人の観光客が訪れている。

　アートプロジェクトの開催がどの程度、来訪者数ベースでインパクトがあるのかを探るため、各アートプロジェクトによる来訪者数の当該地域の年間来訪者数に対する比率を示してみた（図表9-9）。新型コロナウイルスによる影響を除くため2019年度をベースとしたが、別府市のin Beppuは2018年の

「アニッシュ・カプーア IN 別府」の値の方がより適切なので2018年度の来訪実績値を採用している。

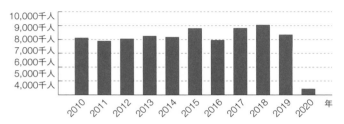

図表9-8 別府市観光客数等入込数推移　　　　　別府市観光動態調査より筆者作成

区　分	直島町	小豆島	別府市
来訪者数（アートプロジェクト）	291,728	186,098	54,716
年間来訪者数	751,309	1,153,000	8,335,773
比率（％）	38.8	16.1	0.66

図表9-9 アートプロジェクトによる来訪インパクト比較　　　関連資料より筆者作成
※来訪者数は別府市のみ2018年、その他は2019年

　小豆島の観光客数は100万人を超えるため、瀬戸内国際芸術祭による19万人は、16％程度の寄与である。別府市では、混浴温泉世界とベップ・アート・マンスを合わせても8万人程度の来訪に過ぎず（5万4,716人＋2万3,722人）、数の上ではほとんど寄与をしていない。アートプロジェクトの開催による交流人口の増加への寄与が大きいのは直島町であり40％ほどであるが、芸術文化関連を合計すると98％ほどにも及び、アート展開は地域経済に大きなインパクトを与えていることがわかる。

　ただし、これはアートプロジェクトによる来訪を、あくまで観光消費を目的とした交流人口の側面から捉えているにすぎず、より深く当該地域を印象付けることでその地域にコミットする関係人口の創出に寄与する可能性があることを指摘しておきたい。

（2）人口

　国勢調査に基づき開催地の所在市町の人口推移をみると、2000年を100.0としたときの2015年の人口増加率は、直島町が84.7、小豆島町が81.2、別

府市が96.5といずれの市町も減少傾向にあるが、とりわけ小豆島町の減少幅が大きい。参考掲載した土庄町も79.1となっている。一方、昼夜間人口比率は、直島町が増加傾向にある。その要因として、対岸の岡山県玉野市からの海上交通アクセスが相対的に良好であるため、域外からの従業を有利にしているのではないかと考えられる（図表9-10）。

	年	1990	1995	2000	2005	2010	2015
人口（人）	土庄町	20,191	19,074	17,711	16,411	15,123	14,002
	小豆島町	20,455	19,700	18,303	17,257	16,152	14,862
	直島町	4,671	4,162	3,705	3,538	3,325	3,139
	別府市	130,334	128,255	126,523	126,959	125,385	122,138
人口増加率（%）（2000年＝100.0）	土庄町	114.0	107.7	100.0	92.7	85.4	79.1
	小豆島町	111.8	107.6	100.0	94.3	88.2	81.2
	直島町	126.1	112.3	100.0	95.5	89.7	84.7
	別府市	103.0	101.4	100.0	100.3	99.1	96.5
昼間人口（人）	土庄町	20,370	19,043	17,683	16,270	14,904	13,872
	小豆島町	19,954	19,400	18,112	17,161	16,164	14,838
	直島町	4,548	4,104	3,751	3,756	3,653	3,608
	別府市	126,486	123,217	121,789	123,054	122,959	121,106
昼夜間人口比率（%）	土庄町	100.9	99.8	99.8	99.1	98.6	99.1
	小豆島町	97.6	98.5	99.0	99.4	100.1	99.8
	直島町	97.7	98.6	101.2	106.2	109.9	114.9
	別府市	97.1	96.1	96.4	97.1	98.1	99.2

図表9-10 開催地の人口推移　　　　　　　　　出典：国勢調査（総務省統計局）より筆者作成

　1920年以降の長期人口推移を図表9-11に示した。小豆島町は戦後一貫して人口減少が続いており、直島町も1955年以降、人口減少が続いている。別府市は、1980年までは人口増加であったが、緩やかな人口減少局面に入っている。

　さらに産業別の昼夜間人口の状況を見たのが図表9-12である。小豆島町の昼間人口の増加が、「医療、福祉」「製造業」によるのに対し、直島町の昼間人口の増加は、「製造業」「サービス業（他に分類されないもの）」「運輸業、郵便業」「宿泊業、飲食サービス業」と続く。土庄町は、「公務（他に分類されるものは除く）」「卸売業、小売業」「宿泊業、飲食サービス業」となっている。別府市の昼間人口は「医療、福祉」「宿泊業、飲食サービス業」で増加しているものの、

他の産業ではおおむね他地域に流出しており、総数でも流出している。

　図表9-13は、住民基本台帳に基づく人口動態を見たものである。いずれの市町も自然減、社会減となっているが、直島町の社会減は縮小し、社会増に転じつつあるのに対し、小豆島町では、芸術祭を契機としたまちづくりに取り組んだものの、社会減は収まっておらず、定住人口拡大には寄与していない。土庄町も同様である。このため、小豆島（土庄町、小豆島町）では喫緊の課題である人口減少の進行を食い止めるため、UIJターン等による移住政策を加速化している。別府市は自然減が拡大しているが、2012年の社会増及び2013年の社会減は、制度改正によって外国人住民が住民基本台帳に含まれるようになったことによる。

	土庄町				小豆島町		
	夜間人口（15歳以上就業者数）	昼間人口（15歳以上就業者数）	昼間人口ー夜間人口（15歳以上就業者数）	昼夜間人口比率（15歳以上就業者数）	夜間人口（15歳以上就業者数）	昼間人口（15歳以上就業者数）	昼間人口ー夜間人口（15歳以上就業者数）
総数	6,713	6,653	△60	0.99	6,653	6,761	108
A 農業、林業	267	248	△19	0.93	262	284	22
うち農業	262	244	△18	0.93	260	282	22
B 漁業	201	205	4	1.02	102	101	△1
C 鉱業、採石業、砂利採取業	5	2	△3	0.40	26	28	2
D 建設業	528	520	△8	0.98	454	481	27
E 製造業	1,213	1,144	△69	0.94	1,710	1,776	66
F 電気・ガス・熱供給・水道業	15	11	△4	0.73	44	52	8
G 情報通信業	23	17	△6	0.74	14	6	△8
H 運輸業、郵便業	396	336	△60	0.85	378	423	45
I 卸売業、小売業	1,048	1,117	69	1.07	943	853	△90
J 金融業、保険業	95	89	△6	0.94	62	47	△15
K 不動産業、物品賃貸業	34	34	0	1.00	16	15	△1
L 学術研究、専門・技術サービス業	108	110	2	1.02	85	93	8
M 宿泊業、飲食サービス業	642	709	67	1.10	462	412	△50
N 生活関連サービス業、娯楽業	259	271	12	1.05	217	199	△18
O 教育、学習支援業	304	274	△30	0.90	232	265	33
P 医療、福祉	846	746	△100	0.88	796	909	113
Q 複合サービス事業	169	182	13	1.08	160	145	△15
R サービス業（他に分類されないもの）	287	291	4	1.01	319	311	△8
S 公務（他に分類されるものを除く）	264	340	76	1.29	341	329	△12
T 分類不能の産業	9	7	△2	0.78	30	32	2

図表9-12 開催市町における15歳以上産業別就業者数（常住地、従業地）の比較

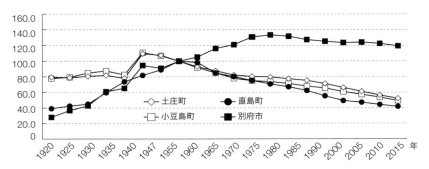

図表9-11 開催市町の長期人口推移　　　　　　　国勢調査（総務省統計局）より筆者作成

（単位：人）

	直島町				別府市			
昼夜間人口比率（15歳以上就業者数）	夜間人口（15歳以上就業者数）	昼間人口（15歳以上就業者数）	昼間人口ー夜間人口（15歳以上就業者数）	昼夜間人口比率（15歳以上就業者数）	夜間人口（15歳以上就業者数）	昼間人口（15歳以上就業者数）	昼間人口ー夜間人口（15歳以上就業者数）	昼夜間人口比率（15歳以上就業者数）
1.02	1,654	2,199	545	1.33	53,212	51,064	△2,148	0.96
1.08	7	13	6	1.86	549	496	△53	0.90
1.08	3	6	3	2.00	529	487	△42	0.92
0.99	85	88	3	1.04	60	58	△2	0.97
1.08	-	-			1	-		
1.06	111	191	80	1.72	3,383	2,806	△577	0.83
1.04	474	648	174	1.37	3,186	1,732	△1,454	0.54
1.18	10	14	4	1.40	243	268	25	1.10
0.43	2	4	2	2.00	665	353	△312	0.53
1.12	139	200	61	1.44	2,058	1,649	△409	0.80
0.90	123	137	14	1.11	8,532	8,104	△428	0.95
0.76	11	7	△4	0.64	1,080	980	△100	0.91
0.94	5	4	△1	0.80	1,051	986	△65	0.94
1.09	12	22	10	1.83	1,179	963	△216	0.82
0.89	217	270	53	1.24	5,682	6,079	397	1.07
0.92	52	49	△3	0.94	2,480	2,568	88	1.04
1.14	76	112	36	1.47	2,575	2,777	202	1.08
1.14	85	113	28	1.33	10,134	11,373	1,239	1.12
0.91	26	30	4	1.15	317	236	△81	0.74
0.97	101	166	65	1.64	3,409	3,233	△176	0.95
0.96	70	73	3	1.04	2,603	2,457	△146	0.94
1.07	48	58	10	1.21	4,025	3,946	△79	0.98

「平成27年国勢調査」（総務省統計局）より筆者作成

以上の結果より、アートプロジェクトの開催市町の人口の状況を比較すると、①定住人口はいずれの市町も減少している。②昼夜間人口比率をみると、直島町で増加傾向にある。昼間人口そのものはいずれの市町も減少傾向にあるが、産業別では、直島町の昼間人口ー夜間人口の増加数は、「製造業」「サービス業（他に分類されないもの）」「運輸業、郵便業」「宿泊業、飲食サービス業」の順となっている。③人口動態では、いずれの市町も自然減、社会減となっているが、直島町は社会減は縮小し、社会増に転じつつあることがわかった。

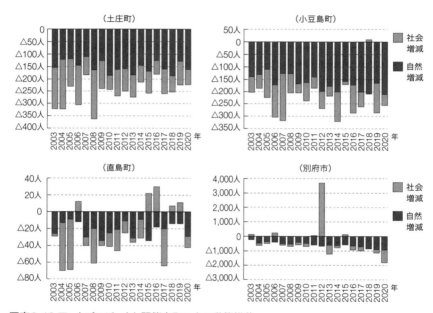

図表9-13 アートプロジェクト開催市町の人口動態推移

香川県人口移動調査報告、別府市統計書より筆者作成

（3）地域経済

　平成26年経済センサス基礎調査結果を利用して、アートプロジェクトが開催された所在市町における事業所数及び従業者数の年度区分別の新規開設状況の分析を行った。アートプロジェクト開始年は、瀬戸内国際芸術祭が2010年、別府市の混浴温泉世界が2009年からであるため、2005年以降の新規開設状況に注目した。結果を図表9-14に示す。

　事業所数ベースの2005〜2014年の全期間に対する新規開設比率は、香川

県23.5％、土庄町14.1％、小豆島町11.1％、直島町31.1%、大分県24.4％、別府市23.4％となっている。直島町は31.1%と香川県の23.5％を上回っており、新規開設が活発になされていることがわかる。一方、従業者数ベースでみると、香川県23.1％、土庄町19.2％、小豆島町10.8％、直島町10.6％、大分県23.9％、別府市22.1％となっている。事業所数ベースで香川県全体を上回った直島町であるが、従業者数ベースでは香川県全体の23.3％に達しておらず、新規開設に伴う従業者の増加の寄与は限定的である。

（単位：箇所）

事業所数（全産業）		香川県	土庄町	小豆島町	直島町	大分県	別府市
実数	総数	48,510	932	1,013	209	54,521	5,894
	1984年以前	18,872	520	586	98	19,719	2,408
	1985～1994年	7,719	143	159	18	9,210	907
	1995～2004年	9,907	132	144	27	11,532	1,123
	2005～2014年	11,385	131	112	65	13,297	1,380
構成比（開業年度別）	総数	100.0	100.0	100.0	100.0	100.0	100.0
	1984年以前	38.9	55.8	57.8	46.9	36.2	40.9
	1985～1994年	15.9	15.3	15.7	8.6	16.9	15.4
	1995～2004年	20.4	14.2	14.2	12.9	21.2	19.1
	2005～2014年	23.5	14.1	11.1	31.1	24.4	23.4

（単位：人）

従業者数（全産業）		香川県	土庄町	小豆島町	直島町	大分県	別府市
実数	総数	437,572	5,891	6,033	2,160	487,503	49,679
	1984年以前	168,112	3,033	3,825	1,311	184,431	20,957
	1985～1994年	66,620	660	926	286	74,244	5,892
	1995～2004年	97,539	1,010	588	305	107,583	11,358
	2005～2014年	101,069	1,131	650	229	116,345	10,973
構成比（開業年度別）	総数	100.0	100.0	100.0	100.0	100.0	100.0
	1984年以前	38.4	51.5	63.4	60.7	37.8	42.2
	1985～1994年	15.2	11.2	15.3	13.2	15.2	11.9
	1995～2004年	22.3	17.1	9.7	14.1	22.1	22.9
	2005～2014年	23.1	19.2	10.8	10.6	23.9	22.1

図表9-14 開催市町における開設年別事業所数及び従業者数
※総数は不詳を含むため合計数は一致しない。

「平成26年経済センサス基礎調査」（総務省統計局）をもとに筆者作成

　これらの結果より、2005年以降に顕著な変化が認められるのは直島町であるため、対象市町を直島町に絞って産業別動向を探った。
　事業所数ベースの2005年以降の開設年別構成比は、「宿泊業、飲食サービ

ス業」が74.1％、産業別構成比でも「宿泊業、飲食サービス業」が66.2％となっており、直島町の2005年度以降の新規開設は、「宿泊業、飲食サービス業」が突出して高いウェイトを占めていることがわかる。「宿泊業、飲食サービス業」の新規開設の要因として、同町の観光入込客数の推移と照合すると、新規開設は、民間事業者による文化事業及び瀬戸内国際芸術祭の開催によっ

（単位：箇所）

直島町事業所数		A〜R全産業 （S公務を除く）	A〜B農林漁業	C〜R非農林漁業 （S公務を除く）	M宿泊業、 飲食サービス業	P医療、福祉
実数	総数	209	19	190	58	3
	1984年以前	98	13	85	6	0
	1985〜1994年	18	4	14	3	0
	1995〜2004年	27	2	25	6	3
	2005〜2014年	65	0	65	43	0
構成比 （開業年度 別）	総数	100.0	100.0	100.0	100.0	100.0
	1984年以前	46.9	68.4	44.7	10.3	0.0
	1985〜1994年	8.6	21.1	7.4	5.2	0.0
	1995〜2004年	12.9	10.5	13.2	10.3	100.0
	2005〜2014年	31.1	0.0	34.2	74.1	0.0
構成比 （産業別）	総数	100.0	9.1	90.9	27.8	1.4
	1984年以前	100.0	13.3	86.7	6.1	0.0
	1985〜1994年	100.0	22.2	77.8	16.7	0.0
	1995〜2004年	100.0	7.4	92.6	22.2	11.1
	2005〜2014年	100.0	0.0	100.0	66.2	0.0

（単位：人）

直島町従業者数		A〜R全産業 （S公務を除く）	A〜B農林漁業	C〜R非農林漁業 （S公務を除く）	M宿泊業、 飲食サービス業	P医療、福祉
実数	総数	2,160	123	2,037	375	83
	1984年以前	1,311	89	1,222	35	0
	1985〜1994年	286	24	262	189	0
	1995〜2004年	305	10	295	22	83
	2005〜2014年	229	0	229	129	0
構成比 （開業年度 別）	総数	100.0	100.0	100.0	100.0	100.0
	1984年以前	60.7	72.4	60.0	9.3	0.0
	1985〜1994年	13.2	19.5	12.9	50.4	0.0
	1995〜2004年	14.1	8.1	14.5	5.9	100.0
	2005〜2014年	10.6	0.0	11.2	34.4	0.0
構成比 （産業別）	総数	100.0	5.7	94.3	17.4	3.8
	1984年以前	100.0	6.8	93.2	2.7	0.0
	1985〜1994年	100.0	8.4	91.6	66.1	0.0
	1995〜2004年	100.0	3.3	96.7	7.2	27.2
	2005〜2014年	100.0	0.0	100.0	56.3	0.0

図表9-15 直島町における開設年別産業別事業所数及び従業者数
※総数は不詳を含むため合計数は一致しない。

「平成26年経済センサス基礎調査」（総務省統計局）をもとに筆者作成

てもたらされたと考えられる。一方、従業者数ベースの2005年以降の開設年別構成比は、「宿泊業、飲食サービス業」が34.4％、産業別構成比では「宿泊業、飲食サービス業」が56.3％となっている（図表9-15）。

　これまでの分析結果から、観光入込客数、人口動態、事業所の新規開設の動きが顕著であるのは直島町である。直島町では観光客数の増加を背景に、「宿泊業、飲食サービス業」を中心に事業所の新規開設が増加したものの、雇用吸収力は限定的であるのは、事業所の規模が小さいためであろうと推察される。

　その一方で、「医療・福祉」に従事する就業者がさほど多くなく、新規開業も見られないのは、直島町は離島でありながらも対岸の岡山県玉野市との距離が近く、フェリーの便数も多いため、玉野市に医療を委ねているのであろう。また、小豆島と比較して交通アクセスが良いことが直島町の昼間人口比率を高くし、事業者が日中のみフェリーで直島町に赴いて事業活動を行っている様相が読み取れる。

　このように、ベネッセによる文化事業が継続的に展開され、高級宿泊施設や世界的レベルの美術館が設置運営されていること、文化鑑賞を目的とした日常的な来訪者の存在があることによって、飲食や宿泊などの事業活動を誘発する要因となっていることが検証された。

　直島町においては、大規模アートプロジェクトが一過性のイベントではなく、文化産業として、直島町の地域政策や地域経済に深く関わっていることがわかる。逆に言えば、現段階で瀬戸内国際芸術祭が、人口減少や地域経済の再生を課題とする地方創生に直接寄与しているのは、現段階では直島町に限られているといえるだろう。

第4節　アートプロジェクトと地域ベースのイノベーション ──創作活動による地域の価値創出メカニズム

　地域ベースのアートプロジェクトによって地域の価値創出、つまり地域ベースのイノベーションが創出されたのかどうかを検討するのは興味深いところである。そこで、創作活動による地域の価値創出のプロセスとメカニズムを、直島と小豆島を例に検証してみよう。

　ベネッセによる文化事業は、交流人口の増大による直接的な経済的効果だけでなく景観形成などのまちづくり活動を誘発することで地域イメージの向上やアイデンティティの醸成などの社会的効果も創出し、内外から高い評価

を受けている。家プロジェクトに見られる地域性に注目した文化的資源の創造が、直島の地域イメージの向上と地域の魅力を増大させていることは明らかといえよう。直島における文化創造によるまちづくりでは、創作活動をどのように地域資源と連関させ、地域活性化を図っているのであろうか。

　島南部の瀬戸内海に面する美しい自然景観は、単独でも魅力ある地域資源であるが、ともすれば単調なものとなってしまう。ここに自然景観との調和を考慮した現代アート作品を配置することで、自然景観の美しさがいっそう引き出される。ベネッセハウスに設置されている草間彌生作のオブジェ『南瓜』が典型例であろう（写真9-16）。

写真9-16 草間彌生作『南瓜』

　また、島南部に設置された地中美術館では、現代アート作品、作品と一体化した建築物、自然景観の高いレベルでの融合化に成功している。島東部は、歴史性のある建造物や伝統的な景観、生活文化などが残された地域であるが、こうした文化的資源を活かして作品化する「家プロジェクト」では、地域の魅力の再発見、新たな魅力の創造に成功している。

　こうして、まちなかでの地域性と有機的に結合した創作活動によってつくられた高品質の作品が地域空間に適度な距離間隔をもって配置されると、当該地域の価値創出が図られ、地域外から作品を見に訪れる来訪者が増えるだけでなく、行政や地域住民にまちづくり政策や地域活動を刺激し、地域アイデンティティや地域の誇りを醸成する契機ともなる。来訪者の増加が継続すると、来訪者を目当てとする飲食店や宿泊施設などの事業が成立し、雇用機会や地域経済に寄与することとなる。さらに定住条件を満たすことができれば、長期間の移住を促進させることも可能だろう。

　なお、前衛的な現代アート作品がパブリック・アートとして公共空間に設置された場合、地域住民をはじめとする空間利用者からの反発が予想されるが、本村地区の家プロジェクトでは建物外観を周囲の景観と調和させることで、景観創造がもたらす生活空間への侵食的な影響を緩和する配慮がなされている。一方、島西部の宮ノ浦地区の直島銭湯「I❤湯」（アイラヴユ）は斬新

な建築デザインであるが、直島の玄関である宮浦港に近い立地であることに加え、実用性のある銭湯でもあるため、地域住民で構成される宮ノ浦自治会が運営に協力することで、若い観光客と接する機会を設けたことが、景観形成上の反発を抑制する要因となったと考えられる。

また、ベネッセによる文化事業は、企業戦略に基づく事業展開によって最先端のアーティストの作品の誘致と内外メディアへの広報・パブリシティ戦略を駆使して直島の世界的レベルでの知名度向上と地域ブランドの形成に貢献している。また、直島町のまちづくりとの一体的な推進[16]によって、景観まちづくり政策の推進と、地域内事業者の育成や地域住民の文化事業の受容にも寄与している。まさに、民間事業者が地域戦略を立案し、地域マネジメントの主体となっているのである。かかる取り組みは、経済的価値と社会的価値を踏まえた共通価値の創造としてCSVと位置づけられるが、その影響力の大きさと、効果が持続する時間的長さにおいて、卓越したCSVと評価されよう。

直島は、長らく島北部に立地する製造業を中心に発展してきた島で、名所旧跡や特徴ある地域資源を保有しているわけではなかったが、自然景観や人々の暮らしなどの地域資源や、まちづくり活動と連動させた創作活動は、単に作品創作や展示を通した地域の文化的価値の向上をもたらすだけでなく、作品をめぐるまちあるきを目的とした来訪者向けの飲食や宿泊など、小規模ながらも新規事業による雇用創出と観光消費による経済的価値の向上、まちづくり活動や地域の誇り、アイデンティティの醸成といった社会的価値の向上といった多元的価値をもたらす。実際、国勢調査や経済センサスなどの公的統計データにおいて、定住人口は減少傾向が続いているものの、人口動態ベースでは社会増の傾向が伺えるし、観光客の増大を背景に宿泊業・飲食サービス業の事業所の増加、昼間人口の増加が確認できる。

アートプロジェクトとまちづくり活動との一体的展開——すなわち文化的資源とまちづくり要素との有機的な結合を適切にマネジメントすることによって、地域に多元的な価値をもたらすことができた——つまり地域ベースのイノベーションの形成が図られたとみなすことができるだろう。

一方、小豆島はどうだろうか。小豆島町が芸術祭の開催を契機とした総合的な地域活性化を目指していた2016年頃の状況を見てみよう。当時、土庄町の2016年度の予算が約134億円、瀬戸内国際芸術祭関連予算が約1,800万円と比較して、小豆島町の一般会計予算約100億円のうち約1億円をかけて瀬戸内国際芸術祭関連予算に投下するのは決して少ない金額ではない。瀬戸内

国際芸術祭2016における来訪者数は15万5,546人で、前回より約4万人が減少としたとはいえ、会場別では直島に次ぐ来訪者数を確保している。また、土庄町と小豆島町が共同で行った小豆島の移住者数調査によると、移住者数は増加傾向にあることが示されている[17]。20〜30代の若者をはじめとする移住ニーズの高まりを受け、2016年には小豆島への移住・定住のサポートをするNPO法人が坂手港に立地する坂手観光案内所内に設立された[18]。

さらに、小豆島町では、小豆島が全国的な注目を集めるとともに地域住民とアーティストやボランティアなどとの交流を契機とした地域社会の活性化を主たる政策目標としつつ、地域産業の活性化など芸術祭の取り組みによって地域内のアクターに刺激を与える政策を展開した。例えば、「小豆島未来プロジェクト」では、従来からのアプローチである場所性をモチーフにした現代アート作品の展示と鑑賞、作品制作過程への地域住民やコミュニティの参画だけでなく、草壁港地区では「草壁港公共アートトイレ」「草壁港ジェラテリアプロジェクト」といった実用的な公共施設や商業スペースのアート化、醤の郷・坂田地区では「醤油会館茶室プロジェクト」「小豆島カタチラボ」など地域産業の活性化や地域資源の編集・再構築など地域資源あるいは地域内の既存事業とアートとの踏み込んだコラボレーションを実行したが、小豆島における新しい価値創造の実現を目指したものだった[19]。

しかし、財源やマンパワー、政策展開能力など経営資源に限りがある小規模自治体にとって文化創造都市の取り組みは容易ではなく、また、トップマネジメントに依存した政策展開は地域内の事業者や地域住民への浸透性に欠けるように見える。これらのことから、現段階で地域ベースのイノベーションの創出に成功したとまでは言えないのではなかろうか。

実際、小豆島（土庄町、小豆島町）は、いずれも長期にわたって持続的な人口減少に見舞われ、瀬戸内国際芸術祭の開催は人口の反転に直接には寄与していない。小豆島町の掲げる改定版人口ビジョンの中で、移住者100人（定住者50人）の持続を図り、合計特殊出生率（2040年に2.07、出生者80〜85人）を達成した場合、2060年の人口は、約1万人（国立社会保障・人口問題研究所推計：約6,000人）になるとして、島を挙げての人口維持の目標達成を目指しているが[20]、この移住者の取り込みに瀬戸内国際芸術祭を活用するシナリオが透けて見える。

一方、芸術祭に参加した若いアーティストにまちづくりに参画してもらうことを期待する向きもあるが、芸術祭に参加するアーティストからすると、地

域に関わるのはあくまで作品の創作が目的であり、創作上のインスピレーションが得られることは歓迎するだろうが、地域の再生は副次的な目的でしかない。また、医療、福祉、教育、交通アクセスなど政策課題が山積するなかで、文化・アート総合戦略に振り向けられる財源は限界がある。実際、近年、芸術祭開催にかかる関連予算は大幅に減少し、政策重点の軌道修正が伺える。

しかし、これまでの小豆島町の取り組みは文化事業関係者をはじめ国内外に発信をしてきていること、文化的資源の蓄積が相当程度進んだこと、アートまちづくりは地域外の若い世代の関心が依然として高いことなどを踏まえると、関係人口をいかに有効に活用するかが実効性ある地域ベースのイノベーションの創出に向けてのカギとなるだろう。

・イノベーションの経路依存性

瀬戸内国際芸術祭は、「海の復権」という一貫したテーマ設定に基づく広域型アートプロジェクトであるが、これまで見たとおり、開催地域によって政策展開手法が大きく異なっている。芸術祭の中核地である直島町では、民間企業が主導する文化事業を軸に展開しているのに対し、小豆島町では、芸術祭の開催を契機とした総合的な地域活性化を行政主導で目指している。つまり、民間企業主導で地域経済活性化を志向する直島町と行政主導で地域社会活性化を視野に入れる小豆島町という構図である。

このことを、イノベーションの形成の視点で検討してみよう。図表9-17はアートプロジェクトを契機とした地域創造をイメージした略図で、地域経済、地域社会双方に広く活性化効果を与えるしくみが構成されている理想的な状態を示している。

直島町と小豆島町の活性化効果の違いは、イノベーション形成の経路の違いとして表現できる。図表9-18〜19は、直島町と小豆島町の地域活性化の経路を簡略化して模式的に現したものである。

直島町型モデル（図表9-18）では、アートプロジェクトのベースとなる文化事業が民間企業によって展開されており、来訪者の拡大によって持続的な経済的効果をあげることが前提となっているが、まちづくり活動や公共施設のアート化等と連動させることで、直島町全域への活性化効果の波及と地域の総合的な価値向上を図っている。一方、小豆島町型モデル（図表9-19）では、そもそもアーティストと地域住民の交流を通した地域コミュニティの活性化が出発点であった。瀬戸内国際芸術祭をこの延長線上に位置づけ、作品創作にアーティストと地域住民のコラボレーションを多用し、地域社会の活性化

を軸に全島的な展開を図っていく。その後、未来プロジェクトなどを通して地域の地場産業などへの波及効果を模索する構図となっており、地域社会の活性化が先なのである。

図表9-17 アートプロジェクトによる地域経済社会の活性化　　筆者作成

図表9-18 直島町型モデル　　筆者作成　　　**図表9-19 小豆島町型モデル**　　筆者作成

　直島と小豆島の二つの事例は、目的や経路は異なるものの、地域の文化的資源を組み合わせた創作活動と、地域経済社会との有機的な連関性をもたせることが地域の魅力や価値の創出に寄与することを示している。さらに、現在の人口減少、少子高齢化の脱却を図る地方創生の文脈においては、地域経済に直接寄与する交流人口の増加は優先されるべき政策であろう。もちろん極端な来訪者の急増は地域社会に多大な負荷をかけるので適切なコントロールが求められるが、交流人口の増加は、地域に雇用機会を与え、自己実現を目的とした定住移住のきっかけにもなり得るのである。また、まだ十分モデル化されていないが、地域内と地域外との関係づくりは、誇りの回復やアイデンティティの形成などの社会的効果を誘発するであろう。さらに、景観まちづくりや福祉や教育、産業振興などの政策課題と結合することで、文化・経済・社会分野が融合した地域活性化の道筋、つまり、地域ベースのイノベーションが形成されることになるのである。

第5節 広域型文化まちづくり政策の構想
——文化創造集積地域の形成

　第2節で検討したとおり、地域ベースのアートプロジェクトは文化芸術の振興、地域の魅力創出、地域経済の活性化、地域社会の活性化、教育分野福祉分野への貢献と一定の政策目的を有する。しかし、政策目的完遂に向けた努力が鋭意なされているものの、現段階における現実の政策効果として認識される事例は限られており、多くは萌芽状態もしくは今後の期待や可能性といったレベルと言わざるを得ない。

　そもそも、香川県直島町において民間企業による文化事業がスタートし、美術館と一体的なコンセプトによる宿泊施設ができたのが1992年。現代アートプロジェクトが、地域活性化に寄与できるのではないかという認知が広まる契機となった「大地の芸術祭」が、新潟県越後妻有地方で開始されたのが2000年。その後、瀬戸内国際芸術祭や愛知トリエンナーレなど各地域での実験的、実証的な取り組みを経て、文化まちづくりの外部性が認められ、文化芸術基本法として制定されたのは2017年のことである。現段階で明らかな政策効果として表れた事例に乏しいのも無理のないことかもしれない。近代日本が技術立国を目指して、産業、経済、社会、科学技術、教育とまさに総力を挙げて邁進してきた長い年月と比較すると、制度的厚みや経験値の蓄積の差は一目瞭然であろう。

　しかし、地域資源と結合した文化芸術活動が、地域再生や地域活性化の可能性を包含し、喫緊の課題である地域の人口減少や少子高齢化、地域経済の衰退から脱却が図れる可能性があるのであれば、その道筋を探る努力が必要だろう。そこで、本節では、地域ベースのアートプロジェクトの拡がりと政策的意義、文化創造集積地域の可能性、創造都市との関係についての考察を行いたい。

(1) 地域ベースのアートプロジェクトの拡がりと政策的意義

　アートプロジェクトの近年の動向を見ると、文化芸術と観光分野、地域振興、産業分野、福祉分野、教育分野との分野横断的な結合だけでなく、さまざまな特徴が見て取れる。大規模化（大地の芸術祭、瀬戸内国際芸術祭）、分野特化（大分トイレンナーレ）、地域性の深耕（国東半島芸術祭〈国東半島山間部〉、混

浴温泉世界〈別府市中心市街地〉）、クラフト（民芸品、工芸品）との結合（Taketa Art Culture〈竹田市〉）、ミュージアムとの結合（あいちトリエンナーレ）等である。地域的には大都市から地方都市、中山間地域まで広がりを見せているし、作品には抽象度の高い前衛的な作品から、コミュニティベースの親しみやすい作品まであることに加え、知名度の高い世界的アーティストの作品から、学校教育や生涯教育、趣味の世界の作品まで多彩であり、さながら百花繚乱の様相を呈しているといってよい。

　近年の地域ベースのアートプロジェクトの共通要素は、新しく文化創造を行う機会を設けていることだが、文化創造を行うに際して政策課題がインプットされる。そこで、文化創造の政策活用を図る際には、地域政策（文化まちづくり政策）としての位置づけをどう設計するかが問われなければならない。実際、全国で展開されるアートプロジェクトの取り組みを観察すると、さまざまな類型化が考えられる。

　一つ目は、文化創造による文化的価値の創出である。美術館、博物館などの文化施設だけでなく、公民館などの社会教育施設などの公共施設において、国内外で創作された作品の展示あるいは市民による創作活動を実践する場として機能させることで、地域の文化力を高める政策である。従来の文化政策がこれに該当し、成果指標は出展数、参加者数、作品目録、専門家等による外部評価が採用される。

　二つ目は、文化創造をスポーツイベントなどと同様に集客イベントの装置として捉え、交流人口の増加による地域経済の活性化、経済効果など、主に経済的効果に重点を置く政策である。現在行われている文化イベントや多くのアートプロジェクトがこれに該当する。成果指標として、来訪者数（交流人口）、来訪者の属性、滞在日数、観光消費額が取り上げられることが多い。そのため、短期的な評価となる場合が多く、中長期的な投資的視点に乏しくなる。アーティストサイドの反発はこうした政策活用の仕方にあると思料される。

　三つ目は、文化創造を市民の文化活動や地域活動を止揚する手法として捉え、市民力や地域力を高めるなど社会的効果に重きを置く政策である。地域ベースのアートプロジェクトが行われる際の交流活動による地域の誇り、地域アイデンティティ、シビックプライドの醸成などがこれに含まれる。新たな文化創造が行われ、これを公共空間に設置する場合、地域社会の受容や地域住民の理解を重視するか、新しく創作された作品の意義を重視するかによっ

て、コンフリクトに直面する局面もある。事例として紹介した国東半島芸術祭だけでなく、設置された作品の政治性をめぐる問題から、名古屋市長などから猛反発を招き、社会問題化したあいちトリエンナーレでもコンフリクトが顕在化した。公共領域で事業展開する以上、今後ますますこうした批判の声は大きくなる可能性もあり、創作活動の委縮につながることが懸念される。

　四つ目は、文化創造の投資的側面に焦点をあてる政策で、文化的資源の創造と不可分の関係にある。地域の環境を構成する公園、道路などの公共空間に対して、アート作品の設置（パブリック・アート）や空間デザインなどの形で直接的、間接的に働きかけ、長期間にわたって継続的に地域の魅力を高める。空き家、空き空間、空き店舗の創造的な活用は、地域ベースのアートプロジェクトの得意とするところであり、一過性のイベントによる作品として閑却するのではなく、文化的資源の創造として捉えるような設計がなされるべきであろう。

　アーティストやクリエーターなどの創造的能力をもった人材を定住させる政策は、R.Floridaの「クリエイティブ・クラスの誘致」に依拠する考え方であるが、効用は極めて大きい。クリエイティブな店舗の開設や創造産業の創出などこれまでになかった新しい産業基盤を創出するだけでなく、クリエーターとのコラボによる新商品開発など既存の産業などに刺激を与える場合もある。実際、近年の大規模アートプロジェクトでは、コラボレーションによる商品デザインの改良が頻繁に行われている。創造的人材は一定の地域範囲に集め、連鎖反応を起こさせることで創作ベースでのイノベーションの創出が期待されようが、創造的人材は移動性向が高いので、容易に流出も起こることに留意すべきであろう。かかる政策に対する成果指標の設定は、短期的な視点での評価は適当ではなく、中長期的な判断を必要とすることは言うまでもない。

　このように文化創造の政策的意義を概観すると、文化創造を政策として実施している多くの都市、地域では、これらの政策目的が漫然と組み合わさっている場合が多い。これによって、投下すべき事業費や事業実施主体、連携主体などの枠組みが決まることになるが、真の目的が明文化されるケースは少ない。

　文化創造を戦略的に設計し、総合的な展開を図ることで、メディアに露出する機会が増え、当該地域の地域イメージ、都市イメージが向上するとともに都市格が上がり、「訪れたいまち」「住んでみたいまち」としての評価が高ま

る。その結果、現代の地方自治体の究極的な政策目標である定住人口増へと帰結することになろう。

(2) 文化創造集積地域の可能性

　アートプロジェクトに見られる文化創造の政策的な活用に向けて、創造的能力をもった人材を集積させ、新しい創造産業の創出やクリエーターとのコラボレーションによる新商品開発など、多くの都市でイノベーションの創出に向けた取り組みがなされている。

　創造的人材の集積によってイノベーションの創出が期待できるのであれば、メタスケール化した広域レベルでも同様の効果が出るのではないかとの仮説が生まれる。M.Porter（1998）は、特定分野における関連企業、専門性の高い供給業者、サービス提供者、関連業界に属する企業、関連機関（大学、規格団体、業界団体など）が地理的に集中し、競争しつつ同時に協力している状態を産業クラスターと呼んだ。産業クラスターによる集積の効果について、Porterは、①地理的近接性による競争力の強化（情報の伝達、競合の動向、効率化と専門化など）、②関係主体間の連関、協力関係の構築（市場、技術等の専門情報へのアクセス、顧客ニーズ、共同マーケティング、地域の評判・名声の確立、準公共財的なサービス・インフラ・共育プログラムの供給など）、③イノベーション創出への期待（豊富な市場機会の情報、低い参入障壁、人脈の活用など）のほか、④社会的きずなの形成（関係性、ネットワーク、共通の利害意識など）を挙げている（山本,2005）。

　こうした産業クラスターに関する知見は、広域レベルでの文化創造にも援用されるのではないだろうか。Porterの定義に照らして、事例に挙げた別府市、大分市、国東半島（国東市、豊後高田市）地域全体を俯瞰すると、行政（大分県、各市町）、大学、経済団体、NPO、事業者など文化創造に関連する団体が集積していることに加え、文化創造の中核的役割を果たすアートNPOが介在することで、各地域の関連団体間は緩やかなネットワークで結合された協力関係にあると考えられる。

　文化創造の集積の効果を点検してみると、①「地理的近接性による競争力の強化」、②「関係主体間の連関、協力関係の構築」では、アートNPOが関与しているアートプロジェクトでは当然に協力関係にあるが、それ以外の地域ではある種の競争関係にあると同時に緩やかな協力関係にもあると思われる。「混浴温泉世界2015」の自由意見において、「大分中で同じ時期にアート、

音楽イベントをワサワサとやってくれると、はるばる遠くからでも行きやすい。開催主体は一つじゃなくてもいい。それらがユルッと繋がって共通で告知していると、幅広く見えるし露出も増える。」と書かれていた意見は、広域型の集積の効用を表現している。

さらに、③「イノベーション創出への期待」では、文化創造の集積を活かして、アーティストやクリエーターなどの文化芸術関係者と観光、まちづくり、産業など関係団体との関係性の構築の自由度が増え、産業クラスターと同様に地域をまたぐ価値創出（イノベーション）の連鎖が考えられる。観光分野ではすでにかかる広域の地域資源を連結する手法の有効性は認識されており、DMO（Destination Management/Marketing Organization）などの組織を編成した地域ブランディング戦略が展開されている[21]。

④の文化創造が介在する「社会的きずなの形成」は、多層的な人的ネットワークの加速度的な拡大とともに広がりを見せているが、一方で、現代アートのもつ鋭角性によって、静謐な生活環境の維持を望む地域住民との間でコンフリクトが拡大する懸念もあり、アートプロジェクトの展開には十分な配慮が必要だろう。

文化創造が一定の地域範囲に集中して実施され、それぞれの地域がネットワークで結合されることで外部性が表出している地域を「文化創造集積地域」とすると、文化創造の集積のメリットを活かせるような地域デザインを描くとともに、市町間をはじめ関係団体間の多層的な連携の構築と強化を図ること、さらに当該地域内の事業を展開できる財源の確保とマネジメント人材の育成、市民や事業者への理解と協力の促進といった戦略的な地域マネジメントが必要となろう。

例えば、開催時期、情報発信、マーケティング等を共同実施することで、メタレベルの地域イメージの向上は可能であろうし、文化創造の地域的集積を活かして、国民文化祭のように同時期に多地域でアートプロジェクトを開催し、地域巡回型のカルチャーツーリズムを展開することで、瀬戸内国際芸術祭と同様の規模の経済効果も期待される。

第6節　アートプロジェクトの課題と
今後の文化まちづくり政策の方向性

　以上に論じたとおり、アートプロジェクトには多元的な政策効果があり、文化創造の集積によってメタレベルでの効果も期待されるが、同時に課題もある。ここではアートプロジェクトの三つの課題を指摘したうえで、これらの課題が各事例ではどのように捉えられているかを検討する。

　第一の課題は、アートプロジェクトによる政策効果の持続性である。地域の持続的な活性化に寄与するためには、アートプロジェクトの開催による一時的な交流人口の増加による経済効果だけでは不十分であり、どうすれば文化創造による政策効果を持続させることができるのかという問いに答えなければならない。地域との継続的な関わりを意味する関係人口や移住による定住人口の増加に加え、観光消費による経済波及効果だけでなく、新規開業や地元産業とのタイアップによる新商品開発など地域産業分野への具体的な貢献が課題となろう。

　この課題について、十分な政策効果を達成できている地域は少ない。事例研究では、直島、小豆島、別府市の人口動向を検証したが、いずれの市町も定住人口の増加は見られず、交流人口が極端に多い直島町では、ようやく昼間人口の増加傾向が認められ、宿泊業・飲食サービス業の新規開業が継続的に見られるようになったレベルである。だからといって、別府市において政策効果がまったく見られないわけではなく、長年の課題であった交流人口の属性が男性、年配の団体客から、現代のツーリズムトレンドに合致した女性、若者の個人客へと転換させる突破口を開いたと認識されている。だからこそ、中心市街地活性化計画が終了後も地域ベースのアートプロジェクトを継続する決断をしたと考えられる。他の地域も別府市と同様に、構造的な地域課題を地域ベースのアートプロジェクトによって解決できる可能性の実現に向けて鋭意、創意工夫を続けていると思料される。

　第二の課題は、アートプロジェクトと規模の経済の課題である。アートプロジェクトの開催による活性化効果が規模の経済という枠組みに既定されてしまうと、事業規模の多寡により地域活性化の効果が決まってしまう。そうなると、効果を高めるには大規模な事業展開が可能な資金をいかに継続的に引き出すことができるのかという従来の企業誘致と同じような問題設定とな

る。文化の根源的な価値が「多様性を内包する」ことにあるならば、地域特性や地域経済のポテンシャルに応じた多様なアートプロジェクトモデルが模索されなければならない[22]。

　確かに、事例研究の範囲で見ても大規模広域型アートプロジェクトである瀬戸内国際芸術祭は緻密な制度設計が展開されており、高度なプロジェクトマネジメント技術を保有している。展開される地域や作品数の多さだけでなく、抽象的な現代アート作品から親しみやすい作品まで幅が広い。さらに、地域の食材やまちあるきなど地域を楽しむしかけが随所に施され、カルチャーツーリズムとしても十分楽しめる。そのため、こうした総合型ビジネスモデルに対峙するアートプロジェクトの設計と実現は容易ではないが、その一つの対応策が大分県で萌芽が見られる文化創造集積地域というコンセプトであろう。同時期に他地域で開催することによって大規模広域型アートプロジェクトが開催されたのとほぼ同じ効果が期待されるため、今後こうした分散集積型のアートプロジェクトが各地で出現するのではないかと期待される（図表9-20）。

	瀬戸内海島嶼部・沿岸部	文化創造集積地域（大分県）
開催地域	香川県高松市、丸亀市、坂出市、観音寺市、三豊市、土庄町、小豆島町、直島町、多度津町、岡山県玉野市	別府市、大分市、豊後高田市、国東市、竹田市
アートプロジェクト	瀬戸内国際芸術祭	in Beppu、ベップ・アート・マンス、大分トイレンナーレ、国東半島芸術祭、Taketa Art Culture
実施主体	瀬戸内国際芸術祭実行委員会	「混浴温泉世界」実行委員会 大分トイレンナーレ実行委員会 国東半島芸術祭実行委員会 竹田アートカルチャー実行委員会
事業規模	1,238百万円※1	331百万円※2
来訪者数（人）	1,040,050※1	263,424※2

図表9-20 瀬戸内国際芸術祭と大分県文化創造集積地域との事業規模比較

※1 瀬戸内国際芸術祭は、2016年度の実績値
※2 大分県文化創造集積地域は、「in Beppu 2017」「ベップ・アート・マンス2017」「大分トイレンナーレ2015」「国東半島芸術祭2014」の合計値とした。

各アートプロジェクト実績報告書より筆者作成

　第三の課題は、地域の総合的な価値創出に文化創造はどの程度寄与しうるのかという問いである。都市地域における創造都市、農山村地域における創造農村など文化芸術による地域再生に関する議論が活発に行われているが、

より具体的には総合的な価値創出を指向する文化アプローチの内部構造とはどのようなものか、どのようなプロセスを経て地域の総合的価値の創造に到達するかが問いとなろう。例えば、アートプロジェクトが文化芸術に関心を寄せる特定の層しか享受できないのであれば、地域政策のツールとしては十分ではない。文化芸術を地域振興（都市再生）、地域（都市）空間、地域（都市）環境、観光分野、産業分野、福祉分野、教育分野などのさまざまな政策分野と結合させ、多様性を内包させてこそ、多くの地域社会のステークホルダーの支持を集めることができるだろう。

　国内の状況を俯瞰しても、アートプロジェクトに地域住民や地域内のアクターがどの程度関与し、一体的な展開が行えているのかに関しては、まだ萌芽的と言わざるを得ない。その意味で、文化芸術基本法が、観光、まちづくり、国際交流、福祉、教育、産業その他の各関連分野における施策を法律の範囲に取り込むこととしたのは画期的といえよう。2018年10月から11月にかけて大分県で行われた「国民文化祭・おおいた2018」「全国障害者芸術・文化祭おおいた大会」は、総合的な価値創出に向けた現段階での到達点だったといえるだろう。

　以上の論考から、地域ベースのアートプロジェクトの今後の方向性について、以下の点を指摘しておきたい。

　第一に、アートプロジェクトによって多元的効果は発現するものの、多くの場合は一過性に終わるため、効果を持続させるには、強力な吸引力のある拠点施設が必要となろう。瀬戸内国際芸術祭では、小豆島町が地域の総合的発展を企図しているが、観光振興と連動する通年の拠点施設の設置が望まれる。そのためには芸術文化に対する理解と資金力を併せ持つ民間企業との連携が不可欠になろう。

　第二に、文化創造集積地域は、カルチャーツーリズムの展開による経済効果や地域イメージの向上などの効果が期待されるが、政策効果を十分に発揮させるには、関係主体間の連関、協力関係の構築やネットワークの活用が肝要となる。そのため、域内の住民や事業者への理解を前提とした事業展開を行うとともに、市町連携を通したアートプロジェクトの同一時期の開催、共同プロモーションやマーケティングの実施など効果的なプロジェクトマネジメントの実施が望まれる。

　第三に、文化芸術基本法の趣旨に見られるとおり、文化まちづくりはもはや単独の文化政策だけでは成り立たない。多元的な政策効果を発揮させるに

は、地域産業政策など他分野の政策との有機的な連動が必要となるとともに、統合的な文化まちづくり戦略の構築が必要となろう。

　地域に所在する文化的資源は、ミュージアムなどの文化施設や創作活動といった狭義の「芸術文化」振興領域だけでなく、歴史、文化、自然、食、伝統、暮らし、習慣など地域に埋め込まれた無形の資源総体と捉えてよい。こうした文化的資源や文化的な要素は、そこに住む人たちのアイデンティティを形成するだけでなく、さまざまな政策分野と結合することで独自の価値を創造し、地域外の人たちを吸引する内在的な力をもっている。今後、文化まちづくり政策の成熟化に向けては、文化芸術基本法を背景にさらなる可能性が期待される一方で、文化は誰のものなのか、誰のためのものなのかという根源的な問いにも真摯に向き合う必要があろう。

〈注及び参考文献〉
1　わが国に創造都市の概念を広く紹介した佐々木雅幸(2001)『創造都市への挑戦』(岩波書店) が知られる。
2　農山村や離島など条件不利地域における文化芸術による地域活性化を論じたものとして、佐々木・川井田・萩原(2014)『創造農村』(学芸出版社) がある。同書では筆者も直島町、小豆島町を事例に、地域性と結合した文化的資源の創造に関する論考を行っている(田代、2014)。
3　なかでも、文化政策と創造都市、プロジェクト、文化観光に関して、欧州の状況を踏まえた理論的検討と国内実践事例を踏まえながら体系的に論述した著作として、渡部薫(2019)『文化政策と地域づくり』が優れている。また、宮本結佳 (2018)『アートと地域づくりの社会学』では、社会学の立場から直島、大島、越後妻有を事例地として、大規模アートプロジェクトによるアートと地域づくりの関係が詳細に論じてられていて秀逸である。
4　インド出身の現代彫刻家であるアニッシュ・カプーアによる「ザ・ビーン (The Bean)」(2006年) をはじめ、パブリック・アートの多くがこうした役割を担っている。
5　例えば、鳥取県境港市の「水木しげるロード」に設置された妖怪ブロンズ像群や大阪市住之江区北加賀屋のウォールアート群が典型例であろう。
6　創造的人材の吸引過程については、R.L.Florida(2002)、井口典夫訳(2008)『クリエイティブ資本論─新たな経済階級の台頭 (ダイヤモンド社) が詳しい。
7　我が国の文化政策の現状を体系的、網羅的に論じたものとして、小林真理編 (2018)『文化政策の現在 1〜3』、東京大学出版会が優れている。
8　文化庁ホームページ (https://www.bunka.go.jp/seisaku/bunka_gyosei/bunkakanko/pdf/93543201_01.pdf)。
9　以下の記述は、「平成28年度アーツ・コンソーシアム大分構築計画実績報告書」(2017年3月) アーツ・コンソーシアム大分、その他の関係資料による。なお、大分県の創造都市政策全般を紹介したものとして、日本政策投資銀行編 (2020)『アートの創造性が地域をひらく』(ダイヤモンド社) があるので、適宜参照されたい。
10　大分県、大分県立芸術文化短期大学、大分県芸術文化スポーツ振興財団による共同事業体組織である。
11　大分県ホームページ (経営創造・金融課)(https://www.pref.oita.jp/soshiki/14040/creativeoita.html)。
12　「大分県版クリエイティブ産業〜クリエイティブ産業への挑戦〜」について (大分県商工労働部〈経営創造・金融課〉ホームページ) から引用。

13 文化芸術基本法の前文には、文化芸術の役割に関する以下の記述がある。「文化芸術を創造し，享受し，文化的な環境の中で生きる喜びを見出すことは，人々の変わらない願いである。また，文化芸術は，人々の創造性をはぐくみ，その表現力を高めるとともに，人々の心のつながりや相互に理解し尊重し合う土壌を提供し，多様性を受け入れることができる心豊かな社会を形成するものであり，世界の平和に寄与するものである。」

14 アートプロジェクトそのものが社会的な問題となった事例として、「あいちトリエンナーレ 2019」がある。2019年8月に開催された「あいちトリエンナーレ 2019」の「表現の不自由展・その後」では、河村名古屋市長の発言を契機に世論の反発を引き起こし、安全上の理由から開催が中止となっただけでなく、所管官庁である文化庁による補助金不交付問題も引き起こした。経緯を記述したものとして、「まとめ：あいちトリエンナーレ 2019「表現の不自由展・その後」展示中止にまつわるタイムライン」美術手帳（https://bijutsutecho.com/magazine/insight/20294）、論述書として、吉田隆之（2020）『芸術祭の危機管理』（水曜社）がある。

15 当分析は各アートプロジェクトの来場者の特性を粗く分析することを目的としたもので、各報告書で公開されたデータをそのまま比較している。そのため、アンケート調査の妥当性や結果の比較が統計的に有意なものであるか等の検討は行っていない点に留意されたい。

16 例えば、直島町役場（2004）『直島町 町勢要覧』ではベネッセ事業の位置づけが明記されている。

17 小豆島町では、移住者数の正確な人数を把握するため、2012年7月より住民課窓口にて移住者アンケートを実施している。ここで、移住者とは、田舎暮らしや、新規就農、子育てのために移住してきたものであって、転入者から移住者以外（転勤、結婚、進学などによる転入）を差し引くことで求められる。

18 NPO法人 Totie のホームページによると、「Totie（トティエ）は移住支援と空き家・空き地の活用促進を目的とした NPO 法人です。メンバーは若年から年配まで幅広い年齢層が集まった地元出身者と出身の異なる移住者とで構成されています。地場産業経営経験者やカフェ経営者など、さまざまな経歴や分野を得意とするメンバーたちと共に、地域が抱える移住者の受け入れや、空き家・空き地の問題を前向きな活動を通じて解決していきます。」と設立趣旨が掲げられている（http://totie.org/about/）。

19 2017年度事業で新たに掲げられた「小豆島未来大学」では、アートや演劇などの多様な知恵と発想を活かして、産業・教育・福祉などのさまざまな分野で新しいカタチをつくるとともに、文化や教育を通した「地方創生」の取組みを進める先駆的な自治体と連携し、ネットワークを広げる取組みを行うこととしている（出所：『町長の「八日目の蝉」記』第1916回「小豆島町商工業振興計画」⑧〈今後の取組み 29年度の取組み〉，2017年4月27日）。

20 「小豆島町の人口ビジョンと総合戦略」2020年3月，小豆島町。

21 観光庁では、日本版 DMO は、地域の「稼ぐ力」を引き出すとともに地域への誇りと愛着を醸成する「観光地経営」の視点に立った観光地域づくりの舵取り役と位置づけたうえで、基礎的な役割・機能として、①観光地域づくりを関連する関係者の合意形成、②各種データ等の収集・分析、データに基づく戦略の策定、KPI の設定・PDCA サイクルの確立、③観光関連事業と戦略の整合性に関する調整・しくみ作り、プロモーションを挙げている。

22 例えば、アートプロジェクトを一定の地域範囲で同時開催することで、規模の経済を活かした地域活性化と同等の効果が期待されよう。

終　章

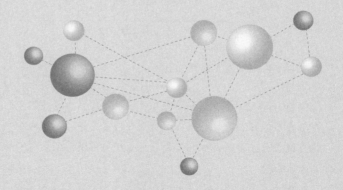

第1節　ポジショニングマップ分析に基づく考察

　第3章第6節において、持続的社会の形成に向けたまちづくりの位相変化を
検討する手段として、ポジショニングマップの枠組みを提示し、事例研究を
記載した第4章から第8章にかけて、事例の記述の最後にポジショニング分析
を行っている。終章を始めるにあたり、事例を総括して、持続的なまちづく
り活動に関する知見を整理しておきたい。

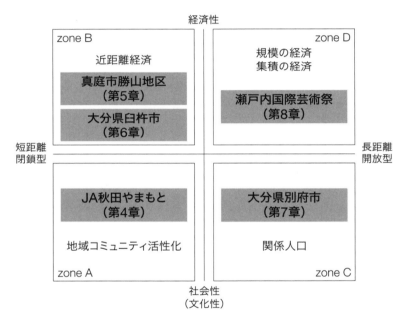

図表10-1 各事例の主たるポジション　　　　　　　　　　　　　　　　　筆者作成

　図表10-1は、第4章から第8章までの五つの事例研究における各事例の主
たる立ち位置を雑駁ながら示したものである。各ゾーンでまちづくり活動を
行う意義を、事例の状況に照らしながら再度検討を行いたい。
　・zoneA
　zoneAの活動は、地域経済の発展を目的にするのではなく、地域社会（地
域コミュニティ）の活性化を目的とするものである。第4章の地域内での高齢

者のもつ地域の食文化を子どもたちに伝える食育と、地域内の食材を使ったコンビニエンスストアを開設することで食の循環を目指す地産地消に取り組むJA秋田やまもとの活動はその典型例であろう。人の役割を活かすことに注目したものであることも特筆すべき点である。

　また、第5章で紹介した岡山県真庭市勝山地区ののれんのまちづくりも、東京よりUターンをした染織家に地域住民の一人がのれんの制作を依頼し、自宅にのれんをかけたことから始まり、コミュニティエリア内で次第に普及伝搬し、これが美しい町並みを形成することで、結果として来訪者が訪れるようになったというものであることからzoneAが出発点である。

　zoneAの活動は、まちづくり活動を維持するため、あるいは来訪者に対して消費行動を促す経済活動を行うためにzoneBへのシフトを試みるか、zoneCに移行して外部からの協力を得るかが考えられるが、そもそもzoneAでの社会性を大切にする活動を前提としているので、zoneBに移行して経済性が前面に出ると、経済性と社会性をめぐるコンフリクトが起こりやすく、結果として地域内の結束性が薄れてしまう可能性がある。

・zoneB

　zoneBは、地域活性化効果を持続させるため、地域ビジネスモデルを導入しながら地域の魅力づくりを行い、地域の価値創出を図るまちづくり事業が相当する。地方創生を目的に行う商店街、地元密着型中小企業、小規模事業者による観光まちづくり事業だけでなく、青年会議所の活動や事業系NPOなどによるコミュニティ・ビジネスも含まれるが、共感を伴いながら広域で行う活動はzoneC、主たる活動目的が地域社会の活性化に限定される場合はzoneAの活動として理解した方がわかりやすい。

　こうした活動を行う事業者や商工会議所、商工会などの地域経済組織、行政（産業政策所管課）は、さらに収益性を高めようとzoneDの規模の経済へと事業拡大を促すため、競争環境が悪化する場合がある。6章で紹介した臼杵市中央通り商店街をはじめ多くの商店街は、顧客を近隣エリアに設定するためzoneBが立ち位置であるが、観光客を主たる対象にした商店街の活動は、すでにzoneDでの活動と考えた方がいいだろう。

　新型コロナウイルスによるパンデミックが起こる前、地方都市で外国人観光客が大挙して押し寄せた商店街は、予期せずしてzoneDでの活動を強いられることになったが、地域サイドの受け入れ準備が整わないため、オーバーツーリズム現象が生じる。これに対し、内発性を重視するまちづくり事業で

は、あえて大規模なプロモーションを控える場合もある。

　勝山のお雛まつりにおける自主規制は、あくまで社会性を大切にすることで地域外からの過度の来訪を抑止し、地域内の環境が損なわれないようにするねらいである。また、交通アクセスに恵まれず、zoneDに移行するのを妨ぐことで地域の乱開発を防ぎ、地域の文化的資源が保存させる場合がある。勝山のまちづくり、臼杵のまちづくりは、いずれも都市部からの交通アクセスが良くないことが、文化的資源が良好に保存されていた理由の一つであった。

　なお、販売力（経済性）が弱体化した商店街や小規模事業者は、社会性を高めて、地域コミュニティ活動を中心とするzoneAの活動にシフトしているところが多い。zoneAからzoneBにシフトしたまちづくり事業は、地域マネジメントがしっかりなされないとうまく展開できない。第4章で紹介したJA秋田やまもとから移管された地産地消系コンビニエンスストアである「JAンビニANN・AN」を運営する市民事業「べっけANN・AN」は、今後ハイレベルの経営管理が求められよう。

　まちづくりの担い手が高齢化したり、雇用機会が確保できずに人口が域外に流出してしまう地域では、zoneAでのまちづくり活動の維持すらも困難となってしまう。

・zoneC

　zoneCは、まちづくりの担い手の減少やノウハウの不足の解消に向けて、地域外からの人的、金銭的、知識的協力を仰ぎながらまちづくり活動を行う場合である。zoneA、zoneBからの発展形となっている場合も多い。例えば、zoneAからは地域社会の活性化に資するまちづくり活動に賛同するサポートを地域外に求める場合で、関係人口論では典型例として示される。人的支援では、災害時や大規模イベント開催時のボランティアや、総務省の制度である「地域おこし協力隊」が相当し、金銭支援では「ふるさと納税」や「クラウドファンディング」などの寄付金が相当する。全国的に展開する企業が社会貢献として行う活動も含まれる。

　昨今のinstagram、facebook、twitterなどのSNSを活用して効果的なプロモーションを行えば、こうした地域外から応援を比較的容易に行うことができるだろう。第7章で紹介したNPO法人BEPPU PROJECTなどの地域ベースのアートプロジェクトや、第6章で紹介した「うすき竹宵」などの市民が考案した文化イベントでは、外部からサポーターと呼ばれるボランティアの活動が必須となっており、この手法が多用されている。これまで個人的なつ

ながりで維持してきた外部との関係を地域の発展に不可欠なものとみなし、関係性の強化を図っている。

　関係人口は移住定住に向けた中間段階との説明がなされる場合があるが、この場合、移住者の就業先の確保や新規起業を支援しないと成立しない。新規起業の場合は市場が必要となるため、経済活性化を伴わざるを得ず、必然的にまちづくり活動はzoneDに向かう。臼杵市に農業移住した者が行う有機農業による生産物である「ほんまもん野菜」の販路開拓は典型例であろう。

・zoneD

　zoneDは、地域活性化を試みる多くの主体が目標とするゾーンで、地域経済活性化政策を実施し、規模の経済、集積の経済の論理に基づく自由な経済活動によって、経済成長を軌道に乗せることを目標とする。しかし、経済成長を軌道に乗せることは簡単にはいかない。また、想定していない規模の外国人観光客が一気に押し寄せると、オーバーツーリズムなどの問題が発生し、地域社会に過大な負担がかかってしまう。

　一般に地域ベースのイノベーションの場合、破壊型を選択する例は少なく、地域社会の対応状況や浸透状況を踏まえながら漸進型で進める場合が多い。しかし、人口減少、少子高齢化の加速度的進行によって、急速に変革を進めようとする政治的圧力は高まる。

　第8章で紹介した大規模アートプロジェクトである瀬戸内国際芸術祭では、地域社会に負荷をかけることを熟知しており、zoneDの展開でありながら地域社会へのきめ細かな配慮を行っている。直島の文化事業は、民間企業であるベネッセの文化戦略に則って推進されているが、小豆島では、瀬戸内国際芸術祭によって地域外のアーティストなどと地域住民の交流を促進し、地域社会の活性化を主軸としながらも、地域経済の活性化や移住促進も視野に入れたものであった。しかし、会期が終了すると観光地以外での交流人口が急減するため、直島で展開しているような魅力のある常設のミュージアムを必要とするだろう。

　インバウンド観光ではzoneBからzoneDに発展する場合が多い。安倍内閣時代の観光ビジョンはいきなりzoneDでの展開を前提としていたため、オーバーツーリズムなどの問題を引き起こした。zoneDであっても地域の負荷を制御し、持続可能とするような需要コントロールが可能なのかが政策課題である。しかし、実務上、経済性を重視する観光振興と地域社会の活性化を両立させる観光まちづくりは困難であろう。

さらに、新型コロナウイルスは、zoneDの領域の活動が立ちいかなくなることを強力に示したものであった。そのため、第6章のうすき竹宵の事例では、当初、zoneDの展開を志向したようであるが、イベントの維持と新型コロナウイルス問題に直面したため、2021年度は大幅に開催規模を縮小し、まちづくりの原点であるzoneAでの実施に回帰した。

　第7章で紹介した別府市のアートNPOの事例では、中心市街地活性化計画と連動していた際はzoneDを志向していたが、「混浴温泉世界2012」を終えたあたりから規模の経済を追求することを断念し、規模は縮小しつつもアートプロジェクトとしての質的充足に向かった。社会性を高めるというよりは文化性を高める方向性であるが、zoneDからzoneCへのシフトと捉えることができる。

　また、地方創生は関係人口を醸成したのち移住定住者を増やすとともに地域経済の活性化を企図している。これを受けてzoneCからも移住者向けの新市場の創出に政策の軸足を移すと、zoneDを目指すことになる。臼杵のほんまもん野菜のように競争力がある場合は、十分zoneDを狙えるだろうが、関連産業も同時に育成していく必要があるだろう。

　このように考えると、今後のまちづくりの方向は、zoneDを目標としながらも地域社会に過度な負担が生じないような配慮が必要であり、zoneCにとどまる場合でも、まちづくり事業を展開するマンパワーと資金の手立てが必要だろう。zoneBでのまちづくり活動は人口減少、少子高齢化の影響が直撃すると、zoneCに移らざるを得なくなるかもしれない。

　そもそも、新型コロナウイルスの影響で、フルアクセルによる事業展開が行えない以上、今後のまちづくり活動は、一定のブレーキをかけながらの事業展開が一般的となっていく可能性がある。また、新型コロナウイルスの影響が長引いた場合、2021年度のうすき竹宵が行ったように、いったん原点であるzoneAでの活動にシフトする戦略も考えられる。

　2021年度の「うすき竹宵」は、開催会場を大幅に縮小するだけでなく、広報を控え、近隣の住民を対象とするよう事業方針が大幅に見直された。

　大分県別府市や瀬戸内国際芸術祭に代表される地域ベースのアートプロジェクトや、真庭市勝山地区や臼杵市で行われている文化的資源と文化創造を組み合わせたまちづくりの行方を考えると、勝山地区では、比較的限定された地域範囲での地域性とマッチする創作活動と映画のまちづくりに収斂し

ていくだろうが、これはzoneAからzoneCへのシフトを意味している。勝山のまちづくりではまちづくりの担い手や経済性が前面に出されてはいないものの、人口減少を見据え、今後どのように担い手を確保していくかがまちづくりの課題となろう。

　別府市での地域ベースのアートプロジェクトである「in Beppu」は、比較的限定された地域範囲での展開に縮小している。別府だけを取れば、zoneDからzoneAにシフトしたように見えるが、高い文化性にこだわることで、アートまちづくりの可能性を示すとともに、別府市の地域ブランディングに大いに貢献している。ただし、NPO法人であるBEPPU PROJECTはこれまでのプロジェクト展開能力を活かして近隣地域へと活動エリアを拡大している。社会性を文化性と読み替えると活動領域はzoneCということになろう。

　なお、大分県別府市周辺地域は、大分国民文化祭とBEPPU PROJECTの事業展開を契機として文化創造の集積が拡大している。圏域の経済効果をあげるにはある程度の地域範囲の拡大が必要となるので、定期的なカルチャーツーリズムの開催が望まれる。

　瀬戸内国際芸術祭は、離島が開催場所の中心であるため、フェリーを使った離島間の来訪者移送は新型コロナウイルスの影響などの課題は多いであろうが、優れた地域ビジネスモデルを活かした今後の展開が期待される。

第2節　本書で論じたかったこと

　人口減少、少子高齢化が加速度的に進むなか、多くの地域では「地域の持続」という極めて大きな政策課題に対処するため、地域の価値創出に効果的な政策に関する知見の獲得が喫緊の課題となっている。本書は、こうした問題に対し、どうすれば地域の持続に向けた価値創出を継続的に図ることができるのかを共通テーマとして、地域政策、都市政策、地域経営、文化観光政策、まちづくり政策など、学際的な視点から検討を行ったものである。

　本書のオリジナリティを要約すると、第一に、これまで筆者が取り組んできた地域の価値創出に向けた地域ベースのイノベーション（地域ソーシャル・イノベーション）の動的メカニズムに関する研究や、長期間のパネル調査を含む地域政策研究に基づきながら、地域課題を乗り越えるべく奮闘する地域の姿と変容をできるだけ詳しく描出し、イノベーションの創出に向けたプロセスの解明を試みたことである。第二に、長期的な時間軸のなかで、注目する

まちづくり事例が、これまでどのような領域で展開をして今日に至ったのか、また、今後どのような方向に進もうとしているのかを直観的に理解し、今後の検討に資するポジショニングマップを考案し、雑駁ながらも分析を試みたことである。第三に、近年注目されている地域ベースのアートプロジェクトの政策効果を中心とする文化まちづくり政策の研究成果を統合させ、第一、第二の視点と併せて検討を行ったことである。

　ここでは、本書で論じた問題を駆け足で振り返り、十分に展開できなかったことを含めて、地域の持続性に関する現段階での見解や今後の政策課題をレビューしてみたい。

(1) NPMの浸透による公共政策の変容

　グローバル化を背景とした国際競争の激化とバブル経済の崩壊を契機に、経済成長の停滞や地域格差の拡大が続いている。一方、人口減少社会、少子高齢社会を迎えるなか、山積する政策課題への抜本的な改革が求められ、公共政策分野の効率化と再編に向けた制度改革は必須の課題となった。これには大きく二つの流れがある。

　一つは、民間企業の経営システムの導入による効率化の流れである。1970年代から1990年代にかけて英国で展開したNPM（New Public Management）といった公共マネジメント改革がその典型であろう。わが国でも、総務省を中心に、市町村合併、民営化、指定管理者制度、PFIなどの公共経営の制度改革が進められてきた。その基調は、民間企業の経営システムの公共経営への移入である。競争メカニズムの導入により必然的に生ずる地域格差が発生し、大きな問題となっているが基本的には市場メカニズムを公共領域に導入する政策は変わっていない。

　二つは、公共システムの再編成である。競争による格差の発生、成果主義など痛みを伴う効率化政策だけでは、社会は分断する。そのため、公共システム改革を併せて実施することにした。財政が本質的な問題であることを巧みに装飾し、リフレーミングとして「成熟化社会への対応」をコンセプトとして打ち出したが、地方分権、公民協働、自立型地域社会、社会的企業、介護保険制度、男女共同参画、子育て支援、働き方改革などの一連の社会民主主義的政策はこの系譜に位置づけられる。

（2）地域資源を活用した観光まちづくり

　製造業が往時の勢いを失い、企業の海外展開が加速するなか、地域経済の再生が喫緊の課題になった。地域を再生するにはどうすればいいか。海外を含めた地域外の来訪者を招き、観光消費を促す観光振興が地方創生の切り札として、位置づけられている。観光振興に期待する政策はかねてより行われてきているが、他地域と差別化ができない陳腐化したコンテンツでは、継続的な観光集客は立ちいかなくなる。鉱山閉山後にアトラクション型の観光投資に傾斜した夕張市は財政破綻をきたし、2007年に財政再建団体となった。

　一方、バブル経済の崩壊後、地域資源を活用した地域住民を主体とする内発型の取り組みである「まちづくり」が注目を集める。公共システムの再編と連動して協働の概念を押し出し、地域政策の主体として各地で「まちづくり」が展開されていく。なかでも、地域資源を活用した地域活性化が注目され、大分県湯布院や霧多布湿原のエコツーリズムなど、まちづくりと観光振興が連動する「観光まちづくり」が各地で精力的な展開が図られた。多彩な地域資源を観光資源として活用した観光は、「ニューツーリズム」とも呼ばれている。

　こうしたなか、自然環境や地域に埋め込まれた歴史的文化的文脈を掘り起こす文化アプローチが注目されてくる。地域性と結合した文化的資源の活用や創作活動は、地域アイデンティティの形成に資するとともに、他地域と差別化することができるからである。

　当初、町並み保存事業などのハード事業としてスタートしたが、ここに文化イベントなどのさまざまなソフト事業が組み合わされていく。象徴的な取り組みとして、アーティストによる文化創造を伴う地域ベースのアートプロジェクトがある。

　また、国外からは歴史的に蓄積がある日本のマンガ、アニメなどのコンテンツが高く評価され、こうしたコンテンツをまちづくりの核に据える「コンテンツまちづくり」も台頭してきた。例えば、鳥取県境港市の「水木しげるロード」、京都市の「漫画ミュージアム」、福岡県北九州市の「漫画ミュージアム」、埼玉県久喜市の聖地巡礼（らきすた）などが知られる。

　観光アプローチは国レベルでも進められている。製造業などの海外進出に変わる国内産業として観光振興が重視され、観光立国として行政計画が立案されるとともに地方創生の切り札と位置づけられた。2014年の「観光ビジョン」制定後は、外国人観光客の急増を招き、多大な経済効果をあげたものの、

地域社会の容量を超える「オーバーツーリズム問題」が顕在化した。

(3) 地域の価値創出とイノベーション

　一方、現在の地域再生プロセスでは、交流人口の獲得に向けた競争性を前面に押し出すことで、地域の魅力を継続的に高めていくインセンティブが与えられることが特徴である。

　そこでは、地域の価値創出をどのように行うかが課題となる。こうして「地域創造」、つまり産業や技術革新にとどまらない地域ベースのイノベーションこそがこれからの地域戦略で不可欠の要素となるのである。

　イノベーションの対象は、公共システム、地域ビジネス、まちづくりと広範に及ぶだけでなく、担い手も、行政、事業者、市民と多彩であるが、地域の価値創出に向けて、地域資源を活用しながら協働やパートナーシップを駆使しているほか、地域外のアクターなどの協力を得ながら地域の価値創出に向けた学習と試行を繰り返すなど企業組織と同様な地域マネジメントを行っている点に特徴がある。このように地域社会のアクターが連結しながら地域の価値創出を目的としたイノベーションは地域ベースのイノベーション＝「地域ソーシャル・イノベーション」として捉えることができる。

　イノベーションの概念を導入する意義は、経営学分野のイノベーション研究の蓄積の活用が可能となることである。そこで、イノベーションの発現や産業集積の理論などを援用しながら地域ベースのイノベーションの構造と普及プロセスに関するモデルを考案した。

　イノベーションを考える際、特に重要となるのが「地域の価値創出のメカニズム」であるが、資源ベースアプローチを援用した地域資源活用の高度化が有益な知見を与える。まちづくりの方向性に関しては、「にぎやかで楽しい街」を目指すのか、「静かで落ち着いた街」を目指すのか、といった地域ビジョンの設定が不可欠である。本書では、岡山県真庭市勝山地区ののれんのまちづくりをイノベーションの形成プロセスの事例として扱ったが、資源ベースのアプローチによる地域資源の高度化を図った典型例でもある。

　しかし、こうして生成したイノベーションをいかに持続させるかが課題である。多くの地域では人口減少に見舞われ、まちづくり組織の継承が課題となっている。また、「成功体験」こそが新たなイノベーションの出現を阻害するというクリステンセンの逆説的な議論[1]にみられるように、不断の変化を模索するイノベーションのダイナミズムを地域社会が内包できるかが今後の課

題となろう。

（4）文化的資源と文化創造を基軸とする文化まちづくり政策

　地域の内発的なまちづくりによる地域再生を図るには、どのような条件が必要となるのだろうか。また、どういった資源をどのように活用するのが効果的だろうか。

　資源ベースアプローチを援用した場合、活性化の条件として「模倣困難性」があげられるが、地域に埋め込まれた文化性＝文化的資源こそが地域固有性の源泉となるだけでなく、多彩な地域内のアクターを結束させる効用があると考える。文化的資源には自然、歴史、文化、食、気候、暮らし、気風、慣習などの無形資源が含まれる。こうした文化的資源に注目したまちづくりを「文化まちづくり」としておこう。

　まちづくりの効果を考えると、一義的には地域内の文化的資源の活用が望ましいが、無秩序な地域開発の途上ですでに消失したり、滅失している場合も多い。この場合、断片化された文化的資源を再編集し、価値を創造する創作活動（文化創造）に期待が寄せられる。一方、創作活動を担うアーティストサイドも、地域や地域課題をテーマとした「サイトスペシフィック」と呼ばれる手法が一般化してきている。都市空間に満ち溢れる創作活動や作品の設置が積極的に展開されると、表現の機会、雇用の機会を求めて創造能力をもった人材（創作者、享受者）が集積する。こうして、芸術文化のもつ創造力を地域再生や都市再生の手段として活用する「創造都市」が欧州を中心に注目を集めていく。衰退した工業都市にアートセンターを設置したり、魅力的なアートプロジェクトや文化イベントで都市イメージを劇的に改編し、多くの人材や来訪者を吸引する手法が典型モデルである。

　創造都市は、その後多彩な広がりを見せていく。一つは空間の拡張である。都市部だけではなく農山村部にも創造アプローチの有効性を見出して展開したのが「創造農村」である。二つ目が分野の拡張である。文化芸術の振興にとどまらず、観光、まちづくり、産業、福祉、交流など多彩な分野と結合することで多元的な価値創造を図る作用が注目され、「文化芸術基本法（2017年）」の制定をもって法的根拠を得た。三つ目が担い手の拡張である。高度な創作能力をもったアーティストやクリエーターなどの専門家だけでなく、事業創造やコミュニティレベルにおいてもデザインやアートに長けた人材が求められる。そして、高い感性をもった人同士での相互作用を繰り返すことで、

多彩なクリエイティブ人材の集積と創造空間、ネットワークが形成されていく。

　こうした文脈で、文化まちづくり政策による地域の価値創出が多くの都市や地域で展開されている。地域資源や地域課題と結びついた文化創造である「地域ベースのアートプロジェクト」は、その代表格といえるもので、国内外で多彩な展開を見せている。本書では、第7章で大分県で展開されるアートプロジェクトの集積と、第8章で大規模アートプロジェクトである「瀬戸内国際芸術祭」を事例にとりあげるとともに、第9章において相互を対比しながらアートプロジェクトの展開の状況と、現段階での政策効果の到達点と課題について論考を行った。

　一方、4章から6章で紹介した事例も、創作活動や文化的資源を活用した文化まちづくりが行われている。第4章の秋田県三種町の地産地消運動は「食文化」の継承と拠点づくりが主たるテーマであったし、第5章の町並みと調和する創作活動とまちづくりは、歴史的建築物とマッチするデザイン化された創作のれんをまち中で掲げることで空間的な美しさを演出していた。第6章の文化創造と食と農によるまちづくりは、第5章の事例を一歩進めて、文化的資源と創作活動を、地域外からのサポートを受けながら、地域経済の活性化と地域社会の活性化を公民協働の枠組みの中で推進するものであった。

　このように、文化的資源と文化創造を基軸とする文化まちづくり政策は、すでに広範な地域で実践されているのである。

(5) 公共政策分野のイノベーション

　こうした地域ベースのイノベーションは、まちづくりや地域ビジネスなどの事業創造領域にとどまらず、公共政策分野そのものにも変容を引き起こしている。本書では詳細な紹介は行わなかったが、公立図書館の改革、都市公園のパークマネジメント、リノベーションによるまちなか空間の変容など公共空間の破壊的イノベーションともいえる取り組みが各地で進められている。

　この他にも、「学び」や「楽しさ」をキーワードとした市民参加型シティプロモーションを展開する取り組みがある。シティプロモーションは、多くの場合、転入人口の増加や人口流出の抑制といった政策目的と連動しているが、行政主導で行うのか、地域住民主導で行うかで多彩な経路がある。しかし、有力広告代理店による技法を凝らした手法を採用することで、かえって都市イメージの悪化を招いているのではないかと思われる事例も散見される。シ

ティプロモーションは、ふるさと納税制度をはじめとする各種の寄付金獲得競争においても効果を発揮しており、目下、各自治体はしのぎを削っている状態である。

（6）まちづくりの課題と新たな危機への対応

　地域創造などの地域の魅力や価値を創出するまちづくり活動は多くの地域で成果を上げてきたが、加速度を増す人口減少、少子高齢化は、地域産業の基盤を揺るがすとともに、まちづくりの担い手の喪失という新たな問題も発生している。地域内だけでは、活動資金やマンパワー、アイデアが不足する場合は、関係人口という枠組みで地域外からのサポートが必要である。地域外に居住している人が行うサポートとして、「ふるさと納税」や「クラウドファンディング」などの寄付行為や、実際に地域に赴いてまちづくり活動を行う場合もある。人口減少に見舞われている地域では、働く場所や機会の問題で定住移住が困難であるため、国はこうした関係人口に対して期待を寄せている。

　その一方で、2020年1月に顕在化した新型コロナウイルスは、世界的レベルでのパンデミックを引き起こした。新型コロナウイルスの脅威は、治療法や有効な対策が確立されていないという医学上、公衆衛生上の問題もさることながら、集積の経済、規模の経済、都市化の経済といったこれまでの都市経済システムの常識を覆し、「集まること」「交流すること」を本質的に忌避する点にあろう。地方創生の基幹政策となっていた観光振興による地域再生のシナリオが崩れ、宿泊業、飲食サービス業、輸送業などの観光関連産業は青息吐息の状態にある。今後、新型コロナウイルスの収束（アフターコロナ）、あるいは完全に収束しない状況にあっても（ウィズコロナ）、どのような都市政策、あるいは地域政策を打ち出すのか、これまでの知的資産をもとにした関係機関や専門家の多角的な検討と英知の結集が求められる[2]。

　持続可能な地域社会の構築に向けては、こうした世界レベル、国レベル、地方レベルの政策課題に対して、行政、事業者、住民によるパートナーショップ手法を駆使しながら、新たな地域再生のステージに向けた創造的な政策形成が求められよう。

（7）残された課題と今後求められる地域マネジメントの素描

　こうした政策課題に関する動向を俯瞰すると、近年のキーワードは、地域

ビジョン、地域の魅力づくり、地域資源の活用、地域ビジネス、地域マーケティング、シティプロモーション、地域ブランド、担い手の確保、連携・パートナーシップなどマネジメントに関係するワードが並び、民間企業の経営課題と見間違うばかりである。さらに本書では論じなかったが、持続可能な開発目標（SDGs）、多様性社会（ダイバーシティ）、デジタル社会などのキーワードが加わるが、いずれも民間企業が展開する市場の世界と同様の課題である。

　ここに、地域マネジメントの新しい意味が見えてくる。民間企業の経営手法をどのように地域レベルで展開できるのか、あるいは逆に何をしてはいけないのか、法制度の改革も含めた新しい公共デザイン、新しい次元のNPMが求められているのかもしれない。すでに岡山県西粟倉村では、こうした企業戦略手法を駆使した村づくりに挑戦している。今後、多くの都市や地域において、企業戦略手法と地域マネジメント手法のより近接化、一体化が図られてこようが、「誰のための地域なのか」という原点を心に留めたいと思う。

〈注及び参考文献〉
1　Christensen,Clayton M.(1997),The Innovator's Dilemma,Harvard Business School Press
　（玉田俊平太監修,伊豆原弓訳(2001)『イノベーションのジレンマ』翔泳社）。
2　新型コロナウイルスによる都市への影響にかかる試論として、例えば、矢作弘等による報告がある
　（矢作・阿部・服部・コッテーラ・ボルゾーニ, 2020）。

おわりに

　本書は2012年に大阪市立大学大学院創造都市研究科に提出した博士論文「地域ソーシャル・イノベーションの形成メカニズムに関する研究」をベースとしながら、その後に実施した地域活性化に関する現地調査や文化まちづくり政策等に関する研究成果を加味しながら、大幅に加筆修正を行ったものである。

　本書執筆にあたって下地とした初出論文は以下のとおりである。

「地域資源の活用による地域ソーシャル・イノベーションの形成に関する研究」2009年3月, 大阪市立大学大学院創造都市研究科, 修士学位論文

「地域資源の活用による地域ソーシャル・イノベーションの形成」『計画行政』第33巻第1号, 2010年3月, pp.57-66, 日本計画行政学会, 共著者：瀬田史彦

「文化的資源の多元的結合による地域活性化に関する考察－越後妻有と直島を事例として－」『創造都市研究』第6巻第2号, 2010年12月, pp.71-88, 大阪市立大学創造都市研究会

「地域ソーシャル・イノベーションの形成メカニズムに関する研究（博士論文）」2012年3月, 大阪市立大学大学院創造都市研究科, 博士学位論文

「地域性と結合した文化的資源の創造による島の活性化——直島町・小豆島町」『創造農村——過疎をクリエイティブに生きる戦略』」第12章, 2014年3月, pp.204-223, 学芸出版社

「文化的資源と創作活動による地域づくりの高度化——岡山県真庭市勝山町並み保存地区」『地域マネジメント戦略——価値創造の新しいかたち』第7章, 2014年10月, pp.158-186, 同友館

「地域指向型アートプロジェクトの比較分析と地域活性化効果」『地域戦略研究所紀要』(2), 2017年3月, pp.17-38, 北九州市立大学

「アートプロジェクトと文化創造地域政策 ——大分県における事例を中心に」『創造社会の都市と農村』第3章, 2019年7月, pp.77-95, 水曜社

筆者は現在、北九州市立大学法学部政策科学科において教鞭をとっているが、これまで技術者、コンサルタント、地方公務員、大学教員とさまざまな分野の仕事を経験してきた。一見バラバラにように見える経験や経歴ではあるが、基本となる問題意識はさほど変わっておらず、むしろ問題に対する多角的な視点からのアプローチを可能にしていると認識している。あとがきを借りて、本書で提起した地域ベースのイノベーションの概念や文化まちづくりの発想の原点がどこにあるのかを探ってみたい。

　幼少の頃、母親の実家である四日市市に里帰りをした際、臨海部で集積している巨大な石油コンビナートの煙突から出される炎や煙を見て、それが繁栄の象徴だと教えられたし、誇らしく感じたものだった。のちに石油コンビナートから排出される大気汚染物質が、公害問題として近隣住民の健康被害を誘発することになろうとは思いもしなかった。こうした経験により公害問題に関心をもつようになった。高校生のときに公害のメカニズムを知るには化学の知識が不可欠だと考え、大学では化学を専攻した。専門課程では研究室での実験に明け暮れる毎日だったが、当時の技術至上主義の風潮にどうもなじめないところがあった。自らが開発、発明したものが社会にどのような影響を与えるのかを顧みず、成果のみを追求する教育はおかしいのではないかと考え、当時の工業化学科の教授に議論を挑んだこともあったが、軽くいなされてしまった。さぞかし生意気な学生と思われたことだろうが、こうした考え方は今では「社会的責任」として認知されている。

　大学卒業後は、光学機器メーカに就職し、大学で学んだ専門知識を活かして光学ガラス素材などの材料開発系の研究に従事した。あるとき、先端技術を結集したプロジェクトが立ち上がり、私は新素材開発担当として参加した。専門分野の異なるメンバーによる昼夜を問わない議論は、当初は歯車が合わないことも多かったが、次第に熱くスリリングなものとなった。自分の専門分野に責任をもちつつ、目標の達成に向けて協力し合うことによって優れた製品の開発に成功し、成功体験を味わうことができた。後に組織原理の異なる者同士による協働による地域課題の解決が地方自治体の実務面や政策研究テーマとなったが、スキーム設計の原体験はここにあったと思う。

　数年後、研究開発業務を進めていくうちに次第に事業のマネジメントと戦

略の策定に関心が移り、どうせ仕事をするなら専門的に学んだ方がいいと考え、三和総合研究所に移った。いまでこそ文理融合は常識となっているが、当時はまだそうしたキャリア形成は稀だった。同社では中小企業の経営戦略、新商品開発、マーケティング戦略を担当し、マネジメントに関するスキルとノウハウはコンサルティングの実務を通じて学んだ。経営資源を活用して競争優位をもたらすイノベーションの創出プロセスは貴重な経験となった。こうした経験は、のちの地域戦略の立案やまちづくり研究の原型となっていく。

　1995年1月に阪神・淡路大震災が発生した。神戸・阪神地域の未曾有の被害を目の当たりにし、これまでの職務経験を震災復興に役立てることができるのではないかと考え、兵庫県庁の経験者採用枠に応募し、採用された。県庁での最初の仕事は本庁の県立病院局経営課で、震災後の病院の経営管理と施設整備を担当した。地方自治体の組織文化はシンクタンクとはまったく違って古色蒼然としていると感じ、カルチャーショックも大きかったが、行政組織、財政、施設管理、契約事務、議会対応など、投入時間コストを考えない緻密な仕事の仕方は長所も短所もあった。このときの経験は、自治体の組織構造を踏まえた行財政改革のスキームを考えるうえで大いに役立っている。

　その後、兵庫県が設立した政策系シンクタンクともいえる「21世紀ひようご創造協会」地域政策研究所に2年間勤務し、現在の地域政策研究の基礎を築いた。入庁前には自然科学（工学）と経営学の知識しかなかった私は、地域政策、財政学、行政学、経済学、社会学、まちづくりなど社会科学に関連する図書を片っ端から読みあさった。とりわけ篠山市の市町村合併の実証研究では行政学、財政学、社会学などの専門の先生方の地域調査に同行し、合併を推進する建前と本音が交錯する地域の姿は、現地に行って直接話を聞かなければ決して見えてこないものであり、現場に立脚した地域調査の方法論を学ぶことができた。

　地域政策研究所から阪神・淡路大震災復興本部内の生活復興を担当する部署に異動となり、学識者と県庁の課長級レベルのプロジェクトチームからなる被災者復興支援会議の事務局を務めた。座長は防災研究の第一人者である室崎益輝先生（兵庫県立大学減災復興政策研究科教授、神戸大学名誉教授）で、委員の先生方の震災復興に向けた熱い思いと現場に立脚した実効性を大切にす

262

る論理展開は共感を覚えた。室崎先生はこの後も復興行政で何かとお世話になり、現在も懇意にしていただいている。

　1年後に本庁勤務となる予定であったが、本庁では被災地や被災者の実情がわかりにくくなると考え、兵庫県が事務局となり生活協同組合や社会福祉協議会などと連携しながら、被災地復興、被災者支援を担うボランティア団体やNPOに対する支援を行う「生活復興県民ネット」という組織にぜひ移りたいとの希望を申し出たところ、上司から「そんなわがままを言う職員は聞いたことがない」と呆れながらもかなえていただいた。

　ここでの仕事は復興基金が主財源であったことから、政策提案をすれば県庁内では実施ができないような社会実験的な事業をすぐに実施することができた。当時この組織は県庁内NPOと揶揄され、必ずしも好意的に受け取られてはいなかったが、NPOやボランティア団体との協働による事業の推進や対話は、後々に活かされることになった。

　2005年度に生活復興県民ネットが解散する際は、記録誌の編纂事業の主担当として、大学の教員をはじめとする有識者の方々と「新しい社会システム」についての議論を繰り返した。特に、山口一史氏（元神戸新聞社、前コープこうべ理事長）からはコミュニティ政策と望ましい市民社会についてご教示をいただいただけでなく、その後も懇意にしていただいている。現在、公共政策分野で一般的となっている「公民協働」の理論と実践は、こうした実務経験のおかげで通説では補足されない細部も明瞭に理解することができ、キャリア形成上大変幸運であったといえる。

　この後、震災にかかるミュージアム機能、資料収集、災害派遣、調査研究機能を併せ持った総合施設である「人と防災未来センター」に異動し、ミュージアム部分の広報と集客を担当した。震災の教訓と経験を国内外の人に伝えることがミッションであるが、教育旅行関係では旅行社等との付き合いも多く、地方キャラバンも行った。このときの経験はシティプロモーション、公共施設マネジメント、観光まちづくり研究に活かされている。

　さらに、コミュニティ政策に関する研究会に参画し、加藤恵正先生（兵庫県立大学大学院教授）からは地域政策と地域産業政策についての研究指導をいただいただけでなく、その後も公私にわたるご助言をいただいている。深く感謝を申し上げたい。

その後、本庁の統計課に移り、県民経済計算、景気動向指数などの統計表の作成と地域経済分析を担当した。県民経済計算はおびただしい数値情報を入手し、汎用の表計算ソフトを極限まで駆使して作成するが、前任者がたどったロジックを解明するのも楽しい作業であった。神戸大学等との公的統計の政策分析に関する研究会に参画し、中心市街地活性化や地域づくりに関する実証研究も行った。

　県庁時代の最後の職場となった兵庫県阪神南県民センターでは、地域産業政策、観光政策、大学生との地域連携事業を担当した。地域金融機関や商工会議所、市町の産業政策部局との地域経済に関する戦略会議では、地域経済の現況と地域産業政策に関する知見を広めることができた。

　この間、地域の持続に向けた地域戦略を研究テーマとして、大阪市立大学大学院創造都市研究科（現都市経営研究科）で学ぶ機会を得た。創造都市研究科は「創造都市」をキーワードに都市政策、都市経済、都市ビジネスを融合的に学ぶ社会人大学院であるが、都市に関する異分野の専門教員を擁し、学生は行政職員、民間企業の社員や経営者、非営利組織のスタッフなどバラエティに富んでおり、政策学、経済学、経営学の融合を目指す研究環境としては最適だった。本書の第2章から第5章までの論考は博士論文に依拠している。

　当時、大阪市立大学には創造都市研究の第一人者の佐々木雅幸先生（大阪市立大学名誉教授）がおられ、文化芸術のもつ創造性を軸に都市再生を目指す創造都市及び都市文化政策に関する理論と実践に関するレクチャーに深く感銘を受けた。中学時代から西洋音楽や西洋美術に親しみ、時間があれば文化芸術に触れる機会を大切にしてきたが、文化芸術が都市再生とどのようにつながるのかは大変刺激的で興味関心をそそられた。文化とまちづくりの接点を考えはじめたのもこの時期からである。

　佐々木先生には博士論文のご指導をいただいたほか、大学院修了後も文化政策に関する研究会に招いていただいた。研究成果の一部は、『創造農村』（学芸出版社）、『創造社会の都市と農村』（水曜社）において発表する機会をいただいている。

　大学院博士課程でお世話になった先生はたくさんおられるが、明石芳彦先生（現大阪商業大学教授）には地域産業政策と社会的企業、研究方法論の観点

からご指導をいただいたほか、瀬田史彦先生（現東京大学准教授）には、修士課程から博士課程にかけて、国土計画、都市計画、地域開発計画など、主として計画行政と学術研究の推進に関するご指導をいただいた。瀬田先生との政策に関する緻密な議論はいつも新しい発見があった。この他、矢作弘先生（元龍谷大学教授）には地域分析に関する執筆の機会を与えていただいたほか、海外の研究者との交流や世界遺産を冠するポルトガルへの地域調査にも同行をさせていただいた。このときのメンバーに博士課程で共に学んだ狭間恵三子さん（現大阪商業大学教授）がおり、文化施設の運営や文化マネジメントの実際について示唆に富んだ話を伺った。

　今般、これまでの研究成果を取りまとめることができたのは、こうした先生方のご指導の賜物である。この場を借りて深く御礼を申し上げたい。

　このように、これまで多種多様な分野の職務や研究を行ってきたが、一貫してもち続けてきたのは「現場主義」であり、「協働システム」であり、融合的な「知識創造」である。目下、地方創生に挑む多くの地域では「地域を持続させる」ことが政策課題の底流となっている。地域の存続を市場メカニズムに委ねると、競争原理によって必然的に格差が発生するが、地域の価値を創出し続けないことには、雇用機会を喪失し、地域の衰退を招く。つまり恒常的な地域ベースのイノベーションが必要となるというのが基本的な問題意識である。

　地域社会や地域経済の維持発展という公共政策上の問題に対しては、どういった資源をどのように活用するのか、誰が行うのか、そのしくみは維持できるのかといった地域マネジメント上の問題が発生する。こうした問題を解く鍵概念として、創造都市で提起される「文化的資源や創造活動の外部効果」がクローズアップし、これを政策として実践的に展開するのが「文化まちづくり政策」と位置づけている。

　こういった背景のもとで、深刻化する地域課題に対して、マクロレベルの地域政策と行政、事業者（地域企業）、市民が参画するミクロレベルの地域マネジメントを融合する地域戦略の構築を見据えて、地域ベースのイノベーションの概念提起と文化創造地域モデルの可能性に挑んだのが本書である。しかし、本書で提示したのは、あくまでも現段階での到達点であって、今後、鋭意、状況に合わせて改良されていかなければならない。

　本書で掲載した事例研究では多くの方々から各種資料情報の提供をはじめ対面や電子メールによるヒアリング調査や取材に多大なご協力いただいた。主要な方々を以下にご紹介したい。泉牧子氏（秋田県立大学地域連携・研究推進センター コーディネーター）、秋田やまもと農業協同組合、三種町商工会、三種町役場の方々（第4章）、加納容子氏（染織家、ひのき草木染織工房）、行藤公典氏（かつやま町並み保存事業を応援する会会長）、故辻均一郎氏（NPO法人勝山・町並み委員会）、黒川愛氏（真庭市議会議員）、堀一彦氏（一般社団法人やまのふね代表理事）、河内勝彦氏（前真庭市役所勝山振興局長）、真庭市役所勝山振興局地域振興課の方々（第5章）、山中健一氏（臼杵市中央通商店街振興組合副理事長）、高橋真佐夫氏（NPO法人うすき竹宵理事長）、武口秀樹氏（臼杵商工会議所専務理事）、石崎達雄氏（うすき町並みガイドの会会長）、石崎しおり氏（うすき雛の会代表）、平山博造氏（臼杵市議会事務局長）、佐藤一彦氏（臼杵市政策監）、首藤英樹氏（臼杵市産業促進課食文化創造都市推進室長）、臼杵市役所の方々（第6章）、山出淳也氏（NPO法人BEPPU PROJECT代表理事）、別府市役所の方々、大分市役所の方々（第7章）、笠原良二氏（株式会社直島文化村代表取締役社長）、株式会社ベネッセホールディングス、直島町観光協会、直島町役場の方々、小豆島町企画財政課の方々、土庄町企画財政課の方々（第8章）である。この場をお借りして深く感謝を申し上げたい。

　出版にあたっては、北九州市立大学法学部法政叢書刊行会から出版助成を受けた。出版に際してご協力をいただいた法学部の先生方に謝意を申し上げる。
　また、本書の出版をご快諾いただくとともに、度重なる原稿の遅れにもかかわらず辛抱強くご対応いただいた株式会社水曜社仙道弘生社長、編集実務担当の松村理美様には厚く御礼を申し上げたい。

　最後に、私事ながら、現地調査の記録作成などのサポートやさまざまな視点からのアドバイスをくれた妻に感謝します。

2022年3月

田代　洋久

参考文献

〈日本語論文〉

アーツ・コンソーシアム大分（2017）『平成28年度アーツ・コンソーシアム大分構築計画実績報告書』

青島矢一・加藤俊彦（2003）『競争戦略論』東洋経済新報社

秋田県町村会（2007）「新たな地産地消と食育の拠点「JAンビニ ANN・AN」（三種町）」『秋田町村時報』
　　町村探訪：その69, 平成19年5月

秋元雄史（1998）「『直島・家プロジェクト』始動」直島通信（『直島・家プロジェクト「角屋」』直島文庫
　　所収）

秋元雄史（2015）『日本列島「現代アート」を旅する』小学館

秋元雄史・安藤忠雄ほか（2006）『直島 瀬戸内アートの楽園』新潮社

阿部大輔編（2020）『ポスト・オーバーツーリズム 界隈を再生する観光戦略』学芸出版社

荒木昭次郎（1996）「自治行政における公民協働論」『東海大学政治経済学部紀要』第28号, pp.1-11

荒木昭次郎（2012）『協働型自治行政の理念と実際』敬文堂

池上惇（2003）『文化と固有価値の経済学』岩波書店

石井和平（2010）「地域ベースの社会的企業論」『商学討究』第60巻第4号, pp.159-185, 小樽商科大学

石原武政・西村幸夫編（2010）『まちづくりを学ぶ──地域再生の見取り図』有斐閣

石原俊彦監修（2017）『歴史と文化のまち 臼杵の地方創生』関西学院大学出版会

井原緑（2007）「瀬戸内海島嶼部における芸術文化事業の特徴と地域環境への影響に関する考察」『ランド
　　スケープ研究』70巻5号、日本造園学会

泉牧子（2007）「伝統の「食」を中心に地域がひとつになった──秋田県琴丘町JA型コンビニ「JAンビ
　　ニ」の取り組み」『21世紀の日本を考える』No.39, pp.44-47, 農文協

伊東維年（2009）「地産地消と地域経済循環・推進方策・ネットワーク」（下平尾勲・伊東維年・柳井雅也
　　『地産地消』第6章所収）日本評論社

伊東維年（2012）「地産地消の基本原則と地域経済循環・推進方策・ネットワーク」（『地産地消と地域活
　　性化』第6章所収）pp.309-339, 日本評論社

伊藤裕夫（2008）「地域文化資源と文化マネジメント」（井口貢編著『入門文化政策』所収）ミネルヴァ書
　　房

稲葉陽二（2007）『ソーシャル・キャピタル』生産性出版

井原緑（2007）「瀬戸内海島嶼部における芸術文化事業の特徴と地域環境への影響に関する考察」『ランド
　　スケープ研究』70巻5号、pp.625-630、日本造園学会

岩崎薫里（2003）「サッチャー改革再考」『Business&Economic Review』2003年1月号, 日本総研

内丸惠一（2003）「臼杵・竹工芸まつりの住民意識と商店経営への影響」『日本文理大学紀要』第28巻第2
　　号, pp.47-58

内丸惠一（2008）「「うすき竹宵」と中心市街地の再生──大分県臼杵市におけるまつり型まちづくりの試
　　み──」『都市計画』Vol.57（1）, pp.35-40

碓田智子・水川さやか・西岡陽子・岩間香（2007）「町屋を活用したイベント型屏風祭と雛祭によるまち
　　づくりに関する調査研究──岡山県の倉敷と勝山の事例について──」平成19年度日本建築学会支
　　部研究報告集, pp.769-772

江藤俊昭（2000）「地域事業の決定・実施をめぐる協働のための条件整備──〈住民─住民〉関係の構築
　　を目指して──」人見剛・辻山幸宣編著『協働型の制度づくりと政策形成』ぎょうせい

NPO勝山・町並み委員会編（2010）『のれん越しに笑顔がのぞく』吉備人出版

おおいたトイレンナーレ実行委員会（2016）「おおいたトイレンナーレ2015開催報告書」

大室悦賀（2004）「ソーシャル・イノベーションの機能と役割」『社会・経済システム』No.25, pp.183-196,
　　社会・経済システム学会

大室悦賀（2006）「ソーシャル・イノベーションが変える世界」（谷本寛治編『ソーシャル・エンタープラ
　　イズ─社会的企業の台頭』第2章所収）中央経済社

大室悦賀（2009）「ソーシャル・イノベーション理論の系譜」『京都マネジメント・レビュー』第15号,
　　pp.13-40, 2009年6月, 京都産業大学

大沢真理（2011）「社会的経済の戦略的意義」（大沢真理編著『社会的経済が拓く未来』第1章所収）ミネ
　　ルヴァ書房

大森洋子・西山徳明（2000）「歴史的町並みを観光資源とする地域におけるまちづくりに関する研究――筑後吉井の町並み保存事業を事例として――」『2000年度第35回日本都市計画学会学術研究論文集』pp.811-816

大矢野修・清水万由子・井上芳恵（2011）「『地域』の形成と地域公共人材」（白石克孝・新川達郎・斎藤文彦編『持続可能な地域実現と地域公共人材』第3章所収）日本評論社

岡崎篤行・原科幸彦（1994）「歴史的町並みを活かしたまちづくりのプロセスにおける合意形成に関する事例研究――川越一番街商店街周辺地区を対象として――」『1994年度第29回日本都市計画学会学術研究論文集』pp.697-702

岡崎篤行（2006）「これからの都市計画と歴史的遺産の保存・再生」『歴史的遺産の保存・活用とまちづくり――改訂版』学芸出版社

岡田知弘（2005）『地域づくりの経済学入門』自治体研究社

奥田仁（2007）「地域間格差と地域イノベーション」『開発論集』第79号，pp.143-160，北海学園大学

小田切徳美（2006）「中山間地域の実態と政策の展開」（小田切徳美・安藤光義・橋口卓也著『中山間地域における共生農業システム』第1章所収）農林統計協会

小田切徳美（2008）「農山村地域再生のイメージ」『農業と経済』2008年5月，昭和堂

小田切徳美（2009）『農山村再生』岩波書店

小田切徳美（2013）「地域づくりと地域サポート人材：――農山村における内発的発展論の具体化――」『農村計画学会誌』32（3）pp.384-387，農村計画学会

小田切徳美（2014）『農山村は消滅しない』岩波新書

小田切徳美（2018）「農村ビジョンと内発的発展論」（小田切徳美・橋口卓也『内発的農村発展論』第1章所収）農林統計出版

鹿嶋田仁・村井禎美（1995）「欧米先進諸国における地方行政制度の動向」『PRCNOTE』第8号平成7年3月，国土交通政策研究所

笠原良二（2011）「ベネッセアートサイト直島の活動の軌跡とその意義――現代アート活動による地域活性化の一例」『財政と公共政策』第50号，財政学研究会

勝村文子・田中鮎夢・吉川郷主他（2008）「住民によるアートプロジェクトの評価とその社会的要因‐大地の芸術祭　妻有トリエンナーレを事例として」『文化経済学』第6巻第1号，pp.65-77，文化経済学会

加藤恵正（2002）「都市ガバナンスとコミュニティ・ビジネス」『都市政策』第108号，pp.12-27，神戸都市問題研究所

加藤恵正（2004）「都市生活とコミュニティ・ビジネス」（『岩波講座「都市の再生を考える4」都市経済と産業再生』所収）岩波書店

加藤恵正（2008a）「都市・地域再生とソーシャル・イノベーション」（近畿都市学会編『21世紀の都市像』第16章所収）pp.189-201，古今書院

加藤恵正（2008b）「CED（Community Economic Development）型都市政策の展開‐ソーシャル・インクルージョン・アプローチによる都市再生‐」『都市政策』第132号，pp.4-17，都市問題研究所

金井一頼（2003）「クラスター理論の検討と再構成‐経営学の視点から」（『日本の産業クラスター戦略』第2章所収）有斐閣

金井一頼（2009）「地域資源と科学的『知』の融合による地域活力の再生」『産学官連携ジャーナル』vol.5 No.1，pp.11-12，独立行政法人 科学技術振興機構

金子郁容・玉村雅敏（編）・宮垣元（2009）『コミュニティ科学』勁草書房

唐沢民（2007）「文化政策による地域の人的資源の形成の過程」『同志社政策科学研究』

川田都樹子（1998）「パブリック・アート」（並木誠士・吉中充代・米屋優編『現代美術館学』Ⅲ章11所収）昭和堂

北川フラム（2006）「地域づくりのサポート」『日本労働研究雑誌』No.549，独立行政法人労働政策研究・研修機構

北川フラム（2014）『美術は地域をひらく　大地の芸術祭10の思想』現代企画室.

国東半島芸術祭実行委員会（2015）「国東半島芸術祭 総括報告」（平成27年3月）

熊倉純子監修（2014）『アートプロジェクト 芸術と共創する社会』水曜社

経済産業省（2018）「ソーシャルビジネス研究会報告書」平成20年4月

高坂晶子（2020）『オーバーツーリズム』学芸出版社

神戸都市問題研究所「コミュニティ・ビジネス」研究調査会（2002）『都市政策』第108号，2002年6月，pp.109-137，神戸都市問題研究所

国土交通省「ライフスタイルの多様化と関係人口に関する懇談会 最終とりまとめ」（2021年3月30日）（https://www.mlit.go.jp/kokudoseisaku/content/001396629.pdf）

後藤和子編（2001）『文化政策学 法・経済・マネジメント』有斐閣

小長谷一之（2005）『都市経済再生のまちづくり』古今書院

小林真理編（2018）『文化政策の現在 1〜3』東京大学出版会

小林令明（2001）「アートを活用した過疎地活性化に関する研究「越後妻有アートネックレス整備事業」の文化面からの評価」『北星女子短大紀要』Vol.37, pp.21-32, 北星学園大学

小林令明（2005）「アートを活用した過疎地活性化に関する研究（2）「越後妻有アートネックレス整備事業」における「大地の芸術祭」の文化面からの評価」『北星論集』第3号, pp.11-28, 北星学園大学

小松秀男「『歴史と文化を活かしたまちづくり』の概観」『神戸女学院大学論集』Vol.57 No.2, 神戸女学院

混浴温泉世界実行委員会（2018）（2019）（2020）（2021）「事業報告書」混浴温泉世界実行委員会

佐々木雅幸（2001）『創造都市への挑戦』岩波書店

佐々木雅幸・川井田祥子・萩原雅也編（2012）『創造農村』学芸出版社

佐々木雅幸・敷田麻実・川井田祥子・萩原雅也編（2019）『創造社会の都市と農村』水曜社

佐藤滋（2011）「まちづくり市民事業とは何か」（佐藤滋編著（2011）『まちづくり市民事業』所収）pp.9-38, 学芸出版社

佐藤慶幸（1999）『現代社会学講義』有斐閣

佐野真紀子（2010）「現代アートと地域活性化 〜クリエイティブシティ別府の可能性〜」『地域・海外レポート（九州）』株式会社日本政策投資銀行大分事務所

佐無田光（2020）「『地域の価値』の地域政策論試論」『地域経済学研究』第38号, 2020年3月, pp.43-59, 日本地域経済学会

澤村明編（2014）『アートは地域を変えたか』慶応技術大学出版会

敷田麻美（2009）「よそ者と地域づくりにおけるその役割にかんする研究」『国際広報メディア・観光学ジャーナル』No.9, pp.79-100, 北海道大学

敷田麻美・内田純一・森重昌之編著（2009）『観光の地域ブランディング』学芸出版社

社団法人経済同友会（2003）『第15回企業白書「市場の進化」と社会的責任経営』

柴田弘捷（2012）「銅製錬・アート・産廃処理の町・直島の現在：人口構成・産業構造・雇用環境」『専修大学社会科学研究所月報』（587・588）pp.23-54, 専修大学社会科学研究所

白石克孝編（2004）『分権社会の到来と新フレームワーク』日本評論社

白石克孝（2007）「社会的企業について議論する」（『生存科学シリーズ4 地域の生存と社会的企業』所収）公人の友社

白石克孝（2008）「持続可能な社会と地域公共政策開発システム」（白石克孝・新川達郎（2008）『参加と協働の地域公共政策開発システム』第2章所収）日本評論社

白石弘幸「2005」『経営戦略の探求』創成社

神野直彦（2004）「地域おこしの新しいシナリオ」（神野直彦・森田朗・大西隆・植田和弘・苅谷剛彦・大沢真理編『新しい自治体の設計4 自立した地域経済のデザイン』第1章所収）有斐閣

鈴木進（2011）「まちづくり市民事業のマネジメントの課題」（佐藤滋編著『まちづくり市民事業』所収）pp.164-174, 学芸出版社

生協総合研究所（2005）「社会的企業とは何か―イギリスにおけるサード・セクター組織の新潮流―」『生協総研レポート』No.48, 2005年11月, 財団法人生協総合研究所

瀬戸内国際芸術祭実行委員会（2010）（2013）（2016）（2019）『瀬戸内国際芸術祭 総括報告』

芹沢高志（2017）「来たるべき計画者のために〜アートプロジェクトの現場から」（井口典夫他著（2018）『ポスト2020の都市づくり』所収）学芸出版社

DIAMONDハーバードビジネスレビュー編集部編訳（2007）『組織能力の経営論』ダイヤモンド社

大地の芸術祭実行委員会（2000）『大地の芸術祭・総括報告書（2000）』

大地の芸術祭・花の道実行委員会（2003）『第2回大地の芸術祭・総括報告書（2003）』

大地の芸術祭実行委員会（2006）『第3回大地の芸術祭・総括報告書（2006）』

大地の芸術祭実行委員会（2010）『大地の芸術祭・総括報告書（2009）』

『大地の芸術祭越後妻有2009』美術手帖2009年8月号増刊, 美術出版社

高橋勅徳・木村隆之・石黒督朗（2018）『ソーシャル・イノベーションを理論化する』文眞堂

武石彰・青島矢一・軽部大（2008）「イノベーションの理由」『一橋ビジネスレビュー』55巻4号, 季刊2008SPR, 東洋経済新報社

武石彰・青島矢一・軽部大（2012）『イノベーションの理由 資源動員の創造的正当化』有斐閣

田代洋久（2007）「阪神・淡路大震災復興過程における参画と協働の試み」（加藤恵正・田代洋久『協働』の都市再生 - 阪神淡路大震災の復興から -」第1章所収）『研究資料』No.209, pp.1-19, 兵庫県立大学経済経営研究所

田代洋久（2009）「地域資源の活用による地域ソーシャル・イノベーションの形成に関する研究」大阪市立大学大学院創造都市研究科修士学位論文

田代洋久（2010）「文化的資源の多元的結合による地域活性化に関する考察——越後妻有と直島を事例として——」『創造都市研究』第6巻第2号, pp.71-88, 大阪市立大学創造都市研究会

田代洋久, 瀬田史彦（2010）「地域資源の活用による地域ソーシャル・イノベーションの形成」『計画行政』第33巻第1号, pp.57-66, 日本計画行政学会

田代洋久・瀬田史彦（2011a）「広域ネットワークを活用した社会的事業と組織特性に関する研究〜コープ自然派事業連合による食 - 農 - 環境循環社会システム形成の試み〜」『計画行政』第34巻第3号, pp.80-89, 日本計画行政学会

田代洋久・瀬田史彦（2011b）「文化的資源を活用した地域ソーシャル・イノベーション形成プロセスに関する考察——真庭市勝山地区の住民意識調査より」『日本計画行政学会第34回全国大会研究報告要旨集』2011年9月, pp.409-412, 日本計画行政学会

田代洋久（2012）「地域ソーシャル・イノベーションの形成メカニズムに関する研究」大阪市立大学大学院創造都市研究科博士学位論文

田代洋久（2013）「文化的資源を活用した観光まちづくりの要因分析と地域比較に関する研究」地域政策研究会

田代洋久（2014a）「地域指向型アートプロジェクトによる地域再生プロセスと多面的効果に関する研究」地域政策研究会

田代洋久（2014b）「地域性と結合した文化的資源の創造による島の活性化—直島町・小豆島町」（佐々木雅幸・川井田祥子・萩原雅也編『創造農村』第12章所収）学芸出版社

田代洋久（2014c）「文化的資源と創作活動による地域まちづくりの高度化 - 岡山県真庭市勝山町並み保存地区」（池田潔編『地域マネジメント戦略 - 価値創造の新しいかたち』第7章所収）同友館

田代洋久（2017）「地域指向型アートプロジェクトの比較分析と地域活性化効果」『地域戦略研究所紀要』（2）pp.17-38, 北九州市立大学

田代洋久（2019）「アートプロジェクトと文化創造地域政策 — 大分県における事例を中心に」（佐々木雅幸・敷田麻実・川井田祥子・萩原雅也編『創造社会の都市と農村』第3章所収）水曜社

田代利惠（2012）「文化的イベントが地域協働のまちづくりに果たす役割に関する研究：古い町並みを有する地方都市を事例に」龍谷大学大学院政策学研究』（1）pp.149-168, 龍谷大学大学院政策学研究編集委員会

立見淳哉（2010）「創造都市と知識創造」（大阪市立大学創造都市研究科編（2010）『創造の場と都市再生』第6章所収）pp.97-109, 晃洋書房

田中夏子（2005）『イタリア社会的経済の地域展開』日本経済評論社

谷本寛治編著（2006）『ソーシャル・エンタープライズ 社会的企業の台頭』中央経済社

谷本寛治・大室悦賀・大平修司・土肥将敦・古村公久（2013）『ソーシャル・イノベーションの創出と普及』, NTT出版

玉野井芳郎・清成忠男・中村尚司（1978）『地域主義』学陽書房

玉野井芳郎（1979）『地域主義の思想』農山漁村文化協会

玉野井芳郎（1990）『地域主義からの出発』学陽書房

田村明（1999）『まちづくりの実践』岩波書店

塚本一郎・柳澤敏勝・山岸秀雄編著（2007）『イギリス非営利セクターの挑戦』ミネルヴァ書房

塚本一郎・山岸秀雄編著（2008）『ソーシャル・エンタープライズ——社会貢献をビジネスにする』丸善

辻均一郎（2008）「NPO法人21世紀の真庭塾とともに」『地域開発』2008年11月, 財団法人日本地域開発センター

露木真也子（2011）「社会イノベーションの普及過程と社会起業家の役割」『計画行政』第34巻第3号, pp.45-50, 日本計画行政学会

鶴見和子・川田侃（1989）『内発的発展論』東京大学出版会

鶴見和子（1990）「原型理論としての地域主義」（玉野井芳郎『地域主義からの出発』所収）学陽書房

土肥将敦（2005）「社会志向型企業のネットワーク化と社会的価値形成・普及プロセス - ソーシャル・イ

ノベーション・クラスターによる新しい秩序形成—」『社会・経済システム』pp.135-142, 社会・経済システム学会

土肥将敦（2010）「ソーシャル・ビジネスの構造とビジネスモデルの普及過程」『社会・経済システム』pp.37-44, 社会・経済システム学会

戸田順一郎（2003）「イノベーション・システム・アプローチとイノベーションの空間性」『経済学研究』第70巻第6号, pp.45-62, 九州大学

富沢賢治（2008）「市場統合と社会統合」（中川雄一郎・柳沢敏勝・内山哲朗編（2008）『非営利・協同システムの展開』第2章所収）日本経済評論社

富沢賢治・川口清史編（1997）『非営利・協同セクターの理論と現実』日本経済評論社

友澤和夫（2000）「生産システムから学習システムへ——1990年代の欧米における工業地理学の研究動向——」『経済地理学年報』第46巻第4号, pp.1-14, 経済地理学会

内閣府経済社会総合研究所（2007）『地域の人材育成と地域再生に関する調査研究』2007年9月

中川雄一郎（2005）『社会的企業とコミュニティの再生』大月書店

中島正博（2012）「過疎高齢化地域における瀬戸内国際芸術祭と地域づくり——アートプロジェクトによる地域活性化と人びとの生活の質——」『広島国際研究』第18巻新川達郎（2008）「公共性概念の再構築とローカルガバナンス」（白石克孝・新川達郎（2008）『参加と協働の地域公共政策開発システム』第1章所収）日本評論社

中島恵理（2005）『英国の持続可能な地域づくり』学芸出版社

西田正憲（2008）「過疎地域の越後妻有と瀬戸内直島における現代アートの特質に関する風景論的考察」『ランドスケープ研究』71巻5号, pp.785-790, 日本造園学会

西村幸夫編（2009）『観光まちづくり』学芸出版社

西村万里子（2007）『地域再生政策とローカル・パートナーシップ』ミネルヴァ書房

西山康雄・西山八重子（2008）『イギリスのガバナンス型まちづくり』学芸出版社

日本政策投資銀行編（2020）『アートの創造性が地域をひらく』日本政策投資銀行

日本総合研究所（2003）「社会的起業家の実態に関する調査」（2004年度版中小企業白書所収）中小企業庁

野中邦弘・小泉元宏・竹内潔・家中茂（2020）『アートがひらく地域のこれから』ミネルヴァ書房

野中郁次郎・竹内弘高（1996）『知識創造企業』東洋経済新報社

野中郁次郎・廣瀬文乃・平田透（2014）『実践 ソーシャル・イノベーション』千倉書房

野村明宏（2014）「観光と文化 真正性をめぐって」（井上俊編『現代文化を学ぶ人のために』第12章, 世界思想社

橋本和也（2018）『地域文化観光論』ナカニシヤ出版

服部篤子（2010）「日本の社会事業家支援——社会セクターの事業支援」（服部篤子・武藤清・渋澤健（編）（2010）『ソーシャル・イノベーション』第3章II所収）日本経済評論社

廣田俊郎（2004）「ソーシャル・イノベーションと企業システム革新の相互作用的生成」『社会・経済システム』No.25, pp.133-138, 社会・経済システム学会

福武總一郎＋北川フラム（2016）『直島から瀬戸内国際芸術祭へ—美術が地域を変えた』現代企画室

藤井敦史・原田晃樹・大高研道編（2013）『闘う社会的企業』勁草書房

藤井禎介（2009）「ローカル・ガバナンス——予備的考察——」『政策科学』16巻 特別号, 立命館大学

藤澤由和（2010）「ソーシャル・イノベーション概念とその可能性に関する検討」『経営と情報』Vol.22 No.2, pp.31-44, 静岡県立大学経営情報学部学報

藤田孝典（2011）『下流老人』朝日新書

藤田直哉編（2016）『地域アート 美学／制度／日本』堀之内出版

藤田昌久（2003）「空間経済学の視点から見た産業クラスター政策の意義と課題」（石倉洋子・藤田昌久・前田昇・金井一頼・山崎朗『日本の産業クラスター戦略』第6章所収）有斐閣

藤森克彦（2007）「トニー・ブレア 繁栄と失墜の10年」『週刊 エコノミスト』2007年6月12日, 毎日新聞社

文化庁、厚生労働省、大分県、第33回国民文化祭・おおいた2018, 第18回全国障害者芸術・文化祭実行委員会（2019）「第33回国民文化祭・おおいた2018, 第18回全国障害者芸術・文化祭おおいた大会公式記録」（平成31年3月）

別府現代芸術フェスティバル実行委員会事務局（2009）（2013）（2016）（2017）『混浴温泉世界 別府現代芸術フェスティバル 事業報告書』

別府現代芸術フェスティバル「混浴温泉世界」実行委員会（2013）『平成24年度文化芸術創造都市モデル事業に関する成果報告書』

細内信孝（1999）『コミュニティ・ビジネス』中央大学出版部

捧富雄（2006）「観光による地域振興の推進における地域行政体と住民の役割分担とその連携要因」『岡山商大社会総合研究所報』第27号, pp.31-42, 2006年10月

前田昇（2003）「欧米先進事例から見たクラスター形成・促進要素」（石倉洋子・藤田昌久・前田昇・金井一頼・山崎朗『日本の産業クラスター戦略』第4章所収）有斐閣

増田寛也編著（2014）『地方消滅 東京一極集中が招く人口急減 』中公新書

松岡俊二（2018）「持続可能な地域社会のつくりかた」（松岡俊二編『社会イノベーションと地域の持続性』序章所収）有斐閣

松宮朝（2012）「コミュニティと排除（上）」『人間発達学研究』（3）pp.43-52, 愛知県立大学

松本茂章編（2020）『文化で地域をデザインする』学芸出版社

水野真彦（2005）「イノベーションの地理学の動向と課題──知識、ネットワーク、近接性──」『経済地理学年報』第51巻, pp.205-224, 経済地理学会

三宅理一（2009）『負の資産で街がよみがえる 縮小都市のクリエーティブ戦略』学芸出版社

宮澤健一（1988）『制度と情報の経済学』有斐閣

宮本憲一・横田茂・中村剛治郎（1990）『地域経済学』有斐閣

宮本憲一（1989）『環境経済学』岩波書店

宮本憲一（2007）『環境経済学 新版』岩波書店

宮本結佳（2018）『アートと地域づくりの社会学』昭和堂

宮脇淳（2012）『図解 財政の仕組みVer.2』東洋経済新報社

宗清正男・亀谷義浩（2009）「のれんの空間イメージに関する研究」平成21年度日本建築学会支部研究報告集, pp.501-504

森重昌之（2009）「観光を通じた地域コミュニティの活性化の可能性──地域主導型観光の視点から見た夕張市の観光政策の評価──」『観光創造研究』NO.5, 2009年5月, 北海道大学観光学高等研究センター

室田昌子（2010）『コミュニティ・マネジメント』学芸出版社

諸富徹（2010）『地域再生の新戦略』中公叢書

諸富徹（2018）『人口減少時代の都市－成熟型のまちづくりへ』中央公論新社

矢作弘・阿部大輔・服部圭郎・G.コッテーラ・M.ボルゾーニ（2020）『コロナで都市は変わるか 欧米からの報告』学芸出版社

山出淳也（2011）「BEPPU PROJECT 混浴温泉世界」『地方自治職員研修』第44巻, 2011年7月, pp.29-31, 公職研

山出淳也（2012）「BEPPU PROJECT 混浴温泉世界」『地方自治職員研修』第45巻630号, 2012年3月, pp.188-195, 公職研

山出淳也（2018）『BEPPU PRPJECT 2006-2018』NPO法人 BEPPU PROJECT

山本健兒（2005）『産業集積の経済地理学』法政大学出版局

除本理史（2020）「現代資本主義と「地域の価値」──水俣の地域再生を事例として」『地域経済学研究』第38号, 2020年3月, pp.1-16, 日本地域経済学会

吉田隆之（2020）『芸術祭の危機管理』水曜社

吉田民雄（2003）『都市政府のマネジメント』中央経済社

吉原直樹（2011）『コミュニティ・スタディーズ』作品社

米田公則（2003）『情報ネットワーク社会とコミュニティ』文化書房博文社

羅燕娟（2007）「岡山県真庭市勝山地区の町並み保存活動とその課題」『岡山大学環境理工学部研究報告』第12巻第1号, pp.141-149, 2007年3月

若林直樹（2009）『ネットワーク組織』有斐閣

渡部薫（2019）『文化政策と地域づくり』日本経済評論社

渡辺孝・露木真也子（2008）「社会イノベーション研究／社会起業家WG報告書：社会的企業・社会起業家に関する調査研究」政策科学研究所

〈英文論文〉

Barney,J.B. (2002) *Gaining and Sustaining Competitive Advantage*, 2nd Pearson Education (岡田正大訳 (2003)
『企業戦略論』ダイヤモンド社)

Borzaga, C. and J.Defourny, ed. (2001), *The Emergence of Social Enterprise*, Routledge
(内山哲朗・石塚秀男・柳沢敏勝訳 (2004)『社会的企業——雇用・福祉のサードセクター』日本経済評論
社)

Collis, David J. and Montgomery, Cynthia A. (1998) *Corporate Strategy.A Resource-Based Approach*, McGraw-
Hill, New York. (根来龍之・蛭田啓・久保亮一訳 (2004)『資源ベースの経営戦略論』東洋経済新報
社)

Christensen, Clayton M. (1997), *The Innovator's Dilemma*, Harvard Business School Press (玉田俊平太監
修, 伊豆原弓訳 (2001)『イノベーションのジレンマ』翔泳社)

Dees, G. J. (1998) "Enterprising Nonprofits", *Harvard Business Review* 76 (1) : pp.55-67.

Drucker, P. F. (1985) , *Innovation and Entrepreneurship*, HarperCollin Publishers (上田惇生訳 (2007)『イ
ノベーションと企業家精神』ダイヤモンド社)

Florida, R. (2002), *The Rise of the Creative Class*, Basic Books (井口典夫訳 (2008)『クリエイティブ資本論
——新たな経済階級の台頭』ダイヤモンド社)

Granovetter, Mark S. (1973) "The Strength of Weak Ties" , *American Journal of Sociology*, Vol. 78, No. 6.
May 1973, pp.1360-1380, (大岡栄美訳 (2006)「弱い紐帯の強さ」(野沢慎司 (編・監訳)『リーディ
ングス　ネットワーク論——家族・コミュニティ・社会関係資本』勁草書房)

Grant, Robert M. (1991) ' The Resource-Based Theory of Competitive Advantage:Implications for
Strategy Formulation', *California Management Review*, Vol. 33, No.3, pp.114-135.

Landry, Charles (2000), *The Creative City:A Toolkit for Urban Innovators, London*, Rarthscan Pubns Ltd. (後
藤和子訳 (2003)『創造的都市——都市再生のための道具箱』日本評論社)

MacCallum, D. Moulaert, F. Hillier, J.Haddock, S. V. (2009), *Social Innovation and Territorial Development*,
Ashgate

Moulaert, F (2000), *Globalization and Integrated Area Development in European Cities*, Oxford University Press

Moulaert, F. and F.Sekia (2003) "Territorial Innovation Models: A Critical Survey" , *Regional Studies*, Vol.
37 (3), pp.289-302.

Moulaert, F, F. Martinelli, E. Swyngedouw and S.Gonzalez (2005a) " Towards Alternative Model of Local
Innovation" , *Urban Studies*, Vol.42, No.11, pp.1969-1990, October2005, Routledge

Moulaert, F. and J. Nussbaumer (2005b) " The Social Region beyond the Territorial Dynamics of the
Learning Economy", *European Urban and Regional Studies*, 12 (1), pp.45-64.

Mulgan,G. (2007) "Social Innvation:What it is,why it matters and how it can be accelerated,"Oxford SAID
Business School

Mumford,Michael D. (2002) "Social Innovation:Ten Cases From Benjamin Flanklin,"*Creativity research
Journal*,14 (2) , pp.253-266.

NESTA (2007) " Making the most of Local Innovations : What makes places innovatives and How Local
Innovations can be best exploited" , NESTA Research report.

Pestoff, Victor A. (1992) " Cooperqative Social Services – an Altermative to Privatization", *Journal of
Consumer Policy*, vol.15, pp.21-45.

Phills Jr.James A..Kriss Deiglmeier, and Dale T. Miller (2008) "Rediscovering Social Innovation,"*Stanford
Social Innovation Review*,Fall 2008,pp.34-43.

Piore, M. J.and Sable, C. F. (1984), The Second Industrial Devide：Possibilities for Prosperity, Basic
Books (山之内靖・永易浩一・石田あつみ訳 (1993)『第二の産業分水嶺』筑摩書房)

Porter, M. E. (1998), *On Competition*, Harvard Business School Press (竹内弘高訳 (1999)『競争戦略論
II』,ダイヤモンド社)

Putnam, R. (1993) . *Making Democracy Work: Civic Traditions in Modern Italy*. Princeton, NJ, Princeton
University Press. (河田潤一訳 (2001)『哲学する民主主義——伝統と改革の市民的構造』NTT出版)

Rogers, Everett M. (2003), *Diffusion of innovations* (5th ed.), Free Press (三藤利雄訳 (2007)『イノベー
ションの普及』翔泳社)

Schumpeter, J. A. (1926), *Theorie Der Wirtschaftlichen Entwicklung*, 2, Virtue of the authorization of
Elozabeth Schumpeter. (塩野谷祐一他訳 (1977)『経済発展の理論（上・下）』岩波書店)

Throsby, D. (2001), *Economics and Culture, Cambridge University Press*（中谷武雄・後藤和子監訳（2002）『文化経済学入門』日本経済新聞社）

Urry, John, Larsen, Jones (2011), " *The Tourist Gaze 3.0*, Sage Publications of London, Yhousand Oaks snd New Delhi and Singapore（加太宏邦訳（2014）『観光のまなざし（増補改訂版）』法政大学出版局

Van de Ven, Andrew, H. (1986) " Central Problems in the Management of Innovation ."*Management Science*, 32（5）: pp.590-607.

索引

田代 洋久 (たしろ・ひろひさ)

北九州市立大学法学部政策科学科教授。京都大学工学部卒。
大阪市立大学大学院創造都市研究科博士課程修了。博士（創造
都市）。大手光学機器メーカー研究開発部門、三和総合研究所
（現三菱UFJリサーチ＆コンサルティング）、兵庫県庁、兵庫県立
大学を経て現職。専門は都市（地域）政策、地域経済、文化まち
づくり政策。ふるさと財団地域再生マネージャー事業推進アドバイ
ザー。日本芸術文化振興会専門委員。著書（共著）に『地域マネ
ジメント戦略』『創造社会の都市と農村』（水曜社）ほかがある。

文化力による地域の価値創出
—地域ベースのイノベーション理論と展開

発行日	2022年3月30日　初版第一刷
著者	田代 洋久
発行者	仙道 弘生
発行所	株式会社 水曜社
	〒160-0022 東京都新宿区新宿1-26-6
	TEL 03-3351-8768　FAX 03-5362-7279
	URL suiyosha.hondana.jp/
装幀・DTP	中村 道高（tetome）
印刷	モリモト印刷株式会社

©TASHIRO Hirohisa, 2022, Printed in Japan
ISBN 978-4-88065-524-6 C0036

全国の書店でお買い求めください。価格はすべて税込（10％）